第一辑

周中坚史学文集

周中坚 著

华夏出版社

HUAXIA PUBLISHING HOUSE

图书在版编目（CIP）数据

周中坚史学文集 . 第一辑 ／ 周中坚著 . -- 北京：华夏出版社有限公司，2021.10

ISBN 978-7-5222-0168-9

Ⅰ . ①周… Ⅱ . ①周… Ⅲ . ①广西－地方史－文集 Ⅳ . ① K296.7-53

中国版本图书馆 CIP 数据核字（2021）第 168107 号

周中坚史学文集（第一辑）

著　　者	周中坚	
责任编辑	杜晓宇 董秀娟	
封面设计	殷丽云	
责任印制	周　然	
出版发行	华夏出版社有限公司	
经　　销	新华书店	
印　　装	三河市少明印务有限公司	
版　　次	2021 年 10 月北京第 1 版	2021 年 10 月北京第 1 次印刷
开　　本	720×1030　1/16	
印　　张	23.75	
字　　数	390 千字	
定　　价	86.00 元	

华夏出版社有限公司　　地址：北京市东直门外香河园北里 4 号　　邮编：100028
网址：www.hxph.com.cn　　电话：（010）64663331（转）
若发现本版图书有印装质量问题，请与我社营销中心联系调换。

目 录

广西历史

广西沿海

广西沿边

广西沿江

广西交通

广西生态

广西开放

附录一 · 海崖文选

附录二 · 学界评介

广西历史

从坚固大宅到仙境州城 *

——上林前后两唐碑比较及其昭示

以年代早、历史文化内涵丰富、具有很高历史文化价值而享有"岭南第一唐碑"崇高声誉的上林县"六合坚固大宅碑",连同"智城碑",都刻于公元7世纪末叶武则天统治时期,都位于上林县清水河北岸,都是当地韦姓家族刻的颂碑,其年代仅相差十五年,空间只相距4.5公里,但两碑从内容到形式都有明显的差异,这些差异昭示了重要的历史讯息,并给未来发展提供了宝贵的启迪。

第一块唐碑位于清水河上游,今澄泰乡境内,称"澄州无虞县清泰乡都万里六合坚固大宅碑",简称大宅碑,刻于公元682年(唐永淳元年)。第二块位于清水河下游,今覃排乡境内,称"廖州大首领左玉钤卫金谷府长上左果毅都尉员外置上骑都尉检校廖州刺史韦敬辨智城碑",简称智城碑,刻于公元697年(唐万岁通天二年)。

为了便于比较,本文称大宅碑为前碑,称智城碑为后碑。行文采用上林唐碑校释研究整理小组摹写校注本碑文,某些碑文例句采用笔者个人的训诂意见。(碑文图片附于文后)

* 2003年,上林县政府组织上林唐碑校释研究整理小组,对上林两唐碑进行数月考察研讨。作为小组成员之一,作者有幸全程参加。本文为考察结束后于2004年5月写成。载《广西文史》2004年第4期,《东南亚纵横》2006年第9期。入选《〈广西文史〉选》,广西文史研究馆编,广西师范大学出版社2008年版。入选的作者论文还有后文注明的三篇和《东南亚·东盟·中国——东盟自由贸易区》。2010年2月3日,获广西文史研究馆颁发"《广西文史》作者奖"一等奖。

一、明显的前后差异

从大宅到州城

从叙颂对象比较：前宅后城。

前碑叙颂的对象是一座大宅，颂其坚固与周围的富饶。建大宅的目的是"万世澄居"，即世代安居乐业。根据碑文记载和当今地貌，这座大宅后倚山崖，前临清水河；以山崖为后壁，以深河为前护，借岩洞作后厅，山宅结合，浑然一体，"用武则悬巉斩绝，一人所守，即万夫莫当"；由于地扼水陆交通咽喉，以大宅为据点，"勿劳余一矢"，即可拓地千里。其坚固程度，可称雄于"六合"之内。

后碑叙颂的对象是一座州城，颂其坚固与环境的壮丽。智城既是山名，又是城名；以山崖为城垣，山城结合，天人一体，"处兹险奥，爰创州庐"，作为廖州的州治所在。智城"周回四面，悉愈雕镂；绝壁千寻，皆同刊削"。无论是明火执仗的"暴客"大盗，为非作歹的"奸宄"之徒，还是穿墙越壁的鼠窃宵小，在固若金汤的城池面前，都无计可施；重门一闭，无须击柝之劳，就可以安枕无忧。

在漫长的历史岁月里，盗贼为害，向来是严重的社会问题；建宅筑城，首要目的就是防范盗贼，保证安全。借山为墙，以山为城，大大提高了宅和城的坚固和安全程度。两碑都以坚固和安全作为叙颂的首要内容，大宅更以"坚固"为名，所不同的是前碑所载是一座大宅，后碑所载则是规模大得不可同日而语的一座州城。

从简略到繁密

从文字数量比较：前简后繁。

前碑382字，除叙颂宅坚物阜以外，还颂祖思源，展望盛世景象，言简意赅。刻于洞中孤石之上，高与胸齐，可以坐观，给人以平和感。

后碑1108字，约等于前碑三倍。除叙颂城固景丽以外，还颂及韦使君——廖州刺史韦敬辨的文韬武略，述及"萧墙起衅"、兄弟残杀的往事；但大部分文字用来铺张渲染，所记实事数量并不与字数成正比。后碑刻于摩崖之上，需攀岩才能辨读，给人以超凡感。

从质朴到华丽

从文字风格比较：前质后文。

前碑正文是散骈结合的文体，以叙事为主，简明扼要，不用典，少描绘，少修饰，平铺直叙，文风质朴平实，属现实主义风格。碑文中的骈句，如"回波所利，不耕亦获之□；木之所多，未乏南山之有"，因缺乏严谨的对仗，够不上严格意义上的骈句。

后碑正文是骈文体裁。作者为了构建传说和现实结合的仙都秘境，选择了以排比和铺张见长的骈骊文体。且引几句为例：

> 若夫仰观天文，有日月星辰之象；
> 俯察地理，有岳渎山河之镇。

"天文""地理"前后相对，严谨妥帖，意境恢宏。

> 赤城玄圃，辟昆阆之仙都；
> 金阙银台，烈瀛洲之秘境。

连续用典，以典喻景，引入神仙境界。

> 丹崖□崿，掩朝彩以飞光；
> 玄岫廞巘，含暮烟而孕影。

浓墨重彩，而又朝暮不同，炫人眼目。"丹崖"后所缺一字，似为"翠"字。

后碑碑文，堪与唐代骈文名篇比翼，属浪漫主义风格。

从现实到神驰

从思想倾向比较：前儒后道，前实后虚，现实与浪漫的对比尤其鲜明。

前碑立足大宅现实，依据儒家的宗族宗庙观念叙事。"维我宗祧"，以颂祖开头；"自余承彝"，转入述今；最后在"颂"和"诗"部分将追思和期望融入现实，至"若固于兹第，永世保无残"结束，通篇表现一幅儒家思想指导下的人间世界真实画图。

后碑立足智城现实，借助道家的神仙思想，神驰宇宙，构思一幅无比美妙的仙都秘境图。开头即以道教思想立论，指出只有"襟情与造化齐功、志想与幽冥合契者"，才能登上仙都秘境。接着对转入仙都秘境的人间摹本——智城山的具体描绘。作者以华丽辞藻和繁多典故，先描整体轮廓："智城山者，廖州之名山也。直上千万仞，周流数十里。昂昂焉写嵩岱之真容，隐隐焉括蓬壶之雅趣。"往下对智城山展开局部细描，举凡山水林卉、瑞兽珍禽，乃至秋变春移的季节变化，都渲染得色彩缤纷，表现得仙音交响。这里是"灵仙之窟宅"，居住着"丹丘之侣，玄圃之俦"，他们或驾鹤跨山，或乘舆越水，"飞羽盖于天垂，拖霓裳于云路"；这里又是"贤哲之攸居"，"悬瓢荷篠之士，离群弃代之人，或击壤以自娱，时耦耕而尽性"；无论是神仙，还是隐士，都鸣琴放歌，饮酒自娱。在随后记载韦敬辨的段落，作者也备极颂扬："韦使君性该武禁，艺博文枢；睹祸福于未萌，察安危于无像。"给这位当地最高统治者抹上一层理想化的浓彩。

二、历史讯息的昭示

大宅碑和智城碑都有很高的史学价值，智城碑还有很高的文学价值。两碑互补，珠联璧合，必将更显其历史光华。以上对比，绝非论其价值高低，而是从差异中寻获有益的历史昭示。

南迁士族地位的巩固与提高

前碑记载，当地韦姓家族"昔居京兆"，"奕叶高门"，原是渭水流域首都长安附近的世家望族，后来"流派南邑"，迁徙到南方来。至于何时迁徙，为何迁徙，碑无记载。如果因战乱而远徙，估计可能迁于隋末唐初中原战乱之时；如果是朝廷远派边官或远派戍边，则可能在初唐这几十年。这是当地韦姓源流的权威性记载，至今还没有发现足以动摇甚至否定大宅碑记载的更具权威性的史料。

南迁定居于清水河流域的韦姓家族同当地原住民融合，成为壮族先民的组成部分。他们带来的发展水平较高的中原文化，也同当地文化融合，加速壮族先民文化的发展。这是留有可靠记载的民族融合的明显例子。

南迁后的韦姓家族"列牧诸邦"，"分条县宰"，长期担任地方长官。到武则天统治时期，地位提高更加迅速。公元 7 世纪 80 年代，其代表人物韦敬办（辦）官为县令；到 90 年代，其代表人物韦敬辨官至刺史。除县令、刺史是实授官职以外，韦敬办还有骑都尉四品子的实授虚衔和岭南大首领的自封虚衔，韦敬辨的实授虚衔更多更高，计有左玉钤卫、金谷府长、上左果毅都尉、员外置上骑都尉等四项中央级虚衔，还有自封的廖州大首领虚衔。随着官阶上升，韦姓家族从筑坚固大宅到建壮丽州城，进入鼎盛时期。时至今日，韦姓仍是广西壮族的大姓，分布广泛，人才辈出。不管各地韦姓同这两块唐碑所载韦姓祖先有没有源流关系，但这些记载对他们了解自己的家族史都有参考价值。

前碑所记的澄州与后碑所记的廖州，都位于以清水河为中心的区域，前后相承，碑文已有明载。澄州一名一直流传到今天，清泰一名及清泰乡建置今天仍然保存，只是"清"转为义近且在壮语里也音近的"澄"字。前碑所记鹈州及其属下的都云县，不管位于何处，但可以肯定的是位于澄州和澄州属下的无虞县之外。前碑撰立者韦敬办到外地做官，回乡里建宅，中国历代官宦大抵如此。

南迁后的韦姓家族，并非一路太平，其地位的巩固和提高伴随着残酷的内外斗争。前碑所记的"猛兽渡道，本郡穷残"，"猛兽"喻指凶恶的敌人，即后碑所记的"暴客"和"奸宄"；这些"猛兽"，虽然逃走了，却造成了本郡的穷困与残破。后碑记载了长期的血淋淋的兄弟互相残杀，"萧墙起衅，庭树暌阴；蓄刃兼年，推锋盈纪"，连年兵刃相向，其时间超过十二年。大宅和州城的先后建成，至少暂时结束了这种局面，给韦姓家族以至当地全体居民带来了大家所渴望的和平与安宁；"斗争不起，咸统区域"，家族内部、兄弟之间，重叙鲁卫之谊，再结金兰之好，"同气之义"和"股肱之情"的深厚还超过往昔——这是前后碑所记载的现实和期望。

中原文化南传的加速

经过初唐几十年的发展，唐朝成为疆域辽阔、政治统一、经济文化欣欣向荣的朝代。武则天统治期间，国力在前代基础上继续发展，正处于盛唐前夕。唐朝兴建了从长安通向全国各地的驿道，主要干线有四条，分别通往东西南北，其中南线经荆襄，直达岭南和交趾。与驿道相配套，唐朝建立了健全完善的驿传制度，每隔三十里设驿站一所，供驿使和商旅食宿，备有马匹供驿使乘骑，供旅客赁用[1]。由于交通安全快捷，以至京城可以尝到岭南新鲜荔枝，为中原文化向边远地区迅速传播准备了优越条件。两碑的差异反映了中原文化南传的加速，其中武则天新造字在后碑的出现更令治史者特别是治文字史者惊喜。武则天于公元 689 年（载初元年）开始创制新字，当年新造了十二个字[2]。这些新字很快传到南方，公元 697 年撰刻的《智城碑》碑文就出现了天（而）、日（⊘）、月（囯）、星（○）、地（埊）、年（秊）等六个字的新造字（其中"埊"为重新颁用的汉代旧字），占 689 年第一批新造字的一半。其中天、日、月、星、地五个新字依次接续初现于碑文开头，这样的布局是否有政治和宗教的寓意，有待探讨。统计全文，新字"天"出现了五次，"日"二次，"月"三次，"星"一次，"地"四次，"年"二次，总共出现了十七次。可以说，《智城碑》是武则天新造字集中出现的一份历史文献。从开始造新字到集中出现于边远地区的碑刻，前后只有八年，恰好处在前后两碑树立年代之间的后半段，成为中原文化南传加速的典型例子。

壮族地区发展水平的提高

两碑比较，前碑着重记载物质生活的充足，后碑着重反映精神生活的丰

---

[1] 《通典》卷七《历代盛衰户口》。
[2] 《资治通鉴》卷二〇四，《唐纪》二十，则天后永昌元年十一月。

富。物质生活是精神生活的依托，精神生活随物质生活的提高而发展。从物质充足到精神丰富，是当时壮族地区发展水平提高的标志。

根据前碑记载，大宅所在地区有河流之利，有山林之饶，土地恩泽像永不枯竭的池水，汩汩而流；田野上沟渠纵横，生意盎然：

> 畓桑滋耽，耕农尽力。

畓，tán，水塘；滋，生长；耽，沉迷，可转意为旺盛。这两句可意译为：

> 方方鱼塘连着块块桑田，
> 滋长繁茂，一派勃勃生机，
> 农夫在田野上努力耕作，精心呵护。

自然资源丰富，生产条件优越，人们尽力耕作，出现了人旺物丰的局面：

> 黎庶甚众，粮粒丰储。纵有十载无收，亦从人无菜色。

在衣食充足的基础上，前碑记载了人们积极向上的精神面貌：

> 庶男志壮，妙女更极；人皆礼仪，俱闲秽色。

极，顶点，这里意指美丽标致。这句可译为"妙龄女子更加标致美丽"。

人们的思想还超越千山万水，飞往远方，梦游岱岳，联想三峡：

> 近渎纵横越，梦岱去来阑；
> 千岑为远绝，三峡以衢难。

阑，擅自出入；三峡，前面紧靠"远绝"，又与岱岳相对，似应指长江三峡。这四句五言诗意译是：

　　跨越纵横交错的近处河川，

　　梦中远游岱岳，自由往返；

　　千山万岭把远方隔绝，

　　难以寻到抵达三峡之路。

十五年后，后碑用两句话继续描绘清水河两岸的富饶：

　　前临沃壤，凤粟与蝉稻芬敷。

可能是物质充裕早已成为很平常的现实，不需再多花笔墨，后碑碑文作者把注意力集中到精神世界方面来，以道家思想为主、儒家思想为辅，描绘了一幅现实与想象交融的人间仙境和地上乐园图画——

（1）渲染美山秀水，展现令人神往的仙境桃源。

让历史上众多知名仙人、隐士和其他超尘脱俗者融入美山秀水之中，通过他们的传奇体现作者的理想。其中包括仙人王子乔和浮丘公，尧时击壤老人，三国阮籍、嵇康，东晋葛洪等。

（2）叙颂兄弟和睦的天伦之乐。兹引其中数句：

　　同气情申，阋墙讼息；尺土□□，斗粟分食；

　　切切其心，怡怡其色。

"尺"以下三字现碑皆缺，其中第二字前代多种志书作"土"；根据上下文意与对仗要求，第三第四字似为"同耕"。

（3）叙颂人康物阜的太平盛世。兹引其中数句：

　　田家酒浊，涧户琴清。

　　处之者逸，居之者久；永弃危亡，

　　长归退寿；作诚后昆，垂芳来胃。

"作诫"的"诫","垂芳"的"芳",指的就是作者通过碑文颂扬的理想和美德。

还需要指出,前碑出现"桑",后碑出现"凤粟"与"蝉稻"等三种作物名称,凤粟与蝉稻还是优良品种。三种与衣食直接相关的作物出现于碑文之中,除了共同说明唐代壮族地区农业的发展以外,"桑"字的出现还直接证明了上林县及其邻近各县唐代已经种桑养蚕,填补了壮族和广西农业发展史上的重要空白,起着补史作用。

岭南道教盛行,佛教未兴

唐朝皇帝姓李,利用与道家创始人李耳的同姓关系,提倡道教,作为思想统治工具,道教进入了鼎盛时期。武则天以女流称帝,改唐为周,为了排除阻力,转而提倡佛教。诚如陈寅恪先生所说:"武曌以女身而为帝王,开中国政治上未有之创局。如欲证明其特殊地位之合理,决不能于儒家经典求之。此武曌革唐为周,所以不得不假托佛教符谶之故也。"[1]武则天倡佛但不排道,道教仍然盛行,特别在边远地区更未受到佛教的影响。智城碑所颂扬的主要是道教的仙都秘境,兼及儒家的伦理道德,毫未涉及佛教的说教和理想。由此可见,当时岭南地区的宗教仍然是道教独尊。不仅如此,从前碑未提及道教到后碑极力颂扬道教,说明武则天时期道教在岭南的影响还在加速增长。

三、未来发展的启迪

从上林前后两唐碑及其比较中,我们得到对未来发展有益的启迪。

保护古迹与生态环境

坚固大宅建成后十五年,智城在大宅东边 4.5 公里处建成,标志着韦姓

---

[1]　陈寅恪:《武曌与佛教》(1935 年);转引自陆键东《陈寅恪的最后 20 年》,生活·读书·新知三联书店,1995 年,第 316 页。

家族中心和统治中心的转移，但大宅碑仍然得到保护，并同智城碑双璧并存，一同保存到一千三百多年后的今天，两碑所在的清水河沿岸的山河形态也基本同于昔日，这是壮族祖先留给后代的宝贵的人文和自然遗产。前人能够做到的事，我们有责任也更有能力做到，在保护好两块唐碑和智城遗址的同时，保护好唐碑周围的生态环境，让青山常在，绿水长流。

营造当代仙境桃源

一千三百多年前，壮族先民用自己的勤劳智慧，因山制宜，巧借山崖，在美丽的清水河畔，先建成以山作后壁、以洞为后厅的坚固大宅，接着又建成了以山崖作城垣、以山谷为城区的壮丽州城；通过山宅合一、山城合一，体现了中国古代先哲"天人合一"——人与自然融为一体的光辉思想，创造了建筑史上的奇迹。这种创造代代传承，至今上林还有洞殿结合的庙宇、洞宅结合的村庄，成为留传至今的"天人合一"的奇观。更难得的是，壮族先民巧借山水，为大宅和州城营造了仙境般美丽、桃源般怡乐的人文和生态环境，令千百年后的读碑者仍然向往不已。两碑启迪我们，应该在物质生活提高的同时丰富我们的精神世界，利用清水河的天生丽质，将之建成一条瑰丽的风光长廊。两块唐碑和智城遗址，加上徐霞客游踪、汇水河明刻、张鹏展坟墓，将是这条风光长廊中的闪光明珠。笔者感动之余，谨录拙作一首，冀展清水河芳姿于万一：

游澄州清水河（七律并序）

清水河又名澄江，源于上林县（古为澄州）大明山，其洋渡至覃排段，风光绝丽：绿水如蓝，翠峰如簇，碧野似茵；茂林修竹绵延水涘，唐碑明刻点缀山崖；徐霞客远来留迹，张鹏展选胜长眠。堪称世上桃源，人间仙境。

一声渔唱应千重，载酒泛舟绿水中。

倚壁辨碑惊世远，撑篙览胜叹神工。

攀岩探穴钦弘祖，枕翠眠茵息展翁。

近晚天青经雨后，万峰齐抹夕霞红。

这里蕴藏着足以使国内外惊羡的旅游潜力，只可惜"养在深闺人未识"。清水河山水的深闺丽质，无须也不应浓妆艳抹，只要略施粉黛，稍加点缀，就能妆扮成无愧于壮族先民的当代桃源仙境。

跨越式发展，尽快将理想变成现实

历史并不是匀速前进，通常是有快有慢，甚至有进有退。由于各种有利因素的聚集和配合，也就是今天常说的历史机遇，其中常有一些加速发展的时期。从一座大宅到一座州城，前后不过十五年，就是古代澄州—廖州发展迅速的一个历史阶段。当前，我们正处在有利发展的大好时机，正进入跨越前进的历史时期。时代要求我们在科学发展观的指导下，加速清水河风光长廊的建设。当务之急是保护第一，在切实保护的基础上制定高起点高水平的科学发展规划，然后根据需要与可能分批分期实施。自力更生，同时力争国家支持和外力支援，争取用五至十年时间建成清水河风景名胜旅游区，让清水河走向全国，走向世界。

这样做，必将惠被遐迩，泽传万世。

大宅碑碑文

澄州無虞縣清泰鄉都萬里六合堅固大宅頌一首詩一篇

並序嶺南大首領鸛州都雲縣令騎都尉四品子韋敬辦

製

維我宗祖昔居京兆流派南邑上望無階列牧諸邦數封窮

日炙絲縣宰不可無群自余承帝獲稱登次開場拓境置州占

封如雲卅塚垠崖宜於今日也其近修茲六合堅固大宅以萬

世澄居博文則物色益興用武則懸嵫斬絕一人所守即万夫莫

當窆開 於數千是勿勞余一矢黎庶甚眾糧粒豐儲縱有十載孔

收乆從人無臭色迴波所利不耕亦獲之 才之所多未乏南山之

有若池之流豈不保全之柞者歟聊述短辭用申誠曲云爾頌曰

皇々前祖睦々後昆上稱京兆將葉高門流派南地蓋眾無論遍滿

諸邑宗廟嘉存其世々相習意也不難鄉士首渠民眾益歡丈武薰備

是君寂安猛獸渡逗本鄉窮殘其庶男志壯妙女更極人皆礼儀俱

閑穢色蛮桑澱耽耕農盡力鬭爭不起咸統匜城三其詩曰五言

近濱縱橫越夢伐去來闌千岑為遠絕三峽以衝難廁攬猶乘跨群援

豈能觀若固於茲弟永世保無殘

永淳元年歲次壬午十二月十五日聊掘

智城碑碑文

澄州大首領左玉鈐衞金谷府長上左果毅□府貳外置上輕都尉校原州刾史兼攝辯智城碑一首并序

若夫仰觀而上有日□。□辰之象俯察理有岳瀆山河之鎮

書契元氣前騰橫亘宇宙之間巹拈群靈砂迤出埃壒之外自□流

得而睹高然則智城山者原州之名山也直上千万仞周流□□

摹撐朝彩以飛光兮岫厥巘含春煙而与影榰峰峭巘若倚□□

落澗翔波挂鵝生虹之象幽澗積絕岸嶂磴卉兮□□

芝挺赤草川府以登進方桂散生王蕬以之□□

其而蕙拖芜蘿貼乱蓮蜒之紛尔乃都顧秋變城□春秒未落而□□□鴻蟲□□

□□覽霓裳共壹吟嗽散鶴舞兮□□□□

自嘆前糧耕而盂性清琴響雅調於麦歌濁洒淪溯□□□□□□

坑重將挺映氤氳吐元氣之精靈峰乱紛紛洪乱之春黃之色旺而壯哉塞□□□□□□□□□□之水鳥乃騁翻於碌之士難群□□之□□

湯池為安兮之□□鐮重門一開無孑草□之慶演迤再抱氷泉穿窬之愚試得宽躍退散俱懷回洋□□之人□撃壌以兼代

盧烈位領書破平絕真周迴四面惡□□隄□往昔同刊制前臨遥沈溪鳳翼与鷙翮末戴後迷崇嶋埋霧与翠微無縷□□□

性峡武宗斟得才文挺觀禍状未蘭嶤安堯共無僭往以黃橋起雲屋暗蔭蓄刃蕭無推峰盃紀迷乃氤禍除與是剑州

外樂之志重乃恩遊智衞志冷金蘭同氣之載筵慶胲之情弥重豈不恃名山之景衚詎蜜奇之鴻咸□蜀兮安局耕

□銅曰□坐宕原陰陽迴薄五鎮三山千万嵩笠橫潤幽□□峰屭磒神化收歸靈秋是託其戎我峻岳上□扢天澄遷福

鏡峡峭舒逢虛窅嵩□□空岫仓煙藤蘿瞥□林蒙松兮歲幕之□一葉其碧嵫□□□□

嶂田家酒濁涵戶瀒清烈其登隍靈仙所□□□勾舉隱薇巖穴含章罢期膌岸響飑肥鳳繁□蘭藍毓□□□

□□玲瓏氷泉澄澈淨丘飢貴子偁登謌菜化□□所都群霊之□遶趧趄悤悤元云之□斗粟分食初切其心怡怡其色初切再冷胈胈□□□□□晰玉窳□□

決軋剖斷龄乱險隆雞喻祿期易守趣之者逸居之者□永棄寵兮長歸逸壽作誠後比巫方來冑二□□□□□□韜刃箒□□

維大周萬歲通天萬歲登科次丁酉歲□辛卯朔漆□癸酉拾状無戾県令兼敕一銀□□□□□弗朽其川原六弗朽七

广西近代化进程中的老桂系时期
（1912—1924）*

　　以陆荣廷为首的老桂系 1911 年底在辛亥革命中上台，统治广西十三年，1924 年被新桂系推翻。这十三年构成了广西近代史上和广西近代化进程中的老桂系时期。这个时期的前十年（1912—1921），老桂系不但对广西实行有效统治，而且将势力扩展到广东和湖南。1917 年，陆荣廷被北京政府任命为两广巡阅使，他的左右手谭浩明任广西督军，陈炳焜任广东督军；同年，谭浩明以湘粤桂联军总司令名义，率军进驻长沙，兼领湖南军政事宜。老桂系的势力至此达到了辉煌的顶点。但盛极而衰，1921 年粤军入桂，攻占南宁，老桂系全线崩溃，陆荣廷先后逃往越南和上海；1922 年粤军撤退后重返广西，但已如即将坠落的夕阳，1924 年最后被新桂系取代。这三年（1921—1924）是老桂系苟延残喘的"垂危临终"期，已不可能有什么进取性作为。老桂系时期广西近代化有哪些进展，在广西近代化进程中占有什么地位；老桂系在其中做了些什么，起了什么作用，这是广西近代史研究的重要课题，更是评价陆荣廷和老桂系所不可或缺的依据。老桂系时期相当于民国初年，从民国元年（1912）到民国十三年（1924），文中这两个概念同时使用。具体年份一般只标公元，论述空间只限于当时广西所管辖的区域。

---

　　* 2007 年 7 月完稿。为广西"陆荣廷与旧桂系"学术研讨会（2007 年 4 月，南宁）与"陆荣廷与龙州"学术研讨会（2007 年 11 月，龙州）而作。载《广西文史》，2007 年第 4 期；（南宁）《东南亚纵横》2008 年第 3 期；入选《广西文史选》，广西文史研究馆编，广西师范大学出版社 2008 年 11 月出版；2010 年 2 月 3 日获广西文史研究馆颁发"《广西文史》作者奖"一等奖。

　　本文未说明出处的资料，基本引自 20 世纪 80 年代以来陆续出版的《广西通志》大事记和有关专志，以及有关市县志。书（篇）目在注文中第二次出现时仅标书（篇）名和所引页码，其余说明从略。

一、广西近代化进程的基本线索

近代化是以建设近代文明为目标的客观历史进程，其内容包括经济、政治、教育、文化、军事等方面，几乎涵盖人类社会生活的所有领域；其基础是建立和发展以机器应用为标志的近代实业体系。近代化进程处于近代史时期之中，但并非与近代史完全同步。由于历史发展不平衡，世界各地近代化进程的起止时间也不完全一致。从世界范围来看，近代化始于18世纪中叶英国工业革命，止于20世纪中叶第二次世界大战，前后大约两百年。就中国来说，近代化进程基本上与近代史相始终，始于1840年鸦片战争，止于新中国建立的1949年，持续了一百多年。广西由于特殊的历史原因，近代化进程开始比全国要晚，大致上开始于1885年中法战争结束以后，前后六十多年。同全国一样，广西并没有完成近代化的历史任务。以1949年新中国建立为标志，全国转入了实现现代化的新历史时期。从历史延续性的角度来看，可以说现代化是近代化的继续，是在更高基础上接续并拓展近代化阶段的未竟事业。

广西近代化进程依次经历三个时期：

（一）起步（1885—1911）。清朝末年光绪宣统年间，从中法战争到辛亥革命，即从1885年到1911年，共二十六年。这是广西近代化进程的第一个时期。这个时期以龙州（1889）、梧州（1897）、南宁（1907）相继开埠，以近代实业、近代教育等近代事业开始出现为标志。

（二）发展（1912—1924）。从民国元年到民国十三年，这是以陆荣廷为首的老桂系统治广西的时期，广西的近代化事业在量和质两方面都得到进一步发展。这是广西近代化进程的第二个时期。

（三）繁荣（1925—1949）。从民国十四年（1925）到1949年，总共二十五年。以李宗仁、黄绍竑、白崇禧、黄旭初为首的新桂系统治广西，这是广西近代化进程的第三个时期。其中从1925年新桂系上台到1939年日本第一次入侵广西，亦即20年代后期到30年代，大约十五年时间，广西政局相对稳定，新桂系提出"建设广西，复兴中国"的口号，积极推动广西的近代化建设，广西近代化事业出现了欣欣向荣的新兴气象，成绩斐然，受到国内外的注目和好评，广西享有中国"模范省"之誉。1935年9月，由著名作家胡愈之主编的新加坡华文报刊《星洲日报》创刊六周年，特出纪念专刊《新广西》。著名侨领和华侨实业家胡文虎在序言中说："广西在现在中国各省区中，号称最贫最小，然其负责当局，推诚合作，埋头苦干，庶政毕举，百废俱兴，治安最良，秩序最好，卓然有模范省之誉。"① 于此可见，以陆荣廷为首的老桂系统治广西的十三年，正是广西近代化进程中承前启后的中间段落。

二、老桂系的近代实业建设计划和倡议

老桂系不断扩张的统治耗资巨大，导致入不敷出，财政空虚。民国元年（1912）全省总收入二百五十万元，而总支出却为五百万元，是总收入的两倍②。老桂系靠增税、发行公债并大量发行纸币来解燃眉之急。1912 年就发行三百万元公债，发行六百多万元纸币，1913 年纸币发行额又增至一千二百万元③。但广西毕竟地贫民穷，税收终究有限，公债和纸币也不可能无限制地发行，长远之计应该是通过发展实业来增辟财源。

民国元年（1912）2 月，陆荣廷就任广西都督的第二个月，即在都督府内设立实业司，任命韦锦恩为司长；同年 9 月，成立广西实业协会，其宗旨是推动和统筹全省实业建设，鼓励各界投资兴办工农交通各业，由老桂系核心人物陈炳焜任会长。民国二年（1913）1 月，陆荣廷向北京政府提交一份兴办广西实业的呈文，题为《陆军上将衔陆军中将广西都督陆荣廷呈文总统陈明广西财源枯竭拟借广东商款专办实业并设银行规定用途开单请签核文并批》④。这份呈文实际上是老桂系上台伊始就提出的广西实业建设计划。其主要内容是：

（一）资金筹集：向广东农工商兴业公司借款五十万金镑；设立广西实业银行，发行债票，发放贷款。

---

① 黄启文、范柏樟：《〈星洲日报〉编辑〈新广西〉及其影响》，南宁《八桂侨史》1991 年第 1 期。
② 郑家度：《广西金融史稿》，广西人民出版社，1984 年，第 151 页。
③ 郑家度：《广西近百年货币史》，广西人民出版社，1981 年，第 87 页。
④ 《（北洋）政府公报》，中华民国二年（1913）1 月 25 日。转引自唐凌《陆荣廷实业建设计划述评》；载《陆荣廷新论》，广西民族出版社，1996 年。

（二）兴办条件：1. 资本少而获利厚者；2. 原料富而制造易者；3. 行销广西为广西日用品所必要者；4. 适于土宜者。

（三）建设重点：林业，矿业，工业。林业方面，以种植松、桂、八角、樟树为主，杉、桐等类辅之。矿业方面，添购机器，延聘技师，续办八步等地之官办矿业。工业方面，首要利用本地丰富原料建设制革工业，其次为制麻、制棉工业。

（四）具体措施：如林业建设规定从调查土宜、划分林区入手，分设专员经理种植，招工包种。

（五）成果预期：三四年内工矿业初见成效，十年后林业成材，计划即可最后实现。这个计划从广西实际情况出发，考虑到兴办实业所必需的资金、原料、市场、技术等条件，目标明确，措施具体，应该说切实可行。在老桂系主政期间，这个计划基本上得到贯彻，广西实业确实有了发展。老桂系对兴办实业的提倡，谨以提倡植棉为例。广西向来产棉不多，所需棉纱、棉布每年要从省外大量输入。民国六年（1917），时任湘粤桂联军总司令的老桂系第二号人物谭浩明从广西出师援湘，看到相邻的湖南省盛产棉花，认为广西可以借鉴；回南宁后同省议会议长张一气等商议，1919年成立"广西棉花促进会"并亲任会长，张一气为副会长，从上而下推动植棉事宜。1920年元月开办"广西棉业讲习所"，以1909年赴美留学、获威斯康星大学农科硕士、1915年归国的盘珠祁为所长，聘请高级专业人才为教习，其中包括南通人纽质平、南宁人、北京大学毕业生李洪春。纽质平从家乡南通带一位老棉农来广西指导植棉。谭浩明出席开学典礼并致词（谭不善言辞，由所长盘珠祁代读），后来经常来所巡视。学员由每县考送一名，来往旅费和学习费用全由政府支付；学习一年，毕业后回县创办植棉场。1920年底第一班毕业，从中选出十多名优秀生到武昌、南京植棉场实习。同时引进美国优良棉种在全省推广，编印植棉方法说明书，广为分发。当时广西全省九十多个县，几乎县县办了植棉场。植棉被列为县知事考绩项目之一[①]。

---

① 唐彦口述:《谭浩明提倡植棉》；沈樾:《广西棉业促进会》；载《老桂系纪实》，广西人民出版社，2003年。

三、老桂系时期广西近代交通建设

（一）近代公路建设

老桂系时期建成了几条近代公路，分别以省会南宁和边疆重镇龙州为出发点。

邕武公路（南宁—武鸣）。陆荣廷上台伊始，就将省会从桂林迁到南宁，又在邻近南宁的家乡武鸣建立宁武庄，作为个人的日常驻地和指挥中心。为了便于省城和驻地的来往，民国四年（1915）动用工兵营修建邕武公路，工程时断时续，前后历时四年，1919年竣工；公路全长五十三公里，其中南宁到武鸣县城四十三公里，县城到宁武庄再到他的老家雷红十公里。陆荣廷从广州购买一辆小篷布汽车用轮船沿西江运回南宁供个人专用，1921年开始有商营汽车行驶。邕武公路是广西第一条全线通汽车的正规公路，李宗仁在《回忆录》中曾说这是"当时广西独一无二的汽车路"，他第一次乘坐汽车就是在这条路上坐的。他说，民国十一年底，陆荣廷来电邀赴武鸣一行，"我到了南宁，陆氏派他专用小汽车来接我往武鸣。这是我第一次乘坐汽车"①。邕武公路跨越武鸣河的"镇武桥"是广西第一座公路石拱桥；1921年由商营粤西汽车公司开始的邕武公路汽车营运，则标志着广西近代公路汽车运输的起步②。

龙水公路（龙州—水口）。与陆荣廷修建邕武公路同时，谭浩明起而仿效，修建从龙州县城到家乡水口的公路，全长三十三公里，1919年与邕武公路同时建成。

龙镇公路（龙州—镇南关）。1885年中法战争结束后，奉清政府旨意，广西提督兼广西全边对汛督办苏元春着手沿广西边境兴建包括炮台、城墙、营垒、军路等设施在内的系统边防工程。作为边防工程的重要项目，1896年，龙镇公路竣工。其镇南关至鸭水滩段长三十九公里，略具公路规模，可行汽车，时有法国小汽车入境行驶；而鸭水滩至龙州段位于山崖河谷之间，工程艰巨，路况较差，未达通车要求。老桂系上台不久，就开始进行龙镇公路的

---

① 《李宗仁回忆录》，广西人民出版社，1980年，上册，第190页。
② 筱智：《广西第一条全线通汽车的公路》，载《武鸣风景名胜荟萃》，武鸣县政协、武鸣县旅游局，1995年编印。

续建工程。民国四年（1915），跨越左江将龙镇公路引进龙州城区并与兴建中的龙水公路连在一起的龙州铁桥建成，这是广西第一座近代公路铁桥，也是当时全国最大的半永久性公路桥梁。与此同时，龙镇公路龙州—鸭水滩段改扩建工程、镇南关—鸭水滩段改善提高工程也在进行。1923 年，全长五十五公里的龙镇公路全线竣工通车[①]。同年，华利汽车公司和德利汽车公司先后在龙州开办，经营龙州经镇南关至越南谅山的运输业务。与邕武公路比较，龙镇公路尽管全线通车较晚，但始建和大半路段通车要早二三十年。历史的定位应该是：龙镇公路是广西第一条近代公路，并且是广西第一条同国外公路连接的近代公路。

南宁—龙州公路。1923 年，将省会南宁和边防重镇龙州连接起来的南龙公路建成通车，全长一百五十五公里，这是广西第一条长度超过一百公里的干线公路。[②]

这个时期，由 1921 年粤军入桂倒陆时就任广西省长的马君武主持，还有两条重要公路在 1922 年先后动工，同年又因政局动荡而同时停建。一条是桂林—全州公路，仅完成桂林北郊四公里路基；一条是南宁—柳州公路，仅建成南宁至四塘二十二公里路基。[③]

（二）近代航运建设

清朝末年，特别是 1897 年梧州开埠以后，以西江为主干的广西内河已经通航轮船。但那时内河航运基本上掌握在外轮手中。1908 年，梧州成立广西第一家商营航运企业——西江航业股份有限公司，打破了外轮对西江航运的垄断。自此至民国初年，广西商办航运公司纷纷在梧州、南宁、龙州等地兴起。1915 年，广西和广东联合勘测西江和桂江河道，同年广西省政府派出工程队在桂江炸礁，修理灵渠水闸以恢复湘漓通航。以内河总汇梧州为中心，轮船沿桂江上溯，可达桂林；沿西江上溯，至桂平转黔江，可达柳州；至南宁转左江可达龙州，转右江可达百色。从梧州顺西江下航，直达广州、香港、

---

① 《龙州县志》，广西人民出版社，1992 年，第 514 页。
② 《广西通志·大事记》，广西人民出版社，1998 年，第 138 页、第 137 页。
③ 《广西通志·大事记》，广西人民出版社，1998 年，第 135 页。

澳门，再转船北上，可到上海天津等沿海港口，出洋可往东南亚和世界各地。1912 年，航行邕梧线的轮船有八艘，1921 年增到三十一艘；从 1913 年至 1924 年的十二年间，抵南宁的中国轮船共 16167 艘次，总吨位 67 万吨；外轮 3166 艘次，总吨位 13.7 万吨。1913 年，柳（州）梧（州）航线开始有定期班轮往来；1915 年，柳梧航线又向北延伸到柳江上游的长安。1921 年，航行柳梧线的轮船有 14 艘。[①]孙中山先生 1921 年来广西，乘军舰从广州到梧州，从梧州到南宁；再从南宁返梧州北上桂林。往返都是沿西江及其支流桂江航行。可以说，老桂系时期，以西江为主干的广西近代内河轮船航运网络已经基本形成。

（三）近代邮电建设

早在中法战争期间，出于军事通讯的需要，广西就开始创办有线电报。1884 年，作为广州—梧州电报线的延伸，广西第一条有线电报线梧州—南宁—龙州线架设竣工，同年建立广西第一个电报局——龙州电报局。民国初年，除早有的邕梧、邕龙线外，还有邕桂（南宁—柳州—桂林）、邕郁（南宁—郁林）、邕百（南宁—百色）、邕上（南宁—上思）、邕武（南宁—武鸣）等干线，从干线再向各方伸出支线，如从桂林向北伸到兴安全州，向南伸到平乐八步；从柳州向北伸到融县长安，向西伸到宜山；从百色向西伸到旧州；从龙州沿边境向南伸至凭祥镇南关，向西伸到靖西镇边。电报局设置分三等六级，1913 年，广西有两个一等乙级电报局，分设南宁和梧州；三个二等局，其中龙州、桂林为二等甲级局，柳州为二等乙级局；四十二个三等局，其中浔州、平乐、横州、镇边、百色、凭祥、全州为三等甲级，其余为三等乙级，分布在电报线所经各地[②]。由此可见，民国初年，有线电报通讯已涵盖广西大部分地区。

广西无线电报开始出现于 1921 年。是年广西电政管理局为补充有线电报能力不足，在南宁和梧州建立无线电短波电台，并在梧州成立无线电管

---

① 《广西航运志》，广西人民出版社，1994 年，第 132 页、第 157 页、第 80 页、第 137 页。
② 《（北洋）政府公报》，第三〇号《命令》，转引自钟文典主编《广西通史》，广西人民出版社，1999 年，第二卷（钟文典著），第 671—672 页。邹华口述：《陆谭时代广西电政剪影》，载《老桂系纪实》。

理局。①

广西电话始用于民国元年（1912）。是年广西都督府首先安装从国外购进的磁石式电话总机，供内部联系使用。随后从省军政机关开始，陆续向各行各地推广。1917年，广西建成第一条长途电话线——南宁至龙州电话线，利用早有的有线电报杆附架电话线路，加强了省会与边关的联系。②

广西近代邮政出现于清朝末年。当时全国按交通流向划分邮界，对邮政分地管理，广西与广东、云南同属广州邮界管辖。民国三年（1914），广西邮政管理局在桂林成立，1915年迁到南宁，这是广西独立办理邮政的第一个省级管理机构。各县设邮政分局，县以下圩镇委托当地商铺附设邮政代办所。1912年全省有邮政局所一百九十二处，1914年增至二百五十五处，1919年增至二百七十二处，以后仍逐年有所增加；业务量也逐年增长，1916年全省邮件数274.9万件，1919年增至300.2万件，1921年又增到424.7万件。③

四、老桂系时期广西近代工矿建设

（一）近代工业建设

老桂系时期，作为近代工业骨干的制造业和电力工业首先得到发展，主要集中在南宁、梧州、桂林、柳州等城市。梧州地近粤港澳和海外，又是水路交通总汇，近代工业发展成绩最为显著，从1912年到1924年，梧州增加了十多家工厂，著名的有：

1912年建成的梧州广成兴机器厂，是广西第一家民办近代工厂，1924年研制出广西第一台一百六十匹马力的船用柴油机；1919年建成的梧州火柴厂，是广西近代第一家火柴厂，生产驰名的畅销华南和西南各省的舞龙牌火柴；同年建成的梧州制革厂，是广西近代第一家制革厂。由广西实业协会倡导，

---

① 《广西交通》，广西人民出版社，1993年，第159页。
② 《广西一览》，20世纪30年代出版，交通类，第29页；《广西通志·邮电志》，广西人民出版社，1994年，第215页。
③ 《广西通志·邮电志》，第28页。

1913年兴建官商合营的兴安纸厂，所产竹纸供应全省公文书籍用纸①。广西官书局1912年从桂林迁到南宁，开始采用铅活字印刷，是当时广西最大的印刷厂②。1917年，南宁同时开办两家织染厂，一家是湖南人张德创办的崇德织染厂，月产棉布约一千匹；另一家是桂林人孙营创办的福荣德织染厂，月产棉布约二千四百匹③。

老桂系时期，广西主要城市陆续成立了电力公司，创办了发电厂。其创办年份依次是：南宁（1914）、梧州（1915）、桂林（1916）、宜山（1916）、柳州（1917）、龙州（1918）、平乐（1918）、百色（1919）。这些电力公司由商人招股集资创办，从事火力发电，规模很小，每个城市只有一百千瓦左右的发电能力，仅供部分照明，尚未用作生产动力。如南宁电力公司由徐儒阶、陈叔仁等招股集资，安装四十千瓦发电机两台；梧州电力公司由余瑞等与广州商人联办，安装一百匹及二百匹马力发电机各一台；桂林电灯公司由粤商创办，安装四十二和四十四千瓦发电机各一台；柳州电灯公司由商股集资，安装四十和四十八千瓦发电机各一台④。

（二）近代矿业建设

老桂系时期，近代矿业股份公司纷纷出现，从事锰、锡、锑、金、煤等矿藏的开采。开采锰矿的有合益、广合、兴华、英生等公司，主要矿区在桂平和武宣，产量在全国占有重要地位。锡是广西主要的有色金属矿，主要矿区有二：一个在互相毗邻的富川、贺县、钟山三县，这一带原来产煤，1912年广西官矿局兼采锡矿，1914年龙济光在钟山西湾组织煤矿公司，承办煤锡矿务；另一个在南丹县，1905年龙济光创办庆云公司在这里从事锡矿开采。这两家公司都是官督商办企业。第一次世界大战期间，国际市场锡需求量激增，锡价不断上涨，广西锡工业随之兴旺，最盛时南丹矿区每天有三千人采矿；1918年，全省锡产量535.12吨。广西锑工业亦盛于第一次世界大战期

---

① 《广西通志·大事记》，广西人民出版社，1998年，第124页。
② 《南宁市志》，广西人民出版社，1988年，经济卷（上），第355页。
③ 《广西通志·纺织工业志》，广西人民出版社，2000年，第383页。
④ 《广西通志·大事记》；《广西通史》（第二卷），第662—663页。

间，由于战争对锑的巨大需求，纯锑每吨市价由 1913 年的二百零六银元，增至 1915 年的一千一百六十六银元。锑矿开采分布在百色、河池、南丹、天河、宾阳等地。1913 年，南利、光复、义利等公司在天河县开采锑矿。1915 年，广西正式准予商人自设公司自由开采锑矿，并给予多项免税优惠，一时锑矿公司纷纷涌现，如宾阳尖峰山锑矿有三十多家，河池芙蓉厂锑矿更多达八十多家。梧州是锑矿冶炼中心，官办的梧州炼锑厂建于 1906 年，1910 年由商办大宝公司承办，1915 年又转由兴利公司承办。[1]金矿开采分布在奉议（今田阳）、恩隆（今田东）、上林、昭平、藤县、苍梧等县；藤县蒙江一带，淘金者有时多达万人；1912 年，奉议恩隆金矿产金五千两[2]，据此推测，老桂系时期广西年产金万两左右。

五、老桂系时期广西近代农林建设

老桂系采取多种措施推进农林的近代化建设，其中最重要者当数提倡鼓励建立民办垦殖公司和创办农林试验场两项。

提倡鼓励建立民办垦殖公司。民国二年（1913），先后公布《新订开垦章程》和《奖励种植八角肉桂简章》。从 1912 年到 1916 年，全省陆续创办垦殖公司六十多家[3]。这些公司向政府申领荒地开垦，种植木薯、甘蔗、花生等经济作物和桐油树、八角树、肉桂树等经济林木。南宁北面的高峰隘就有两家公司，一是 1912 年成立的正气种植公司，资金三万元，种植八角树三十万株，肉桂树十六万株，其他树木三十万株；二是 1913 年成立的规模更大的企永种植公司，投资六万元，种植八角树一百四十万株，肉桂树六万株，桐油树三十万株。1913 年，横县绅商成立宝华林业公司，在南山垦荒，种植杉、肉桂、八角等经济林；广东商人张伯乾组织广利种植公司，集股五万元，在贵县北山垦荒，除种蓝靛外还种植桐油树、肉桂树三十余万株；1913 年，北流县

---

① 《广西通志·有色金属志》，广西人民出版社，1994 年，锡工业、锑工业。
② 《广西通志·冶金工业志》，广西人民出版社，1996 年，概述，第 1 页。
③ 《广西通志·农垦志》，广西人民出版社，1998 年，第 20—21 页。

梁栋廷、梁廉甫等人集股成立"森林致富社"，植树造林七千亩，种植马尾松八十多万株。同德公司在靖西县龙邦垦地种植八角林，数年后，"茴林参天蔽日"。1915年成立的崇木林业公司，股本一万元，在天保县种植八角树一百万株。广西其他县也陆续出现了商办林场。①

民国初年掀起了成立垦殖公司发展经济林业的热潮，陆荣廷也亲自卷入其中。1914年，陆荣廷在兴建宁武庄同时，在宁武庄西七公里的巴孟山周围占地二百亩，成立桐油公司，利用宁武庄警卫营官兵垦荒种植桐油树百余亩，周边再配种松树四五十亩，建成一个兼有山水园林之胜的桐油林场。②

创办农林试验场。1919年，广西农业试验场在南宁西乡塘建立，1921年扩大为广西农林试验场。这个时期几乎县县兴办的植棉场就具有试验推广性质。

老桂系按照北京政府要求成立各级农会，民国元年（1912）成立广西省农会，会长王树槐，副会长莫景恒。随后各州县的农会也相继成立。

老桂系发展农林业的措施取得了成效。桐油、八角、肉桂等林产品和锡、锑、锰等矿产品一样，成为广西外销的主要产品。1924年，全省出口农产品及土特产总值八百五十七万海关两。在当时自给自足自然经济条件下，棉花的推广种植，供应了广西农村昼耕夜织对棉花的需要。这个时期的花生种植面积一直保持在一百五十万亩以上，约占全国花生种植面积的百分之八；年产花生五百万担，占全国花生总产量的百分之二三③，满足了广西城乡居民生活对花生油的需求。

六、老桂系时期广西近代教育建设

广西近代教育，始于清末"新政"时期。老桂系将清末萌芽的近代教育，

---

① 《广西通志·大事记》；《广西通史》（第二卷），第655—656页；并相应见《横县县志》，广西人民出版社，1989年，第6页；《贵港市志》，广西人民出版社，1993年，第453页；《北流县志》，广西人民出版社，1993年，第461—462页；《靖西县志》，广西人民出版社，2000年，第265—266页。
② 苏书选：《巴孟山洞》，载《武鸣风景名胜荟萃》。
③ 章有义编：《中国近代农业史资料》第二辑，第227页；转引自《广西通史》（第二卷），第657页。

进一步改制并促其继续发展。清末将书院改成学堂，民国初年又将学堂改为学校并增加近代教育内容和设施，使近代中小学形成初步规模。

近代幼儿教育。1904 年，美国基督教富道会创立的梧州建道女校附设蒙养院，是广西幼儿园出现之始。民国初年，1916 年基督教浸信会又在梧州创办宏道幼稚园。此后，外国教会在梧州、桂平、桂林等地先后创办七所幼稚园。1920 年，南宁成立蒙养园，是南宁有幼儿园之始。

近代小学教育。1902 年，广西将原有书院改设为小学堂；1909 年，全省共有小学堂一千零七十八所；1916 年，全省小学校增至一千四百七十所。小学分初等小学和高等小学两级，高等小学由县设立，初等小学由乡镇设立。1923 年全省小学又增加到四千七百九十七所，其中高等小学四百七十二所，初等小学四千三百二十五所①。与此同时，由于财力不足，私塾亦准继续开办。

近代中学教育。民国初年，原有的中学堂改为中学校。1921 年，全省共有十三所中学，其中十一所列入省立中学序列，分别是：广西省立第一中学（南宁），广西省立第二中学（梧州），广西省立第三中学（桂林），广西省立第四中学（柳州），广西省立第五中学（百色），广西省立第六中学（崇善，今崇左），广西省立第七中学（龙州），广西省立第八中学（桂平），广西省立第九中学（郁林），广西省立第十中学（武鸣），广西省立第十一中学（平乐），当时未列入省立中学系列的另外两所著名中学是庆远中学（宜山）和宾上迁中学（宾阳）。②

近代师范教育。小学的普遍建立和中学的发展提出对师资的大量需求，近代师范教育随之兴起。民国元年（1912），设于梧州的广西第一初级师范学堂改为广西省立第一师范学校，设于桂林的广西第二初级师范学堂改为广西省立第二师范学校；1915 年，设于南宁的广西第三初级师范学堂改为广西省立第三师范学校。这三所师范学校在广西近代教育发展中发挥了"孵化器"

① 《广西通志·教育志》，广西人民出版社，1995 年，第 129 页。
② 新桂系上台初期，1926 年对广西省立中学序列从第九中学起作了如下调整：原广西省立第九中学（郁林）改为广西省立第二高级中学，原广西省立第十中学（武鸣）改为广西省立第九中学，原广西省立第十一中学（平乐）改为广西省立第十中学，原庆远中学（宜山）列为广西省立第十一中学，原宾上迁中学（宾阳）列为广西省立第十二中学。

作用。与此同时，广西近代师范教育从上而下向州县延伸，更多州县建立小学教师培训机构，初名小学教员养成所，后更名师范讲习所。这个时期，出现了女子师范学校。1912年，创办苍梧县立初级女子师范学校，1921年创办广西省立桂林女子师范学校。

近代职业教育。广西近代职业教育同样开始于清朝末年。民国初年，为了配合和推动近代实业建设，广西兴办了很多职业学校，主要培养工业和农林发展所需的专业技术人才，1912年，设于梧州的广西第一中等农业学堂改为广西省立第一甲种蚕业学校，以蚕业为主，附设染织科；1913年，在临桂广西第三中等农业学堂旧址创办广西省立第一甲种农业学校；同年，在桂林创办广西省立第一甲种工业学校，这是广西第一所正规的工业职业技术学校。1915年以后，县立职业学校相继创办。其中在桂林就有桂林县甲种工业学校、桂林公立振坤女子实业学校、桂林县女子机织科传习所等，1923年，陆川县开办职业学校，次年邕宁县设县立职业学校，兴业、上林、郁林、北流、苍梧等县也先后设立以农林科为主兼有染织科的职业学校。

近代高等教育。广西高等教育肇始于清末，1898年在桂林创办的广西体用学堂，1901年改为广西大学堂，1903年又改为广西高等学堂，可以说是广西第一所近代高等学校。民国元年（1912），将已停办的广西高等学堂改办大学预科，1913年改为广西高等学校，1914年因经费支绌停办。1921年，在南宁创办工程讲习所，1924年改为广西省立工程专门学校。

近代军事教育。1919年，陆荣廷在南宁设立广西陆军讲武堂，聘用日本士官生和保定军校毕业生为教官；学制一年，办了两期，学员共一千四百人。

成人识字教育。民国元年（1912），广西开办公众补习学校，招收成人进行识字教育。至1918年，全省有半日（夜）学校二百二十八所，简易识字学校二百二十四所，是当时设同类学校最多的省份。①

选送学生出国留学。广西选送学生出国留学始于清末。民国元年（1912），广西省议会通过省教育司提出的"选派学生留学东、西洋办法议案"。1913年，广西省教育司在桂林举行出国留学生考试，录取十三人，其中

---

① 《广西通志·大事记》，第121页；《广西通志·教育志》，第573页。

到日本留学八人，到欧美留学五人。著名教育家雷沛鸿就是这次考试被录取者之一，他先考送日本，后因故考送英国。1917年，广西公布《考送留日预备生简章》并在南宁举行考试，录取十二名，其中包括后来成为中共广西省委首任书记的朱锡昂。据不完全统计，从1912年到1921年，广西出国留学生共一百五十五人，其中留日一百一十七人，留美十八人，留欧二十人[①]。为广西造就了一批掌握了近代科学技术知识的各方面人才。

举办体育运动会。在近代学校纷纷创办、体育成为学校必修课的基础上，1919年12月，广西省第一次体育运动会在南宁举行，有跑步、跳高、跳远等比赛项目。

七、老桂系时期广西近代城市建设

老桂系时期，广西城市继续朝近代化的方向发展。作为近代化事业的载体和聚集地，近代实业、近代教育首先在城市兴起，近代交通首先从城市向外延伸，诸多近代设施首先在城市出现，城市面貌变化，功能加强，地位提高。南宁、梧州、桂林、柳州、龙州等传统名城继续走在近代化前列，南宁作为省会，在广西城市近代化进程中又处于领先位置。老桂系于民国元年（1912）将省会从桂林迁到南宁。这个重大举措缘于南宁当时具有多方面的综合优势。南宁靠近陆荣廷家乡武鸣，具有成为统治中心的优势；南宁邻近陆荣廷、谭浩明等人发迹所在并长期镇守的广西边境，具有边防重镇和老根据地优势；南宁是清末开放的西江商埠，具有交通和对外开放优势；南宁自古以来是桂南的政治经济文化中心，历史上曾做过广西首府，具有历史重镇优势。

清末的南宁，城区狭小，设施落后，已跟不上作为省会的形势需要；老桂系上台伊始，就着手南宁近代城市建设。民国元年（1912），南宁在全省首先使用电话；1915年，南宁同梧州一起首先安装电灯；1919年，南宁龙州间架

---

① 《广西通志·大事记》；《广西通志·政府志》，广西人民出版社，1998年，第167页；吴晓：《陆荣廷统治时期广西"出国留学潮"》，载《陆荣廷新论》。

设广西第一条长途电话线；1916 年，南宁开始拆城填塘，扩展市区，建设马路，首先拆除北门（旧址在今工人文化宫）并填其外濠，作为兴建中的邕武公路的起点。1907 年南宁开放后在南门外兴建的新商埠，这个时期继续发展，建有码头、海关、邮局，经营进口石油的外商美孚火油公司也设在这里①。老桂系时期，近代学校继续在南宁建立，其中包括影响深远的广西省立第三师范和广西省立第一中学。广西其他城市的近代化建设也在开展。从 1915 年到 1919 年，广西主要城市相继安装了电灯电话。1917 年，南宁、柳州、桂林和梧州设立市政工程处，负责修建马路、安装路灯、兴建水厂等市政基础设施建设。1917 年，陈炳焜出资修了柳州第一条三合土马路（当时叫作大马路，后改为文惠路）②。广西近代著名的三座省立师范分设于梧州、桂林和南宁，以省立中学为主体的著名中学遍布全省重要城镇。这些中学经过长期沿革，一直存续至今，成为所在城镇的教育品牌和历史骄傲。

八、筚路蓝缕，承前启后，功不可没

评价历史时期和历史人物的贡献，着眼的不是他们比后代少做了些什么，而是他们比前代多做了些什么。老桂系时期，广西近代化事业在更广的范围和更深的层次继续推进。从"广"来说，这个时期近代化波及政治、经济、教育、文化等领域，继续创造许多时间上"首先""第一""最早"的近代化成果，出现了更多崭新的近代事物；从"深"来说，这个时期出现了更多的近代实业公司，公司有官办、商办、官商合办、官督商办等多种形式，而商办是主体。

尽管这些公司规模不大，旋生旋灭，未能长成大树，但代表新的生产方式——资本主义生产方式，代表新的生产力，其聚资功能、生产规模、生产效率都达到了更高的水平。这个时期，近代化思想意识深入民心，近代化成

---

① 谢汝鍌:《陆荣廷时代的南宁》，滕肇文:《陆谭时代南宁城建及其他》，载《老桂系纪实》。
② 《柳州市志》，广西人民出版社，1998 年，第一卷，第 406 页。

了一股新潮;政局变幻,统治更迭,都阻止不了时代前进。即使在战乱频仍、老桂系濒临最后崩溃的 1921—1924 年,近代化也没有止步不前。

以陆荣廷为首的老桂系作为这个时期的广西统治者,顺应了历史潮流,在广西近代化的舞台上扮演了如下角色:第一,广西近代化进程的策划者。上台伊始,就提出兴办实业的计划,随后又相继发出发展实业的倡议,颁布促进近代化的各种规章。第二,广西近代化事业的实行者。在修路兴学、创办各种近代实业等方面创造了实绩。第三,广西近代化进程的接力者。上承清末发轫的近代化事业,将之继续推向前进,为随后新桂系时期广西近代化的更大发展和 20 世纪 30 年代的繁荣做了铺垫。

以陆荣廷为首的老桂系兴办近代化事业既有开辟财源、巩固统治的动机,也有改善民生、发展广西的胸怀。老桂系核心人物大多出身社会底层,亲历过民间疾苦,饱尝过人世酸辛,同底层人民有着天然的感情缘结;上台以后,确实想为老百姓办些实事,做些好事,通过造福桑梓来流芳后世。他们的头脑并不闭塞,思想并不保守,也并不拒绝新事物。陆荣廷、谭浩明、陈炳焜等人长期在中越边境活动,后又兼治广东,得以就近接触以统治越南的法国、统治中国香港的英国为代表的西方近代文明,亲身感受毗邻港澳、领近代风气之先的广东的近代化气息;梁启超等新派人士、胡汉民等革命党人到过宁武庄,曾是陆荣廷的座上客;陆荣廷的养女婿苏希洵是当时的留法学生,获巴黎大学法学博士学位 [1],陆荣廷同这些人交往,不可避免地会受到近代化思潮的影响。老桂系热心推动实业建设,陆的左右手陈炳焜亲任广西实业协会会长,谭浩明亲任广西棉花促进会会长。今天读当时亲历者所写回忆,仍为谭浩明倡导植棉的热心和实干精神所感动。谭浩明修龙水公路,用裁兵一营的方法,以其经费招募民工二百余人施工。陆荣廷修邕武公路,不征民募民,直接用工兵营修筑;建武鸣河石拱桥,不摊派而用募捐筹资;建巴孟山油桐林场,开垦的是荒地,动用的是自己的警卫营。惠民而不扰民,使陆荣廷生前身后都得到老百姓好评。1928 年,他的灵柩从苏州运回家乡武鸣安葬,经过南宁时

---

[1] 《武鸣县志》,广西人民出版社,1998 年,第 932 页。

受到商民自发路祭①。1934 年，著名民主革命家和著名学者章太炎应陆旧部之请，为陆荣廷撰写墓表，对陆的为人和待人有如下评述："君素恺直"，"为人表里洞达，举事无不可语人者"，"君老于戎事，军行遇百姓有恩。初治广西，群盗屏迹。其后仍岁出师，未尝加赋，囊中无余金银，遇大夫尤谦下"②。

历史正在逐渐远去。回首包括老桂系时期在内的从清末到民国的广西近代化进程，当年所有近代化事业的开拓者们，不论是官是民，不论是留名者还是无名大众，也不论其主观动机和政治倾向如何，他们筚路蓝缕，为广西近代化所建树的功绩，都值得后人铭记和怀念。

---

① 虞世熙：《陆荣廷灵柩回籍的一些闻见》，载《老桂系纪实》。
② 章太炎：《勋一位耀武上将军两广巡阅使陆君墓表》，载《武鸣风景名胜荟萃》。

中国近代反侵略斗争的一面光辉旗帜*

——纪念刘永福诞生一百七十周年和逝世九十周年

刘永福（1837—1917）是中国近代反侵略斗争的一面光辉旗帜。在他诞生一百七十周年和逝世九十周年到来的时候，人们愈加怀念和敬仰他传奇式的一生和反侵略的英雄事迹。

传奇式的崛起

刘永福1837年出生于广东钦州，祖籍广西博白。他出身于一个贫苦农民家庭，由于生活贫困，全家迁徙不定，漂泊谋生，后来又从钦州迁到广西上思。刘永福十三岁就外出打工，十七岁那年母亲、父亲和叔父相继去世，家徒四壁，无以为殓，相继以薄板、床板和草席草草掩埋，刘永福从此孑然一身继续走自己的人生道路。

当时正是太平天国农民起义期间，广西边境地区农民也纷纷揭竿而起。清咸丰七年（1857），二十岁的刘永福投入农民军首领郑三部下，开始他漫长的军旅生涯。后来相继改投王士林、吴凌云、黄思宏、吴阿忠等率领的农民队伍，在毗邻越南的广西边境地区辗转同清军作战。

同治五年（1866），刘永福二十九岁，在广西归顺（今靖西县）安德北帝

* 本文撰于2007年10月，为广西钦州市纪念民族英雄刘永福诞辰一百七十周年研讨会（2007年11月8—10日）而作。收入《刘冯文化》创刊号，纪念刘永福诞辰一百七十周年专辑，钦州市文化局主办，2007年11月6日出版。载《广西文史》2008年第2期，《东南亚纵横》2008年第10期；入选《〈广西文史〉选》，广西文史馆编，广西师范大学出版社2008年11月出版。2010年2月3日，获广西文史研究馆《广西文史》作者奖"一等奖。

本文相当部分素材引自廖宗麟《民族英雄刘永福》，广西人民出版社，1997年。

庙建立黑旗军；次年，1867 年，年届三十的刘永福脱离跟随了四年的农民军首领吴阿忠，开始独树一帜，率黑旗军进入越南苏街。童年和青少年时期经历的贫困和苦难，培养了刘永福的坚强意志；参加农民军以后十年的战火锻炼，增长了刘永福的才干和能力。这正应了中国"三十而立"的古训，刘永福在而立之年英勇崛起，跨过了人生最大的转折：从一个普通的农民战士跃为一支独立的农民武装队伍——在中国近代反侵略斗争史上立下不朽功勋、烙下深深印记的黑旗军的创立者和自始至终的统帅。

先后抗击两个侵略强国的民族英雄

中国近代遭受过几乎所有大大小小列强的欺侮和侵略。他们贪婪野蛮，将地大物博而又积弱不振的古老中国视为一块硕大的肥肉，张开血口獠牙，竞相撕咬。英国是其急先锋，1840 年发动鸦片战争，首先打开中国大门，进入中国堂奥。法国紧跟其后，1856 年与英国勾结，组织英法联军，攻占北京，焚掠价值无可估量的圆明园；1884 年又单独发动中法战争。沙皇俄国从北方不断渗透和入侵中国北部。日本经过 1868 年的明治维新，迅速走上帝国主义道路，将传统的武士道精神同对外扩张相结合，变成尤为疯狂的侵略强盗，1894 年发动甲午战争。1900 年，东西方侵略者更组成先后以英国西摩尔和德国瓦德西为统帅的群狼式的"八国联军"，在大沽口登陆，再次攻占北京。这些侵略者在中国划分势力范围，企图瓜分中国。他们沦中国人民于水深火热之中，把中国逼到亡国灭种的边缘。

与帝国主义入侵中国同时，中国人民也展开了英勇的反侵略斗争。为了保卫祖国，无数仁人志士前仆后继，谱写了一曲曲惊天动地的正义战歌，涌现了灿若星辰的民族英雄。他们在不同或相同的时间和空间，反击不同或相同的入侵者，在共同的光辉中闪着个人的独特光芒。

作为中国近代民族英雄群体中的一员，刘永福作出了自己的独特贡献。他先后抗击两个主要侵略者，第一个是法国，第二个是日本。刘永福在广袤的空间里作战，在越南北方抗法，在中国台湾抗日。刘永福长时间战斗在反侵略战争最前线，其中在越南北方驻守和抗法前后十多年，在中国台湾驻防和抗日一年多。在这么长的时间里，在这么广的战场上，先后抗击并重创两个侵略强国。作为民族英雄，刘永福当之无愧。

战功赫赫的爱国名将

刘永福率领黑旗军，充分发挥农民武装队伍吃苦耐劳、英勇顽强的作风，灵活运用在长期战斗中积累的经验和形成的韬略，在反侵略战斗中屡挫强敌，数毙敌帅，立下了赫赫战功。

刘永福抗击的第一个强敌法国，19世纪50年代开始入侵越南，60年代完全占领以西贡为中心的越南南部之后，派遣探险队溯湄公河北上，企图开辟入侵中国西南的捷径，无奈发现湄公河—澜沧江不宜通航，他们转而勘测越南北方的红河，发现红河可以通航中国云南，且比湄公河近便，自古以来就是中越之间的重要通道。为了占领整个越南并从红河和镇南关等关口进入中国，19世纪70年代法国继续向北推进，入侵以河内为中心的越南北部。于是法越之间、法中之间开始了侵略和反侵略的武装冲突。

1867年率黑旗军入越后的刘永福，以越南西北部的保胜（今越南老街一带）为立足地，应越南政府的请求，协助清除越南北部边境地区的反政府势力，被越南政府赐封官衔，任兴化、保胜防御使。

1873年，曾经参加法国湄公河探险的法国军官安邺奉法国殖民当局之命率军袭取河内，又攻占河内附近的海阳、宁平等省，正式开始了侵占越南北方的军事行动。

刘永福挺身而出，奉越南政府之命率黑旗军迎击侵略者，在河内西门外战场打死法军指挥官安邺，取得援越抗法的第一个胜仗。越南政府因此授刘永福副领兵衔，次年又任命为三宣副提督。

黑旗军驻防的越南保胜地区，扼红河中越通道的咽喉，成为法国侵略者从越南北方入侵中国云南的障碍。法国殖民当局曾千方百计企图通过越南政府诱逼黑旗军撤离保胜，但始终未能得逞。

19世纪70年代末，已从普法战争失败的阴影中走出的法国，加快了对外扩张的脚步。在东南亚，与占领马来西亚和缅甸的英国相竞争，急于要占领越南北方，变整个越南为法国殖民地和入侵中国的前沿基地。1882年，法国殖民当局派李威利率军北犯，再次占领河内。刘永福又应越南政府请求，指挥黑旗军反击，在河内西郊纸桥力歼法军，打死李威利，取得援越抗法战争的第二次胜利，史称"纸桥大捷"，刘永福因此被越南政府赏授三宣提督。

1884年，中法战争爆发，越南北部成为陆战的主战场。清政府授刘永福记名提督衔，率黑旗军配合进入北越清军，在宣光等地同法军血战，予敌重大杀伤，将侵略者阻遏于中国国境之外。

1885年，中法战争结束。三千余名黑旗军将士奉调回国。1886年，清政府任命刘永福为广东南澳镇总兵，刘永福自此开始镇守东南海疆，前后十年。1894年，日本着手实现蓄谋已久的侵华阴谋，发动甲午战争。台湾处于东南海疆最前沿，是日本觊觎已久的侵占目标，加强防务成为当务之急。1894年8月，中日战争爆发，刘永福奉命率黑旗军赴台，帮办台湾防务，负责防守台南。1895年清朝战败乞和，签订包括割台条款在内的丧权辱国的中日《马关条约》。驻台文武官员纷纷内渡，人心惶惶，刘永福致电台湾巡抚唐景崧，表示"与台存亡"的决心①。5月，日军登陆台湾，先后占领基隆、台北，唐景崧仓皇内渡。这时，刘永福宣誓就任台南抗日盟主，统一指挥包括台湾抗日义军在内的台南抗日武装，北上抗敌。6月，刘永福同台湾抗日义军首领徐骧、吴汤兴等在新竹英勇抵抗南犯日军。新竹之战历时两月，大小二十余战，给日军重大杀伤。8月，战事向南转移到彰化。彰化之战空前惨烈，日本近卫师团中将师团长能久亲王、少将旅团长根信成中炮毙命，抗日义军将领吴汤兴、吴彭年及所部也全部壮烈牺牲。10月上旬，五万日军海陆三路夹攻台南，徐骧和总兵柏正才力战阵亡。由于力尽援绝，大局难挽，刘永福撤回厦门，台南沦陷。

台湾军民的抗日武装斗争，前后历时五个月，大小百余仗，抗击日本三个近代化师团和一支海军舰队共五万人；日军伤亡三万二千人，超过整个甲

---

① 连横：《台湾通史》上册，第69页。

午战争所受损失，其中侵台主力近卫师团伤亡过半，连担任师团长的亲王也在战场殒命。这次斗争虽然最后失败了，但台湾军民反侵略的坚强意志和英雄气概，已在历史上树起一座永恒的丰碑。

壮心不已的爱国志士

甲午战争以后，帝国主义掀起瓜分中国的狂潮，国难日益加深，救亡图存呼声高涨。光绪二十三年（1897），清政府召用"老于兵事，缓急可恃者"[1]，两广总督谭钟麟遵旨起用刘永福。刘永福离台内渡后一直住在老家钦州，奉旨后即离钦赴广。1898 年，奉命重建黑旗军。1900 年，八国联军攻占天津、北京，六十三岁的刘永福毅然奉旨率黑旗军北上勤王，行至湖南衡阳，因广东发生惠州和广州起义，又奉命折返广州。同年底，清政府接受侵略者提出的和议大纲，刘永福闻讯，"请假旋里"，以示义愤[2]。此后转入同情孙中山领导的革命运动，1911 年加入中国同盟会，辛亥革命后一度任广东省民团总长。更难得的是，民国元年（1912）年底，年届七十五岁的刘永福仍壮心不已，上书大总统请缨北上抗俄。民国四年（1915），日本要袁世凯接受"二十一条"卖国条约，刘永福"一时愤气填胸，白发怒举，面赤亮如重枣，目棱棱欲射人。抗电北廷，请缨与战"[3]。这时这位爱国志士已是七十八岁高龄，距离 1917 年辞世只有两年时间。

威震中外，国之干城

刘永福从 1867 年三十岁时率黑旗军入越，到 1907 年七十岁时获准辞去碣石镇总兵职务，抗敌御边前后四十年。在抗击侵略者的斗争中，战功赫赫，

---

① 《清德宗实录》第四一二卷，第 387 页。
② 见廖宗麟《民族英雄刘永福》，第 484 页。
③ 罗香林辑校：《刘永福历史草》。

威震中外。他英勇的抗敌事迹不但在民间广为流传，而且层层上达，受到朝廷的倚重，以致一有国难，各地督抚辄力荐刘永福，由朝廷下旨征召。且以中日甲午战争爆发前后为例。甲午战争之前，清政府已看到日本图谋霸占台湾的野心，有意识地物色忠勇之将前往台湾，加强台湾防务。1892 年 7 月 8 日，江苏南通举人、民间实业家张謇给他的老师、被誉为"两朝帝师"、权高位尊的翁同龢致函，极力推荐刘永福："西人颇震刘永福之威名，官则总兵，大可用也。"① 同月 23 日，翁同龢上奏："刘永福前在越南著有战绩"，请旨"调令赴台，相助为力，庶几战守有备，可阻敌谋。"② 湘军宿将、两江总督刘坤一也力荐云："刘永福天挺人豪，志锄非种，前在越南，以草泽之雄，膺专阃之寄，辄能以弱胜强，以少制众，该国倚为长城……倘蒙天恩超擢，授以钜任，必能独当一面，折冲御侮，稍分宵旰之忧。"③ 正是在一片要求重用刘永福的呼吁声中，清政府任命刘永福"帮办台湾防务"。1900 年八国联军攻下北京，西太后和光绪帝仓皇西逃，清政府又下旨要刘永福率兵北上救驾抗敌。很显然，上至朝廷和各地督抚，下至普通老百姓，都把刘永福视为可以托付的国家干城，每当国家危急就想起刘永福，就希望刘永福挺身而出为国纾难解危。

刘永福数十年的经历和言行向历史证明，他是一位当之无愧的民族英雄，一位战功赫赫的爱国名将，一位壮心不已的爱国志士，一面中国近代反侵略斗争的光辉旗帜！

---

① 《中日战争续编》（六），第 446 页。
② 《中日战争》（二），第 642 页。
③ 《中日战争》（三），第 49 页。

镇南关起义的历史光辉*

——纪念镇南关起义一百周年

　　1905 年，孙中山领导的革命政党——中国同盟会成立于日本东京，提出"驱除鞑虏，恢复中华，创立民国，平均地权"的革命宗旨。1906 年秋冬间，孙中山和黄兴、章太炎等制订了武装反清的《革命方略》，规定组织国民军，"覆彼政府，还我主权"①。按照孙中山的设想，"欲先取中国南部数省为根据地，然后进窥北部。故猛着先鞭于粤桂滇三省"②。就是说，组织革命军队，首先在南部边疆省份起义并以之为根据地，然后北伐，最后达到推翻清廷、创立民国的革命目标。按照孙中山的革命方略，从 1906 年起，到 1911 年武昌起义之前，中国同盟会领导的较大规模的反清武装起义约有十多次。其中 1907 年是起义高潮年，从东边的潮州，中经惠州和钦州，到西边镇南关，起义沿南部边境一路绵延起伏，革命烽火燃红了南疆天际，呈现了辛亥革命史上的壮观景象。

　　1907 年 12 月的镇南关起义正是辛亥革命起义链条中重要的一环，在起义烽火群中闪烁着独特的历史光辉。

镇南关起义的战略地位

　　"镇南关地势极险，位于广西西南，与法领东京接壤"，在军事上是国防要

---

* 撰于 2007 年 9 月。2007 年 9 月 27 日在凭祥"纪念孙中山先生领导广西边境反清武装起义一百周年"研讨会上宣读。载《东南亚纵横》2009 年第 3 期。

① 转引自章开沅、林增平主编《辛亥革命史》，人民出版社，1980 年，中册，第 224 页。

* 撰于 2007 年 9 月。2007 年 9 月 27 日在凭祥"纪念孙中山先生领导广西边境反清武装起义一百周年"研讨会上宣读。载《东南亚纵横》2009 年第 3 期。
① 转引自章开沅、林增平主编《辛亥革命史》，人民出版社，1980 年，中册，第 224 页。
② 陈春生：《丁未防城起义记》，转引自章开沅、林增平主编《辛亥革命史》，人民出版社，1980 年，中册，第 226 页。

塞，中法战争后兴建城墙炮台，驻兵重点设防。镇南关又是广西乃至全国通向越南以至整个东南亚最大的陆地门户和通道，20 世纪初，统治越南的法国殖民者已将铁路从河内修到邻近镇南关的越北同登，公路则已修到镇南关，同中国已建成的龙镇公路（龙州—镇南关）南段（镇南关—鸭水滩）连接。镇南关南下可达越南河内，北上可到龙州南宁，地位重要，交通方便，足以牵动全局。进可沿传统通道北上，定略广西，谋取中原；退可出境，到清朝无法管束的法国统治下的越南。这是镇南关被孙中山为首的革命党人选中为起义地点的地理依据。镇南关清兵统领陆荣廷也深知孙中山的战略意图，他在一封密函中说："彼（指孙中山）之军略，与太平天国同，起义于边城，俟得天下心，然后进攻北京。"① 太平天国正是在广西金田起义后北上占武昌，沿长江东下定都南京，再进行北伐。孙中山领导的辛亥革命，也是从南向北，最后以南京为首都。

镇南关起义的基本队伍

以黄明堂、王和顺为首的会党乡勇，是一股反清武装队伍，长期在中越边境地区从事反清活动。黄明堂、王和顺接受革命影响，加入了中国同盟会。黄明堂奉孙中山之命，在越南太原设立起义领导机关，集合了数百人枪。与此同时，孙中山委任王和顺为中华国民军南军都督，筹备镇南关起义，并要黄明堂率部同王和顺会合攻关。随后改委黄明堂为镇南关都督，命王和顺攻取龙州水口以为侧援。1907 年 12 月 2 日，黄明堂率领会党乡勇百余人，从后面偷袭镇南关炮台，揭开了镇南关起义的序幕。他们"披蒙茸，拔钩藤，以绳缒于断涧危崖间"，逾墙而入第三炮台，守军仓皇失措，狼狈而逃，接着进入第二、第一炮台，守军皆不敢阻。可谓奇兵天降，不战而下镇南关。随后攻防易位，起义队伍居高临下利用炮台发炮迎击，血战七昼夜，使敌兵伤亡数百。但终因众寡悬殊，弹尽援绝，于 1907 年 12 月 9 日主动撤离，退往越南。②

---

① 邹鲁:《丁未镇南关之役》，载中国近代史资料丛刊《辛亥革命》（三），上海人民出版社，1957 年。
② 郑惠琪等:《镇南关起义见闻》，转引自金冲及、胡绳武《辛亥革命史稿》第二卷《中国同盟会》，上海人民出版社，1985 年，第 326 页。

会党乡勇是镇南关起义的基本队伍，他们作战勇敢，地形熟悉，善于出奇制胜，黄明堂等领导人身先士卒，带领全军以极小的代价攻占设防坚固的镇南关军事要塞，并据守一星期之久，创造了辛亥革命起义史上的奇迹。

孙中山亲临前线指挥

镇南关起义次日，1907 年 12 月 3 日，孙中山偕黄兴、胡汉民等从河内前往镇南关，亲临前线指挥作战，当晚抵达，对起义队伍进行慰问和犒赏，并发表热情演说。4 日，清军来犯，孙中山亲自发炮轰击。后来他说："反对清政府二十余年，此日始得亲发炮击清军耳。"[①]

镇南关起义的国际援助

越南是镇南关起义的基地和后方。孙中山设起义总部于河内，黄明堂指挥的起义队伍以越南为后方基地，在越南太原集结待命，起义队伍主动撤离镇南关后，也撤入越南境内休整等待时机。

越南革命者直接参加镇南关起义，同中国革命者并肩战斗。在黄明堂率领的四百余人的队伍中，就有盘公仪、潘佩珠率领的越南光复会会员八十余人和菲律宾独立党彭西约来的菲律宾革命者三十余人，佩带短枪、马刀，并带有鞭炮等，星夜抄小路绕过镇南关背，攀袭山顶炮台。

起义次日，随同孙中山前来镇南关起义前线、攀登镇南关炮台的还有日本友人池亨吉、法国退职炮兵上尉狄氏等国际革命人士。[②]

---

① 《胡汉民自传》，转引自章开沅、林增平主编《辛亥革命史》，人民出版社，1980 年，中册，第 253 页。

② 郑惠琪等:《镇南关起义见闻》，转引自金冲及、胡绳武《辛亥革命史稿》第二卷《中国同盟会》，上海人民出版社，1985 年，第 326 页。

镇南关起义的强力震撼

镇南关起义震动了清朝政府。清廷军机处致电广西巡抚张鸣岐："查南关为交界要道，向有重兵防守，何至突被匪徒占据？"接着，又电责两广总督张人骏与张鸣岐："该抚（指张鸣岐）布置疏忽，致失要隘，咎实难辞。张鸣岐应先行交部议处。着即饬各路统将……协力进攻，即日克复……倘有迁延退缩者，立按军法惩治。如该抚督率不力，定一并从严惩处。"①这些电文和盘托出了清廷的慌急情状。镇南关清兵统领陆荣廷在起义爆发后曾密函约降。镇南关敌我双方相持血战七昼夜，直到起义军主动撤离后，陆荣廷才进入，顺势"以克复镇南关报"。"自经此役之后，无论广西各营兵，闻风胆寒，即陆军亦已心折我军之坚劲。"不但"各乡人民，视革命军如亲友"，"即各处团练亦多暗附"，"现时陆荣廷部下之兵，多来约降"。孙中山在撤离镇南关后，在致邓泽如书中仍乐观指出："弟自攻破镇南关之后，默察广西全局，大有可为，月来所图，较前极有进步。"②

在近代民族民主革命的洪流中，镇南关因同先后两次重大历史事件相关联而倍受国内外瞩目：1885年中法战争中冯子材、苏元春指挥的镇南关大捷，一扫鸦片战争后中国屡战屡败的颓气，在雄关上高高竖起反抗外敌入侵的胜利旗帜，创造了民族革命的奇迹；1907年，孙中山、黄兴、黄明堂、王和顺等人指挥的镇南关起义，以最小的代价赢得巨大的胜利，在雄关上高高竖起了反对封建王朝的胜利旗帜，创造了民主革命的奇迹。

镇南关起义连同此前的镇南关大捷，如同日月双璧，光辉永恒，其精神仍鼓舞着我们在振兴中华的道路上奋勇前进。

---

① 《镇南关起义清方档案》，载中国近代史资料丛刊《辛亥革命》（三），上海人民出版社，1957年，第221页、第222页。
② 邹鲁：《丁未镇南关之役》，载中国近代史资料丛刊《辛亥革命》（三），上海人民出版社，1957年。

怡然见南山 *

——《寻迹南崧——记清代壮族著名文人张鹏展》序

张成老同学经过不懈努力，完成了将先祖张鹏展事迹和著作汇在一起的书稿——《寻迹南崧——记清代壮族著名文人张鹏展》，谨表示热烈祝贺！老同学多次盛情邀请作序。自知才疏学浅，位卑职微，屡请屡辞，均未获接受，只得勉为其难，怀着对故乡先贤的崇敬和对老同学的感谢，写下一些见闻感受和肤浅认识。

张鹏展（1759—1840），生于清朝乾嘉年间，一生经历了求学（三十年）、入仕（三十年）和讲学（二十年）三个时期。他秉承家学，依靠过人才智与勤奋，乾隆五十四年（1789）考中进士，随即入翰林院任编修，开始步入仕途。翰林院作为直接为皇帝提供文字服务的文职机构和汇集精华的人才库，又是新科进士见习之地和升迁之所。张鹏展任翰林院编修四年后，获外放升迁机会，乾隆五十七年（1792）首次外放，先后任云南乡试副考官和福建道监察御史，历时十七年；嘉庆十四年（1809）奉调回京，相继任光禄寺少卿和太常寺少卿，历时一年；嘉庆十五年（1810）再次外派，相继任山东乡试正考官和提督山东学正，历时三年；嘉庆十九年第二次奉调回京，升任通政使司通政使。这是他仕途的最高点和最后一站。综观张鹏展三十年仕途，他担任的是文职，两出两进京城，京官省官、冷职热职都做过；官阶从最初的正七品翰林院编修逐步提升到最后的正三品通政使司通政使，说得上是宦海顺风扬帆。嘉庆二十五年（1820），张鹏展六十岁，主动辞官归故里，在家乡专事讲学，创立平山草堂，主持桂林秀峰书院、上林澄江书院和宾阳书院，直至道光二十年（1840）八十岁时逝世。

---

* 本文撰于 2009 年 8 月。《寻迹南崧——记清代壮族著名文人张鹏展》，张成著，中国文联出版社 2010 年 10 月出版。

张鹏展出身于历史上被称为"南蛮"的经济文化相对落后的边远地区，生长在一个偏僻的壮族山村。在这样的背景下，他的成就尤其显得难能可贵。壮族乡亲把他看作自己的优秀子弟和杰出代表，为他的成就自豪。其中三件事特别为老百姓所乐道：其一，张鹏展从低而高、从近而远，顺利通过科举制度的层层考试，直到进京参加皇帝亲自主持的殿试，在全国优秀考生群中脱颖而出，荣登进士榜。其二，张鹏展受到皇帝的赏识和器重，在皇帝身边任职，直接为皇帝和宫廷做事。其三，张鹏展被朝廷选派到孔孟故乡、儒学发祥地和人才济济的山东，任主持考试的主考和主管教育的学正，在当地人看来，这不啻"班门弄斧"。张鹏展在怀疑的目光中上任，工作难度不难想象，但他很快用实际的成绩证明自己的能力，终于让当地人心悦诚服。流传至今的山东对联故事（见该书《山东履职》一章），实际上是老百姓借以表达对张鹏展拥护支持的民间创作。

张鹏展刻在故乡南山上的朱熹手书"忠孝廉节"四字，正是他道德品格的简明概括。他勤学敬业，忠于职守；他事亲至孝，故土情深；他为官廉正，爱民亲民；他为人谦逊，进退有节。这本书对此都有具体生动的记录。高尚品格是他一生成就的基础和支柱，也为后人树立做人楷模。

张鹏展一生为社会作出了卓越的贡献：第一，在考官、学正任上，亲手培养和选拔了大批优秀士子。第二，晚年在故乡兴学讲学，在南疆传播了传统文化，造就了很多人才，日后成为进士的武鸣韦天宝就是他的门生。第三，编纂地方文献。在山东编有《山左诗续抄》，在广西编有《峤西诗抄》和《宾州志》。第四，研究和注释典籍。如《读鉴释义》《离骚经注》等。第五，撰写了大量诗文。其中包括奏章、诗联、序跋和其他文字。张鹏展的著作，基本上汇集在《谷贻堂全集》。

张鹏展的著作和所编典籍，是一笔珍贵的文化遗产。他生活在中国古代最后一个盛世，在由盛转衰的门槛上——鸦片战争期间辞世。他一生沐浴着斜日的辉煌，用一支文人之笔，反映了那个时代。他的文章散发着承平的气息，诗篇渗透着清和的色调。他的文章，有助于后人对那个时代的了解，具有历史价值；他的诗篇，是当时社会生活的形象反映，更兼具文学和历史意义。他学识渊博，文句古雅深奥，咀嚼费力但意味深长。

　　张鹏展的事迹尽管早在民间流传，但很晚才见诸文字，对他的介绍和研究迟至 20 世纪七八十年代才真正开始，张胤先生在《广西历史人物传》中写了《张鹏展》，黄绍清教授在《壮族文学史》中写了刘定逌和张鹏展诗歌一节。2005 年《壮学丛书》编委会启动"张鹏展集"课题，由于汇集张鹏展著作的六卷本《谷贻堂全集》只找到第一卷（诗歌卷），余五卷至今下落不明，导致进程受阻和工作搁浅。但张鹏展六代孙、课题组成员张成先生，一直未间断对先祖著作的搜集，现将至今搜集所得，连同传说故事、生平事迹和评价文字汇集成书先行问世，为张鹏展研究作了既往总结和未来铺垫。

　　张成和我是上林巷贤同乡，又是 20 世纪 50 年代初在上林中学读初中时的前后届同学，我比他早一年进校和离校。上中一别，各奔西东，音讯阻断三十多年，直到 1980 年代我从河南回到广西工作后，才在一次有数百人参加的旅邕上中校友聚会中重逢。当时他来到面前招呼："老同学，我叫张成，还记得吗？"我紧握他的手惊喜地说："你是张鹏展的后代，这一点什么时候都不会忘记！我还读过你发表在《南宁晚报》上纪念先祖的文章。"以后每次见面，我都向他请教有关张鹏展的问题，了解到他搜集、整理先祖资料而孜孜不倦的经历。他曾两度自费赴京，入中国历史档案馆查找先祖的奏章和其他资料。2005 年，他和我应邀随广西壮族自治区人民政府原副主席、《壮学丛书》张声震主编，黄铮副主编，广西民族研究所覃圣敏副所长一起回上林，同县领导和有关部门座谈编辑出版《张鹏展集》事宜，随后成立了由覃圣敏、黄绍清、白耀天和我们两人组成的课题组。课题进程因资料缺失过多受阻以后，张成老同学依旧独力迎难而进，频频进出图书馆，遍访故乡的先祖遗迹，往武鸣寻访先祖门生韦天宝的后人。每当发现线索，都认真前往寻踪。最近听说巷贤石村、苏村有张鹏展对联遗存，立即专程回去寻访录照。近年农村住房拆旧建新浪潮波及张鹏展故居，令他寝食不安，忧心如焚，经他反复进行耐心细致劝说，最终得以使故居的主体保存下来，避免了全毁的厄运。现在他又在考虑如何进行故居的整修和维护。我建议他争取政府的支持，他说："作为张鹏展的裔孙，这首先是我的责任。"可以说，他搜集、保护和整理先祖文化遗存的努力，达到了呕心沥血的程度。他学医业医，在广西水电学院工作，但文科兼长。他笔下既有具体清晰的叙事，又有生动形象的描绘，显示了深厚的文科功底。

我小时候，曾从祖父和父亲那里听到张鹏展的故事。祖父增光先生喜读诗书，农事间隙总是手不释卷；父亲治平先生20世纪20年代先后毕业于宾上迁中学和广西省立第三师范，曾在柳州中学、陆川中学、武鸣中学、绥禄、天保、天河师范、上林明山补习学社、南鹏、荣山补习学校等校任教；祖父务农，父亲教书，都对故乡先贤张鹏展心怀崇敬之情。我在童年时代，所知毕竟有限，渴望日后有更多的目睹耳闻。天道酬诚，几十年来，果真有机会实现了部分夙愿。20世纪60年代，有一年从河南回家探亲，在上林县文化馆工作的大表哥卢玉瑚给我看了张鹏展母墓出土的檀扇，扇面书写张鹏展的感念母恩诗。1970年代，有一年从河南回家过春节，到巷贤五七农业中学看望在那里任教的表姐韦碧晶和表姐夫樊应龙，得知这间中学就建在张鹏展的平山草堂遗址上，我特意在棚屋校舍住了一夜，与南山相伴而眠，做了一场缅怀先贤的沧桑之梦。1980年代，有一次从南宁回去看望在上林中学读高中的儿子海岚，一个人骑单车到离县城三十里的澄泰洋渡，寻找凭吊清水河畔的张鹏展墓，笔录了墓碑文字。当时墓顶留着盗洞的新痕，墓地周围的荒烟蔓草中还散落着盗墓者挖出的陪葬品碎片，景象惨不忍睹。1990年代，有一年从南宁回家过清明节，再由表姐和表姐夫向导，登留仙村南山观看张鹏展在石壁上镌刻的朱熹"忠孝廉节"手迹，获得心灵的教益；下山后接着瞻仰留仙村的张鹏展故居，向当时在屋的先贤后裔乡亲表达了让故居永存的祝愿。

张鹏展一生与南山结下了不解之缘。他在山前留仙村成长，晚年在南山结庐讲学，优游林泉，刻崖勉世。他以南嵩为字，意境与南山相通。南山一身披绿，没有绝壁危崖，高而无险；南嵩一生奉献，作为杰出文人，可敬且可亲。天人在这里合一，南山与南嵩在人们心中融为一体。我故乡大山村，得名自村后一列名为"大山"的青色山峦，南距留仙村十里，中隔绿野，南北相望，更有作为巷贤母亲河的一条蓝色清流（可惜这条母亲河至今未有全段的统一名称），自南山近旁发源，北流至大山村近旁，在这里几度回环才东折流向大海。每当晴日月夜，推窗启门，辄见南山送青，悠然而来，怡然而晤，陶然共乐，因借陶渊明诗句，微调一字，以"怡然见南山"为题作序。

贵在特色　美在特色*

——《中国地域文化通览·广西卷》读后

《中国地域文化通览·广西卷》（以下简称《通览·广西卷》）是时代潮流推出的文化成果。实现中华民族伟大复兴的中国梦，既需要经济的"硬实力"，也需要文化的"软实力"，需要经济文化双轮驱动，全面加速中国的现代化进程。国家多年来实施多项重大文化建设工程，《中国地域文化通览》正是其中一项。应文化建设潮流而生的《通览·广西卷》，作为《中国地域文化通览》的组成部分，更是广西文化建设的丰硕成果。

不同地域各有特色，不同地域的文化也一样。贵在特色，美在特色，传在特色。《通览·广西卷》所以备受青睐，正在于彰显了广西的地域文化特色。《通览·广西卷》提出山水文化、历史文化和多元共生、交融共进文化三大特色内涵。彰显特色，贯彻全卷始终。

除此之外，《通览·广西卷》还多方面给读者留下深刻印象——

恢宏。从时间和空间、纵和横的交叉把握全局，布置全书框架。《绪论》为全书提纲挈领，后续各章按时间顺序论述文化的历史发展，按门类和地域展示文化全貌。时间长、涵盖广、创意多，充分显示书卷的大气。

严谨。《通览·广西卷》的撰写，奠基在长期科学研究的基础上，汇集了学术界丰富的研究成果，也融入了编撰者的创见。持之有故，言之成理，经得起时间的考验。

丰富。《通览·广西卷》材料翔实，叙述具体而又门类清晰，读者可按需要方便取览，泛读者亦能开卷有益。

平实。《通览·广西卷》深入浅出，语言平实，精彩处频见于平易叙述

*　载《广西文史》2013 年第 3 期（总第 63 期）。

之中。

以摘录其中关于地理环境对社会文化影响的论述为例。"广西文化的成长势所必然地受惠于也受制于广西的地理环境。比如山多、断裂多、地势落差大、平原面积小，一方面为人们提供了相对稳定的独立生存空间，有利于个性的发展，有利于自主自强、刻苦勇猛意识的养成，但地理上的阻隔和闭塞，又不免带来狭隘保守。"（见《绪论》，该书第6—7页）"行看八桂儿女，有两大人群特别夺目。一是军人。广西兵不怕死，能打硬仗。从译吁宋到侬智高、刘永福、冯子材以至近代桂军，勇猛顽强，团结奋战，写下了许多动人篇章。二是妇女。广西妇女不独操持家务，而且自古以来就是户外劳动的主力军。与全国许多地区不同，广西农村田间地头的活大部分是妇女完成的。她们明事理，敢担当，吃苦在前，劳作在前，真正起到了扛起'半边天'的脊梁作用。"（见《绪论》，该书第20页）

至于可商榷之处，也略举一例。书中提到上林唐碑有"最早的可识读的五个古壮字"（见该书第100页）。2003年，上林县政府组织上林唐碑校释研究整理小组，由覃圣敏研究员任组长，对上林两唐碑作逐字逐句的实地考察和研讨，前后历时数月。作为小组成员之一，笔者有幸全程参加。发现碑文中除武则天的六个新造字外，其余用字都是正规汉字，在汉字字典里都能找到，没有任何仿汉造字的形迹，每个字的字义和上下文无缝衔接，连贯通畅。把这样形音义都完备且前后连贯的汉字指为古壮字，实在没有必要。

《通览·广西卷》的成功，说明广西不但有丰厚的文化"矿藏"，而且有杰出的"挖矿"人才，只要将这些人才动员和组织起来，确立目标，努力不懈，就一定能够将广西建成闪着特色光辉的文化强省（区），为实现伟大的中国梦作出自己的独特贡献。

闾巷之间 代出贤者 *
——《巷贤概览》代序

　　巷贤（广西上林县巷贤镇）最吸引人的首先是名字。

　　常有朋友说："你们家乡人才济济，真不愧名叫巷贤！希望能听到较多的介绍。"尽管自己所知有限，仍责无旁贷作了如下的回答——

　　闾巷之间，代有贤者——这是实际和字义结合对"巷贤"一名所作的解释。

　　"贤哉回也，一箪食，一瓢饮，在陋巷，人不堪其忧，回也不改其乐。贤哉回也！"《论语》中这段孔子赞扬弟子颜回的话是巷贤一名的经典依据。

　　巷贤作为地名，至晚在明朝万历年间（1573—1620）已经出现在今日巷贤的土地上。①

　　首先令人记起的巷贤先贤是乾隆进士张鹏展（1759—1840）。他是留仙村人，自幼秉承家学，天资聪敏，读书勤奋，通过科举制度的层层考试，一路向上直考到皇帝亲自主持的殿试，考取进士，进入翰林院任编修;后两度外放，先后在云南、福建、山东等省任考官、御史、学正等职;第二次奉调回京后任通政使司通政使。张鹏展为官公正清廉，体恤民艰。晚年辞官归故里，专事讲学，在村后南山创立平山草堂，培养了很多杰出人才。张鹏展一生写了大量奏章、诗文，有《谷贻堂全集》六卷传世。②

　　巷贤乡亲早盼出一本介绍巷贤的书。2009 年 12 月在上林县城举行的巷贤人士迎春团拜会上，部分革命老前辈倡议写一部巷贤革命斗争史，与会者

---

　*　本文撰于 2015 年 1 月 16 日。

　①　白耀天乡亲查阅明万历十三年（1585）郭棐《宾州志》（十四卷），卷二《山川志》载："巷贤峒，县南三十五里，村居稠密。"卷三《墟市》亦载有："巷贤墟感化乡，去县十里。"

　②　见张鹏展六代孙张成著《寻迹南崧——记清代壮族著名文人张鹏展》，中国文联出版社，2010 年。

当场一致赞同并建议将时间延伸到抗日战争以至更远，将范围扩大到历史以外的各个领域，写成一部记录客观事实的方志性通览。巷贤镇党委和政府联合发文对此倡议表示同意和支持，并出面召集座谈会，组成编委会和编辑部，聘请编写人员并建立由各村材料员组成的资料网络。这个编辑团队的成员多半是退休干部和退休教师。经费由热心人士捐献和赞助。对看法有分歧的历史问题，大家同意采取只记事不定性的办法来解决。

《巷贤纵览》编委会的乡亲们嘱我作序。自知才疏学浅，位卑职微，加上长期漂泊在外，对故乡所知不多，更谈不上为本书作过什么奉献，并非写序的合格人选，但谢辞不成，谨写一些从童年积累下来的对故乡的感知和感念，略表一下对生于斯、长于斯的一片土地赤子之心。

巷贤的壮丽山川为"代出贤者"安排了优越的地理环境。地灵和人杰在巷贤相互交辉。雄伟的大明山脉从西北方列阵而来，横亘在巷贤西缘，分隔上林、武鸣两县；接着从西南角折而东向，直落宾阳，分开上林、宾阳两县。巷贤北部是丘陵地带，中间是广阔平原。平原上阡陌纵横，河渠如网，村庄星罗棋布。从大明山深处发源的大小河流像叶脉一样往东北方逐一汇合，最后在一个名叫"合水"的地方总汇流，以深沉之势从东叶村离境，先后汇入清水江和红水河，一同奔向大海。巷贤集巍巍高山、浩浩平原、莽莽丘陵、密密河流于一体，展现了大自然的完美组合。每当登上我的村庄大山村后山顶，纵目巷贤大地，辄感胸襟开阔、壮气凌霄。

巷贤富饶的田野为"代出贤者"铺垫了充实的物质基础。巷贤自古号称"鱼米之乡"，堪称上林县的一块"肥肉"。巷贤稻米产量全县第一。近年走俏市场的响亮名牌"上林米"，巷贤是其主要产区之一。巷贤桑蚕茧厚丝长色白，质量全县最好，甘蔗亩产全县最高。丘陵地带盛产作为消费新宠的杂粮。环绕每个村庄的大小鱼塘和坐落山间的山塘水库，像块块明镜，每天都有生蹦活跳的鲜鱼上市。巷贤金矿自古闻名，20世纪30年代就有金矿公司机械开采，曾盛极一时。巷贤乡亲用勤劳的双手，世代耕作、养殖、淘金，养活全家，供子女读书，支持乡里办学。

巷贤四通八达的通道为"代出贤者"提供了对外开拓的方便。巷贤与东边的宾阳、西边的上林县城无障碍连接。从宾阳再东往粤港、北上京沪,从上林再西进云贵。著名的宾上古道就是这条连接珠三角和大西南通道的中段,往昔每天商旅络绎,路旁粥棚林立。南边黎村、王西、古竹三条山道,沟通南宁、龙州。北边穿越丘陵,可达迁江、来宾、柳州;西边翻过佛子岭隘口可通武鸣。在漫长的历史岁月中,巷贤乡亲沿着这些通道同外界往来,或求学,或入仕,或从戎,或经商,追求各自的人生梦,从对外开拓中成才成名,同时给故乡带来知识、带来财富和"光宗耀祖"的荣誉。

巷贤重教兴学的悠久传统为"闾巷之间,代出贤者"提供了直接的源泉。巷贤乡亲即使上山砍柴挑数十里到宾阳卖也要送子女读书。每当轮到村学老师来家吃饭之日,家家把老师当恩人款待,无钱赶圩就下河罩鱼,宰自养的鸡。巷贤子弟纵使赤脚上学,也力争取得好成绩,为父母争气。刻苦学习成才的人在乡间传为美谈,视为榜样。在巷贤乡亲呵护下,巷贤名校迭出,名师备受尊崇。民国时期大山圩的"五校"(上林县第五中心小学)和"南鹏补习学校",巷贤圩的"七校"(上林县第七中心小学),大卢村的"南陔学校"都誉播遐迩。周宗燮先生创办,周治平、姚龙德、周宗瑾等先生执教的南鹏补习学校,求学者从远方至白圩、亭亮络绎而来,日夜弦歌,书声琅琅,使大山古圩有"一方邹鲁"之誉。卢范等先生创建,卢峻岐先生设计校舍和门楼,卢王瑚先生任校长的南陔学校,汇聚了大批革命青年,活力四射,从中走出大批革命骨干,有"革命摇篮"之称。由苏挺超等先生筹办的巷贤"七校",建校不久就成为巷贤规模最大最正规的公办中心小学。就连晚近成立的巷贤五七农业中学,不拘一格聚人才,聘姚公度等先生任教,虽条件很差,生活艰苦,半耕半读也培养出很多至今仍活跃在县内外各个领域的杰出人才。

巷贤深厚的文化底蕴为"代出贤者"提供了丰富的文化滋养。巷贤乡亲多才多艺,弹唱、书画、编演等方面都有能人,节庆、庙会、婚丧等都有文体活动相随。春节期间,舞狮队、舞龙队伴随着喧天锣鼓走村串巷,送去吉祥幸福。农历二月三仙庙会,演粤剧、演师公戏、抢花炮,人山人海,空前盛况持续数日。民国时期民间自发组织的粤剧团,改革开放后如春笋般涌现的山歌剧团,自编自演,此呼彼应,蔚为大观。巷贤人民珍惜历史文化遗产,留仙村南山张鹏展先贤"忠孝廉节"崖刻,苍帽村抗日殉难者墓碑晚清举人李毓杰先生撰的碑文，大卢村家门"学海文河"门匾，大山村东头四房家门周治平先生撰的"南峰献秀"题词，或保存至今，或虽毁仍烙印在人们的心里。

正由于上述地理和人文诸多因素的共同作用，培育了巷贤人重文好学、奋勇向上的品格。20世纪二三十年代，巷贤人得风气之先，纷纷外出求学。周可法先生考上中山大学，卢明先生考入中央军校，周可传先生、卢特先生东渡日本留学，学成后投身于救国救民的伟大事业。卢明团长在安徽抗日前线壮烈殉国，周可传先生为革命英勇捐躯。其后，一代又一代越来越多的巷贤青年，负笈离乡，步先驱者后尘，继续沿外出求学之路，走向所憧憬的远方，不断创造令故乡为之骄傲的光辉业绩。抗日战争时期，特别是1944—1945年日寇第二次入侵期间，巷贤全民奋起抗日，村村自成堡垒，巷巷密布枪眼，令入侵者有来无回。当时巷贤分置巷贤、万加两乡，各有一支专业抗日队伍——万加抗日联队和巷贤青年抗日自卫队，分区防敌，协同作战。那时候，不分昼夜，不论远近，只要听到牛角号和枪声，人们就纷纷闻声而动，持枪、握刀、扛扁担，寻声而进，从四面八方奔向战场，或配合专业队伍作战，或单独接火，把日寇打得人仰马翻、抱头鼠窜。宾上古道巷贤段变成日寇的"死亡路"，他们不敢白天行走，到半夜趁夜雾掩盖偷偷通过，仍逃不脱巷贤人民的处处伏击和层层包围。巷贤人民英勇抗日威震日寇，名留青史。当前，在实现中华民族伟大复兴的历史时期，巷贤人民又创造一番惊动世界的事业——远赴非洲采金。巷贤和亭亮人一起是上林赴非采金的两支主力队伍。他们洗脚上田，换上时装，乘飞机跨洲越洋，远赴过去连听都没听说过的加纳，伴随他们的还有本地组装的现代采金机械。作为新一代巷贤人，他们敢做前人连想都不敢想的事；助了友邦，利了国家，富了自己，惊了世界，近年国内外媒体连续报道了他们的非凡事迹。

巷贤人民正精心描绘家乡的美好蓝图。继直达南宁的二级公路通车之后，古民高山景区建设加速推进，大庙峡谷景区建设开始启动。不久的将来，古民和大庙将成为光彩熠熠吸引国内外目光的巷贤风景双璧挂在首府南宁胸前。

巷贤人民科学发展意识日益增强。大家都痛心于多年采石造成宾上古道旁高浆岩洞、虎山、狮山的毁坏，痛恨近年盗卖大庙江巨石的罪恶行径，决心保护好大自然和祖先留下的遗产，让故乡的古建、古物、古迹、古树等自然和人文遗产同蓝天碧水、绿野青山一起传诸千秋。

物华天宝，俊采星驰。美哉巷贤！笔者不揣浅陋，试图抛砖引玉，从"天人合一"视角，拟两句话表述个人心目中的"巷贤精神"——

> 巍巍高山凝成崇文重教的厚重品格，
> 浩浩平川育就开拓勇进的壮阔情怀。

谨以此序敬献巷贤乡亲，敬献所有关注巷贤的朋友们。

愿故乡不断繁荣，乡亲们日益幸福！

广西沿海

北部湾：如何赶上国际列车 *

　　历尽沧桑的北部湾正面临新的历史机遇，以大西南为腹地和后盾的钦州湾区，随着南昆铁路的建成和经济发展战略重点向大西南转移，将在 21 世纪进入与大西南同步发展的繁荣时期。在平等互利的基础上，北部湾经济圈的形成，是历史发展的必然。

　　21 世纪的北部湾在国内和世界的经济格局中，将占有这样的地位：第一，中国的北部湾地区，将与渤海湾南北相对，共同组成中国沿海经济区的两翼；第二，越南的北部湾地区，将与湄公河三角洲南北并立，成为越南沿海经济带的两个重心；第三，国际经济重心正在东移。21 世纪将是太平洋世纪，这已经成为国际上比较一致的看法，在未来的环太平洋经济圈中，北部湾将与渤海湾等海湾齐名，成为其中的重要环节。

　　北部湾将从自己的自然条件、历史背景和现实情况所综合组成的基点出发，沿着下列方向走向 21 世纪，走向未来：

　　（一）根据自己的地理位置优势和历史发展特点，北部湾将发展为中国大西南和印度支那北部走向世界的大门。为了实现这个目标，一方面要建设以深水大港为中心、大中小港口配套的港口体系，一方面要建设以铁路干线为骨干的对内交通网络。

　　1. 充分利用港湾资源，建设北部湾的港口序列。钦州湾地区，将继续发展防城和北海这两个已有相当基础的中心港。根据有关专家对大西南未来

---

　　* 本文为 1988 年撰写的《从历史走向未来：北部湾经济圈构想及其依据》最后部分的节选。全文见《周中坚集·北部湾与大西南的开放开发》，线装书局 2010 年出版。提交首届全国区域经济合作研讨会，中国区域经济技术合作中心等联合主办，1990 年 11 月 21—24 日在陕西宝鸡举行。载（广州）《亚太经济时报》1990 年 12 月 16 日第 1 版。

对外经济交往的估计，预测北海、防城两港 20 世纪 90 年代年吞吐量即可达二千五百万吨。位于钦州湾中部的龙门—籫沟港，水深港阔，据估计具有六千万吨的年吞吐能力，预计进入 21 世纪以后，龙门—籫沟港将首先得到开发，成为与北海、防城鼎足而立的大港。钦州湾地区东部的铁山港，也有建为深水大港的条件，其吞吐能力可与上述诸港并驾齐驱。北部湾东南部的洋浦，已规划为海南岛最大的海港。正在建设的洋浦港深水码头，年吞吐量可达一千八百万吨。越南北部以海防为中心，包括煤炭输出港鸿基和锦普，红河口以南的荣市以及有待开发的最靠北的先安港，将组成北部湾西岸的港口系列。

2. 建设横贯大西南、连接北部湾与孟加拉湾的亚洲大陆桥——南昆铁路与滇缅铁路。这条铁路建成以后，云南、贵州的货物经南昆线运到防城和北海出口，比现在经湛江出口的距离要近六百五十至八百公里，从而使北部湾能够充分发挥作为大西南最近便出海通道的真正优势。预计不久的将来，铁路将由昆明向西延伸，经大理、保山和德宏傣族景颇族自治州，到达中缅边境，然后同缅甸仰光—腊戍铁路未来的延伸线相接。

3. 建设与加强纵向的铁路干线。北部湾通过黔桂—川黔铁路、焦柳铁路和湘桂铁路三大纵向干线同大西南东部和中南地区建立密切联系。为了缩短川黔二省到南宁和北部湾的距离，减轻湘桂线柳州—南宁段的负担，应考虑修筑河池直通南宁的新线。远期再将这条新线往北延伸，穿越川黔东部，经陕西安康，接上正计划修建的安康—西安铁路，再接上正从两头往中间修筑的西安—包头铁路。这将是北起内蒙古、南至北部湾的又一纵穿中国南北的大干线，估计 21 世纪后期可以修通。此外，北部湾单靠南防铁路独线与来自腹地的多条干线挂钩，显然难以胜任未来运量增长的需要，应该考虑从湘桂线上黎塘以南的六景，另建一条通往钦州的铁路新线，一方面可以减轻南防铁路的压力，另一方面可以缩短运输距离，让南下的货流经此线径直通向北部湾。

4. 建设环北部湾铁路。这条铁路的建成，是加强北部湾内部联系、促进北部湾繁荣的重要途径。未来的环北部湾铁路，西起东兴，在防城接南防铁路，在钦州接钦北铁路，至合浦，向东经铁山港，到河唇接黎湛铁路，向南纵穿雷州半岛，至半岛南端的海安港。从海安通过海上轮渡，横越琼州海峡，同海南岛的铁路连接。

（二）发挥北部湾的区位优势，利用内外两种资源，发展具有北部湾特点的产业部门，积极跻身于国际市场。

1. 北部湾具有海外贸易的优越条件与悠久传统，未来的北部湾必将在世界经济舞台上扮演重要角色。北部湾地区势必要通过海上运输，从海外取得自己所需和内部所缺的原料、燃料和其他产品来发展自己的工业，然后再销向海外市场。

2. 开发具有最大优势的热带亚热带作物资源，建立发达的热带作物加工工业。一方面通过选育良种、改进栽培技术等办法提高单位面积产量，一方面充分利用荒地扩大种植面积。

3. 充分利用北部湾的水产资源优势，建立现代化的海洋捕捞、养殖和水产品加工工业，在将捕捞范围扩展到外海远洋的同时，开发滩涂浅海，发展水产养殖业。

4. 石油化学工业将是立足于北部湾资源基础上的大有希望的工业部门。

5. 钢铁工业将是立足于内外资源基础上的大有可为的工业部门。北部湾地区完全可以仿效日本和上海宝钢，通过长距离、大吨位的海上运输，从海外进口矿石和炼焦煤，发展大型钢铁工业。

6. 造船业将是北部湾未来重要的工业部门。北部湾在海洋交通上所具有的重要地位以及钢铁工业、有色冶金工业的发展，将为造船业的兴起提供需要与可能。

7. 北部湾将建立国际一流的发达的旅游业。北部湾发展旅游业的有利条件不仅在于拥有丰富而珍贵的自然景观和人文景观，而且在于地近海外，交通方便。未来的北部湾将通过稠密的空中交通网络，建立同国内外主要城市的直接联系，并把区内各个旅游点串联起来。

（三）北部湾历史上有密切的内部联系，各个地区的资源和经济发展既有同一性，又有互补性，未来的北部湾将进行密切的内部合作，协调发展，共同繁荣。

1. 防城—钦州—北海，是未来钦州湾地区的"金三角"。防城港港湾优越，未来发展应以港口为中心。钦州湾区应成立统一的规划和管理机构，代表广西壮族自治区政府进行部分工作。

2.钦州湾区—雷州半岛—海南岛，即中国历史上著名的钦雷琼三角地区，将组成北部湾未来的"中三角"，建立三方经济发展协调机构，以推行三方的协作与联合。

3.洋浦—钦州—海防，是未来北部湾经济圈的"大三角"——"国际三角"。越南北部丰富的煤、磷矿石、铬、木材和药材，钦州湾区的建材和陶瓷，海南岛的铁、钛和海盐，等等，目前都是可供互补的资源。中国的工业制品，将会在越南找到市场，一旦中越关系正常化，两国的贸易和经济合作就会得到恢复和发展。在两国的经贸合作中，北部湾将占有特别重要的地位，可以预见，将来会出现北部湾经济合作组织，以促进北部湾范围内的互利合作和共同繁荣。

北部湾经济圈构想 *

北部湾地区包括广西的钦州湾区、已经独立建省的海南岛、广东的雷州半岛以及越南的北部湾沿海地区。

北部湾是中国距离东南亚、印度洋、非洲、欧洲、大洋洲最近的海域，是中国大西南和印度支那北部最便捷的出海通道。北部湾海域及其沿海地区，特别是其辽阔腹地拥有丰富的待开发的资源。

北部湾中国领土部分历史发展具有内部的统一性，历史上长期处在同一行政区域之中，各个地区之间在政治、军事、经济、文化等方面曾有密切联系，是中国最早的海外交通门户和国际贸易中心，对外交往在其历史发展中占有重要地位。

北部湾在二千多年的历史中历尽沧桑。由于战争和封闭，北部湾萧条冷落了将近半个世纪。20 世纪 80 年代以来，改革开放与和平发展的时代潮流推动北部湾重新起步前进，北部湾正面临着新的历史机遇。海南岛利用特区的优越条件，将率先向前；以大西南为腹地和后盾的钦州湾区，随着南昆铁路的建设和经济发展战略重点向大西南的转移，将在 21 世纪进入与大西南同步发展的繁荣时期;作为连接大陆与海南岛的桥梁，雷州半岛势必跟随海南岛前进。柬埔寨问题解决和中越关系正常化以后，越南的发展也必将加快速度。在平等互利的基础上，北部湾将成为中越两国开发经济贸易合作的海域。以密切合作、高度繁荣为特点，包括两国四方在内的北部湾经济圈的形成，是历史发展的必然归宿，估计将在 21 世纪成为现实。

---

* 载（南宁）《改革与战略》1991 年第 3 期。为作者 1988 年撰写的《从历史走向未来: 北部湾经济圈构想及其依据》的缩略稿。

（一）根据自己的地理位置优势和历史发展特点，北部湾将发展为中国大西南和印度支那北部走向世界的大门。为了实现这个目标，一方面要建设以深水大港为中心、大中小港口配套的港口体系，一方面要建设以铁路干线为骨干的对内交通网络。

1. 充分利用港湾资源，建设北部湾的港口序列。钦州湾地区，将继续发展防城港和北海这两个已有相当基础的中心港。有关专家根据对大西南未来对外经济交往的估计，预测北海、防城港两港 20 世纪 90 年代吞吐量即可达二千五百万吨。防城港近期内将新建一座五万吨级的油码头和一座十万吨级的煤码头，将吞吐能力扩大到一千万吨。防城港现港区东南，还有一条长约八公里、水深十一至十四米的天然深槽，可修建五十四个万吨级以上的深水泊位，预计到 21 世纪中期，防城港的吞吐能力将达到五千万吨，成为世界级的大港。北海港有一条长 14.6 公里、水深 6—10.5 米的深槽，可建二十多个万吨级泊位，预计 21 世纪也将得到全部开发。位于钦州湾中部的龙门—蟳沟港，水深港阔，据估计开发建港后具有六千万吨的年吞吐能力，在钦州湾地区的港口中首屈一指。加上地近钦州市，有钦州市做依托，实际上是钦州市的外港，预计进入 21 世纪以后，龙门—蟳沟港将首先得到开发，成为与北海、防城港鼎足而立的大港。钦州湾地区东部的铁山港，也有建为深水大港的条件，其吞吐能力可与上述港口并驾齐驱，预计 21 世纪稍晚一些时候，也将加入北部湾大港行列。未来的钦州湾地区将形成以上述四港为中心的包括珍珠、企沙、大风江等港在内的港口群落。

北部湾东岸的洋浦，已经规划为海南岛最大的海港。正在建设的洋浦港深水码头，年吞吐量可达一千八百万吨。第一期工程包括两个二万吨级泊位，计划 1990 年建成，年吞吐量可达一百万吨。洋浦港连同正在建设中的海口、马村、八所、三亚等港，加上雷州半岛的安铺、流沙、海安，将组成北部湾东岸未来的港口系列。

越南北部以海防为中心，包括煤炭输出港鸿基和锦普，红河口以南的荣市以及有待开发的最靠北的先安港，将组成北部湾西岸的港口系列。

2. 建设横贯大西南、连接北部湾与孟加拉湾的亚洲大陆桥——南昆铁路与滇缅铁路。

通向大西南腹地的铁路干线是北部湾特别是其北岸地区的生命线。早在民国初年，就有人建议建设以钦州为端点的铁路干线：其一是株钦铁路（株洲—钦州），另一是钦渝铁路（钦州—昆明—重庆）。1919 年，孙中山先生在《实业计划》中完备地提出了建设中国西南铁路系统的蓝图，将钦州作为西南铁路系统中重要的陆海转运枢纽。1986 年，半个多世纪以前的株钦铁路计划由于南防铁路通车而得到最终实现，钦渝铁路计划将由即将动工的南昆铁路和即将续建的内（江）昆铁路安边—树舍段的完成，而在 20 世纪末或 21 世纪初成为现实。南昆铁路从南宁沿右江而上，经桂西重镇百色、黔西南重镇兴义、云南的罗平、师宗、宜良至昆明，全长八百六十三公里，将一次修成电气化铁路。南昆铁路沿线有大西南重要矿区，其中包括广西的平果铝矿、百色油田，大西南最大的煤矿区、有"黔西煤海"之称的贵州六盘水煤田，以及云南以昆明、澄江为中心的磷矿产地。这条铁路建成以后，云南、贵州的货物经南昆线运到防城港和北海出口，比现在经湛江出口的距离要近六百五十至八百公里，从而使北部湾能够充分发挥作为大西南最近便出海通道的真正优势。

预计不久的将来，铁路将由昆明向西延伸，经大理、保山和德宏傣族景颇族自治州，到达中缅边境，然后同缅甸仰光—腊戍铁路未来的延伸线相接。早在 19 世纪 70 年代，统治缅甸的英国殖民当局就打算修筑这条滇缅铁路，由于中国人民反对英国的侵略企图以及路险费巨等原因，计划被搁置并逐渐被世人所遗忘。[1] 今天看来，比之于宝成铁路和成昆铁路，滇缅铁路在工程技术上并不存在更大的困难。20 世纪末或 21 世纪初，最迟在南昆铁路修成之后，滇缅铁路毫无疑义将摆上建设日程。那时候，以防城港、北海等北部湾港口为东端，以仰光等缅甸港口为西端，连接太平洋和印度洋，横贯亚洲东南部的长达二千多公里的大陆桥，将给 21 世纪的北部湾带来前所未有的巨大的前进动力。

3. 建设与加强纵向的铁路干线。北部湾通过黔桂—川黔铁路、焦柳铁路和湘桂铁路三大纵向干线同大西南东部和中南地区建立密切联系。黔桂铁

---

① 谢彬：《中国铁道史》，中华书局，1929 年。

路目前已经拥挤，其都匀至河池一段，通过能力小，有关部门正计划在都匀河池间增建新线。为了缩短川黔二省到南宁和北部湾的距离，减轻湘桂线柳州—南宁段的负担，应考虑修筑河池直通南宁的新线。远期再将这两条新线往北延伸，穿越川黔东部，经陕西安康，接上正计划修建的安康—西安铁路，再接上正从两头往中间修筑的西安—包头铁路。这将是北起内蒙古、南至北部湾的又一纵穿中国南北的大干线，估计21世纪后期可以建成。

北部湾联系中南地区西部的焦柳铁路，目前还有剩余的运输能力。黔桂、焦柳和湘桂三大干线在柳州会合，并线南下，给湘桂线的柳州—黎塘段带来很重的负担。柳黎段已建成复线，黎塘至南宁段、南防铁路以及将要兴建的钦北铁路（钦州—北海），21世纪势必要建成电气化复线。即使这样，北部湾单靠南防铁路独线与来自腹地的多条干线挂钩，显然难以胜任未来运量增长的需要，应该考虑从湘桂线上黎塘以南的六景，另建一条通往钦州的铁路新线，一方面可以减轻南防铁路的压力，另一方面可以缩短运输距离，让南下的货流经此线径直通向北部湾。

4. 建设环北部湾铁路。建设环北部湾铁路，是加强北部湾内部联系，促进北部湾繁荣的重要途径。孙中山先生在《实业计划》中曾有广钦（广州—钦州）铁路规划。未来的环北部湾铁路，其走向将与孙中山所规划的广钦线西段及其雷州半岛支线吻合，西起东兴，在防城接南防铁路，在钦州接钦北铁路，至合浦，向东经铁山港，到河唇接黎湛铁路，向南纵穿雷州半岛，至半岛南端的海安港。从海安通过海上轮渡，横越琼州海峡，同海南岛的铁路连接。琼州海峡宽约二十公里，预计20世纪末或21世纪初将兴建海底隧道。海南岛的西环铁路，其南段（昌江—东方—三亚）已经建成，北段从海口到昌江，正着手兴建。越南境内的环北部湾铁路只欠东北一段空缺，这一段从海防经鸿基、锦普、先安，抵东北边境的芒街，与北仑河对岸中国的东兴相接，基本上沿着中越交通的古道。由于沿途所经系越南最大的煤矿区和密集的海港区，还有著名的下龙湾风景区，其未来修筑当是意料中之事。通过未来的环北部湾铁路和正在兴建的三水—茂名铁路，孙中山先生的广钦铁路计划将最后实现，北部湾将打开通往广州和东部沿海地区的陆上直接通道。

5. 随着中越两国关系的改善和双方互利合作的增进，滇越铁路有可能恢复历史上作为中国云南出海通道的作用。从昆明经此线至海防，全长八百五十九公里，即使南昆线建成以后，也还是云南最近的出海通道，比经南昆和南防线至防城港，要近一百七十七公里。越南铁路轨距较窄，若能采用国际标准轨距，将更有利于国际联运。位于印度支那西北部的内陆国家老挝，其北部出海距离以到北部湾为最近，目前仅有几条横向公路同海岸联系，预计 21 世纪，从老挝的琅勃拉邦和万象，将有铁路通向北部湾的港口。

（二）发挥北部湾的区位优势，利用内外两种资源，发展具有北部湾特点的产业部门，积极跻身于国际市场。

1. 北部湾具有海外贸易的优越条件与悠久传统，未来的北部湾必将在世界经济舞台上扮演重要角色。海南岛作为经济特区，投资与生产将以两头在外为主，建立外向型经济。钦州湾地区由于地域上与大西南相连，同腹地的关系比较紧密，利用内地市场和资源方面将占有较海南为大的比重，但是这并不影响经济发展的外向性。北部湾地区势必要通过海上运输，从海外取得自己所需和内部所缺的原料、燃料和其他产品来发展自己的工业，然后再销向海外市场。

2. 开发具有最大优势的热带亚热带作物资源，建立发达的热带作物加工工业。一方面通过选育良种、改进栽培技术等办法提高单位面积产量，一方面充分利用荒地扩大种植面积。以橡胶为例，中国科学家们已将大面积的橡胶单产从 20 世纪 50 年代的每公顷四百五十公斤提高到 70 年代的九百公斤和 80 年代中期的一千八百公斤，目前正致力于达到每公顷三千公斤，仅此一项，将使中国橡胶总产量在 20 世纪末达到每年六十五万吨。按目前海南岛橡胶年产占全国 2/3 的比例，20 世纪末海南岛橡胶年产量将达到四十五万吨。如果加上荒地的开垦，预计总产还要高于此数。

3. 充分利用北部湾的水产资源优势，建立现代化的海洋捕捞、养殖和水产品加工工业。在将捕捞范围扩展到外海远洋的同时，开发滩涂浅海，发展水产养殖业。虾在国际市场上销路很好，东南亚最大的农工商企业公司——泰国正大集团 1988 年同海南省签订了投资三亿美元兴建养虾基地的合同。海南名产石斑鱼，香港收购价格每公斤七十港元，一尾石斑鱼可卖二百多港元。

海边网箱养鱼，一网箱可养上千尾。这些例子说明，北部湾的水产业潜力巨大，前景广阔。

4. 石油化学工业将是立足于北部湾资源基础上的大有希望的工业部门。海南岛"崖13-1"海洋气田计划1993年投产，短期内年产量将达到32.5亿立方米，接近四川省目前的年产量。海南岛联合外资，准备建设拥有三百万吨炼油厂、三十万吨合成氨和五十万吨尿素设备的石油化工基地。北海计划利用天然气，建设年产三十万吨合成氨和五十万吨尿素的工厂，一座年产二十万吨的炼油厂已经动工兴建。

5. 钢铁工业将是立足于内外资源基础上的大有可为的工业部门。海南石碌的富铁矿过去一直运往大陆冶炼，现在海南已与武汉钢铁公司签约，双方合资在昌江兴建钢铁基地，这是目前海南拟定开发建设的最大项目，第一期三年建成，年产钢、铁各三十五万吨。1988年5月，港商冯德成先生与广西签订意向书，双方合作建设总投资七亿美元、年产一百至一百二十万吨的北部湾钢铁联合企业，所需铁矿石与洗精煤从澳大利亚或其他国家进口。北部湾地区完全可以仿效日本和上海宝钢，通过长距离、大吨位的海上运输，从海外进口矿石和炼焦煤，发展大型钢铁工业。

6. 造船业将是北部湾未来重要的工业部门。北部湾在海洋交通上所具有的重要地位以及钢铁工业、有色冶金工业的发展，将为造船业的兴起提供需要与可能。

7. 北部湾将建立国际第一流的发达的旅游业。海南岛已被列为国家七个重点旅游区之一。20世纪末，著名的亚龙湾及其附近的大东海、鹿回头等四五十平方公里的区域将建成面向全世界的避寒、冬泳、度假的旅游胜地，著名的北海海滩也将首先得到充分的开发。北部湾发展旅游业的有利条件不仅在于拥有丰富而珍贵的自然景观和人文景观，而且在于邻近海外，交通方便，从曼谷、马尼拉、新加坡等城市乘飞机到玉林、海口、北海，不过是两三个小时的航程，完全可以开展周末和节假日旅游。未来的北部湾将通过稠密的空中交通网络，建立同国内外主要城市的直接联系，并把区内各个旅游点串联起来。另外，应该切实保护好生态环境和旅游资源，工业布局应该充分考虑对环境的影响，工业特别是大型的重工业应远离风景旅游区。

（三）北部湾历史上有密切的内部联系，各个地区的资源和经济发展既有同一性，又有互补性，未来的北部湾将进行密切的内部合作，协调发展，共同繁荣。

1. 防城港—钦州—北海，是未来钦州湾地区的"金三角"。防城港港湾优越，未来发展应以港口为中心，但目前地域狭小，不利于工业的配置和经济的长远发展。防城港应升格为市，将防城县并入，以扩大自己的陆域和海域。北海城市基础较好，但港口条件不如防城，应以城市为中心，成为技术引进的窗口，着重发展出口加工工业和旅游业。北海不宜发展大型的重工业，第一，北海的旅游资源——闻名于世的海滩应该绝对保护，不能污染；第二，钢铁等重工业所需的大量矿石依靠国外进口，应该利用吞吐能力更大的港口，例如有待开发的铁山港。钦州市处于钦州湾区的中心位置，是钦州湾区的交通枢纽和传统的政治、经济、文化中心，未来的钦州港（龙门—勒沟港）有可能超过防城港，成为本区第一大港。因此，钦州市将向综合的方向发展，未来的造船业可以在钦州港配置。为了协调相互间的分工与合作，特别是统筹生产力的合理配置，避免发展上的分散与重复，钦州湾区应成立统一的规划和管理机构，代表广西壮族自治区政府进行部分工作。

2. 钦州湾区—雷州半岛—海南岛，即中国历史上著名的钦雷琼三角地区，将组成北部湾未来的"中三角"，建立三方经济发展协调机构，以推进三方的协作与联合。

3. 洋浦—钦州—海防，是未来北部湾经济圈的"大三角"——"国际三角"。越南北部丰富的煤、磷矿石、铬、木材和药材，钦州湾区的建材和陶瓷，海南岛的铁、钛和海盐，等等，目前都是可供互补的各自的特长资源，中国的工业制品，将会在越南找到市场，一旦中越关系正常化，两国的贸易和经济合作就会得到恢复和发展。在两国的经贸合作中，北部湾将占有特别重要的地位。可以预料，将来会出现由两国四方共同组成的北部湾经济合作组织，以促进北部湾范围内的互利合作和共同繁荣。

21 世纪的北部湾在国内和世界的经济格局中，将占有这样的地位：第一，中国的北部湾地区，将与渤海湾南北相对，共同组成中国沿海经济区的两翼；第二，越南的北部湾地区，将与湄公河三角洲南北并立，成为越南沿海经济带的两个重心；第三，国际经济重心正在东移，21世纪将是太平洋世纪，这已经成为国际上比较一致的看法。在未来的环太平洋经济圈中，北部湾将与渤海湾、暹罗湾等海湾齐名，成为其中的重要环节。

北部湾正从历史走向未来，走向繁荣的21世纪！

亚洲大陆桥构想与北部湾的繁荣 *

举国瞩目的南昆铁路已经动工，预计 1997 年建成，从昆明到大理的滇西铁路开工在即，其计划将与南昆线同步实现。20 世纪末或 21 世纪初，南昆—滇西铁路势必继续向西延伸，到达中缅边境，再同缅甸境内已有和待建的铁路线连接，从而形成一座跨接北部湾和孟加拉湾、联结太平洋和印度洋，长达二千多公里的亚洲大陆桥。位于大陆桥东端的北部湾，将从这座大陆桥获得巨大的前进动力，迈向繁荣的 21 世纪。

一、历尽沧桑的西南古道

亚洲大陆桥是重新提上历史议程的古老问题，是中国人民千百年来理想和实践交互发展的必然产物。昆明以西的大陆桥走向，正是古代的"西南丝路"。根据印度史料记载，公元前 4 世纪，西南丝路已经形成[①]，公元前 2 世纪为张骞所发现。当时张骞奉汉武帝之命出使西域，在大夏（今阿富汗）看到来自中国四川的布匹和竹杖，询问得知这些物品是由印度运来。张骞顿然领悟，除西北通道以外，还存在着一条从四川、云南经印度通往西域的西南通道。[②]汉代以后，西南通道继续发展，至唐代达到空前的繁荣。盛产于成都一

---

* 1991 年完稿并在同年 11 月广州"东南亚与中国经济结构调整及合作"学术研讨会上宣读。载长沙《经济地理》1992 年第 4 期。俄罗斯莫斯科《文摘杂志》1994 年第 2 期俄文摘译介绍。入选《走向开放的世界》，南海出版公司 1992 年出版。
① 张星烺编注、朱杰勤校订:《中西交通史料汇编》，中华书局，1979 年，第六册，第 9 页。
② 《史记》卷一百二十三，《大宛列传》。

带的丝绸，经此道源源输出，国内外使节沿此路络绎往返。其中最著名的是唐贞元十八年（802）骠国使团和随同的大型乐团访问中国，他们经大理、成都，抵长安，在长安举行了轰动朝野的精彩歌舞演出[①]。唐以后，由于全国经济重心向东南的转移和海运事业的发展，西南丝路渐趋沉寂。

近代，西南古道重新受到重视。东来的西方殖民者设想利用这条古道进入中国，19 世纪，英国提出建筑西起埃及开罗，中经印度，东至中国上海的铁路计划，并先后提出修建滇缅铁路的三个方案，作为"印度上海间铁路连接之初步"[②]。由于中国人民反对英国的侵略企图，此计划没能付诸实施。20 世纪初，清朝政府曾决定本国自修滇缅铁路，将之列入计划项目，但当时正值王朝末日，计划只是一纸空文。

1919 年，孙中山先生在其所著的《实业计划》中，提出修建广州至云南大理、腾越的铁路线计划，但当时军阀混战，国无宁日，孙中山先生的理想也只能付诸东流。

伟大的抗日战争带来了西南通道的振兴。沿海地区沦陷，促使中国利用古老的西南通道沟通对外往来。1937 年和 1938 年，滇缅公路和滇缅铁路相继动工；1939 年 1 月，从昆明至缅甸腊戌全长九百四十多公里的滇缅公路正式通车；1938 年，滇缅铁路完成了昆明—安宁段三十五公里的铺轨，但整个工程后来由于日本占领缅甸而中止。滇缅公路是抗日战争时期中国对外联系的主要通道，中国急需的战略物资通过它从境外得到补给；1942 年，中国远征军入缅作战，滇缅铁路运输更加繁忙。1945 年，滇缅公路延伸到印度东北的阿萨密地区，实现了中缅印三国直接的公路联系。

二、连接两洋的跨世纪工程

未来的亚洲大陆桥，可以说是古代西南丝路的继承和发展。根据两点之

---

① 《新唐书》卷二百二十二下，《骠国传》。
② 张国翔：《滇缅铁路议案始末》，载《云南与东南亚关系论丛》，云南人民出版社，1989 年。

间取其近的选线原则，亚洲大陆桥应该架在北部湾和孟加拉湾之间，由已成的南防铁路、在建的南昆铁路、待建的滇缅铁路以及缅甸、印度、孟加拉国三国境内现有和待建的有关铁路组成，其东端是广西的钦州湾诸港，西端是缅甸的仰光港、孟加拉国的吉大港和印度的加尔各答港。

昆明是大陆桥东段的总枢纽，从昆明出发，还有已经建成的往北通成都、往东到上海、往南到越南海防的三个"支桥"。

缅甸曼德勒是大陆桥西段的总枢纽。从曼德勒往南到仰光，往北到密支那，往东北到腊戍，都已有铁路相通。如果将来从密支那往西北，沿着昔日的中印公路，新修铁路到印度阿萨密的雷多，与印度的铁路网连接，就可以通往孟加拉国的吉大港与印度的加尔各答港；或者从曼德勒取直线向西，新修铁路直通吉大港和缅甸的阿恰布港（Akyabo），这两个都是孟加拉湾的著名港口，从吉大港也能够沿已有铁通往加尔各答。这是依据孟加拉湾地区经济发展和交通发展趋势，对大陆桥西段结构所作的预测。

孙中山先生在《实业计划》中曾经预言他所设计的广州—腾越线延伸至缅甸、印度的必然性，他说："此路本线，贯通桂滇两省，将来在国际上必见重要。因在此线缅甸界上，当与缅甸铁路系统之仰光八莫一线相接，将来此即自印度至中国最捷之路也。以此路故，此两人口稠密之大邦，必比现在更为接近，今日由海路，此两地交通，须数礼拜者，异时由此新路，则数日而足矣。"

三、北部湾通往繁荣的希望之桥

亚洲大陆桥的兴建和北部湾的开发是一项巨大的系统工程不可分割的两个方面。没有陆上交通的港口，如同没有港口的大陆桥，同样不可思议。对北部湾来说，"桥"成港兴，大陆桥是通往繁荣的希望之桥。

（一）亚洲大陆桥的修建将使北部湾得以充分发挥大西南海上大门的作用。防城港、北海两港作为大西南最便捷的出海口，目前已形成五百多万吨的年吞吐能力；经过几年发展，1990 年年吞吐量才达到三百零一万吨，其中防城港 219.7 万吨，北海港 81.7 万吨[1]。南防铁路也远未达到六百六十万吨的近期设计年运输量。与此同时，大西南腹地却有大量货物积压原地运不出去，货物外运的现有通道如黔桂、湘黔线都已饱和。例如磷矿储量与产量均处全国前列的云南，1988 年有六百多万吨磷矿石需外运，实际能运出去的只有二百多万吨[2]；有"西南煤海"之称的贵州六盘水煤田，其中仅南昆铁路预定经过的盘县，煤藏量就有二百五十多亿吨，由于运力限制，年产量一直在五百万吨左右徘徊，并且其中只有大约 70% 能运出去，目前积压的煤炭已达一百多万吨[3]，而相邻的两广却饱受缺煤之苦。解决矛盾的根本办法只能是修建南昆—滇缅铁路，把日益增多的货源直接引向防城港、北海。南昆铁路建成以后，云南、贵州的货物经南昆线运到防城港、北海出口，比现在经广东湛江出口要近六百五十至八百公里。整个云南、半个贵州、半个四川、半个广西的货物都可通过南昆—滇缅铁路便捷地流向北部湾。

（二）亚洲大陆桥将为缅甸和南亚诸国从北部湾进入太平洋提供交通前提和最便捷通道。大陆桥的建成，将使北部湾不仅承受中国大西南，而且承受缅甸、印度、孟加拉等国的进出口货流。缅甸资源丰富，盛产木材、石油、玉石和稻米，1988 年稻米产量一千三百七十二万吨，历来是世界重要的稻米输出国[4]。这些产品，都能在中国和东亚找到广大市场。1988 年以后，缅甸实行对外开放，经济重现生机，中缅贸易增长很快，从 1985 年到 1988 年年均增长 53.8%[5]。目前，虽然滇缅—南昆铁路尚未建成，缅甸北部的木材已通过现有的公路铁路，取道云南、贵州，运到防城港向东亚出口，他们认为这样也比南运仰光再转海路东运省时省钱。印度是富有发展潜力的亚洲大国，三十多年来，经济有了较大的发展。印度富有铁矿，1987 年铁矿石产量接近五千万吨，其中一半以上供出口，是世界铁矿石主要输出国之一[6]。而中国钢铁工业每年需要远从澳大利亚等海外国家进口大量铁矿。亚洲大陆桥将为中

---

① 《广西年鉴》（1991）。
② 吴文贾：《磷化工业的希望》，载 1990 年 11 月 29 日《广西日报》。
③ 廖惠雄：《解开"煤山煤海"的重围》，载 1990 年 11 月 9 日《广西日报》。
④ 《世界知识年鉴》（1989、1990）。
⑤ 《中国对外经济贸易年鉴》（1989）。
⑥ 《世界知识年鉴》（1989、1990）。

印贸易特别是印度铁矿石就近对中国出口开辟广阔前景。最近,印度为了加快与中国西南邻近的东北部地区的发展,由东北部委员会草拟了开辟一条通往中国和孟加拉国的贸易过境通道的远景规划,认为现在就可以同孟加拉国、缅甸、不丹和中国讨论这个问题[1]。总之,缅甸、印度修建自己境内通向中国的铁路,不仅使他们能够就近进入中国市场,而且能够更近便地进入西太平洋,积极参加东亚地区的贸易活动,从而为自己取得巨大的利益。

(三)亚洲大陆桥的建设将直接推动北部湾港口群的崛起。来自大西南以至西南邻国的货流,必将是十分巨大的数量。南昆铁路设计年运输量近期是二千万吨,远期是四千万吨。据估计,20世纪末大西南将有二千五百万吨货物需经北部湾输出[2]。目前防城港、北海两港年吞吐能力才有五百多万吨。因此,充分利用防城港、北海的深水港资源,加速两港的扩建步伐,使之在20世纪末成为千万吨级大港,已经刻不容缓。同时还应该看到,即使防城港、北海的港口资源潜力充分挖掘出来,21世纪发展为五千万吨级大港,也还是接纳不了未来通过大陆桥和其他线路涌来的巨大货流。作为北部湾诸港腹地的大西南,地广人众,面积占全国总面积1/7,人口占全国总人口1/5,蕴藏着丰富的资源,其中水力和有色金属尤其闻名于世,号称"有色金属宝库",水力储量占全国55%,众多资源正待陆续开发。西南邻国也有大量货源需要流向北部湾。因此,必须以远大战略眼光,面向世界、面向未来、面向21世纪,着手钦州湾地区另外两个深水港——钦州港和铁山港建设的准备工作,争取国家立项,早日上马。钦州港和铁山港港湾条件优越,可靠泊十至十五万吨巨轮,各具六千万吨的年吞吐能力[3]。这两个深水港虽然迟来一步,但广大腹地需要它们,未来亚洲大陆桥需要它们,已经初步建成的防城港、北海港也需要它们来共同担负日益繁重的吞吐任务,它们的崛起是历史的必然。可以预料,未来的钦州湾将形成以钦州、铁山、防城港、北海四个深水大港为主港、大中小港口相结合的现代化港口群,成为中国以至世界上

---

① 据新华社新德里 1991 年 11 月 16 日电。

② 《中国西南经济区总体发展战略研究报告》(1988 年 10 月),《战略途径与措施》(刘宇执笔),第 24 页。

③ 《广西沿海地区国土规划总报告》(1988 年 8 月)。

港口最密集区域之一。

亚洲大陆桥的构想正在逐步变成现实，北部湾的繁荣也将随之指日可待。

广西沿海地区的共性与个性 *

  分工与协调发展是区域经济发展的内在需求，反映了社会主义市场经济的客观规律。分工与协调发展，将使有关各方扬长避短，优势互补，实现生产力的最佳配置，避免发展的盲目性和趋同性，避免重复建设和资金浪费，从而产生 1+1 > 2 的聚集效应，推动区域经济更好更快发展，达到互利共赢、共同繁荣的目的。

  广西沿海地区不但存在着分工与协调发展的必要性，而且存在着现实的可能性。首先，南北钦防四市，在区位、资源、人口、历史文化、当前发展水平等方面，都各具特点。根据自己的特点制定自己的发展战略，这是顺理成章的客观必然。其次，经过长期特别是改革开放以来的发展，形成了传统的地区分工，形成了各自的优势产业。各个地区从既有的基础出发，将继续发挥自己的传统优势，沿自己的方向继续发展。第三，南北钦防同处沿海地区，互为近邻，为发展交通运输和产业协作提供了优越条件；另外，北钦防"金三角"历史上属于同一行政区域，形成了相互间的密切的历史联系，十分有利于经济上的协调发展。第四，广西沿海地区作为大西南出海通道的终端，其繁重任务绝非一个港口所能承当，需要三方共同分担，相互之间既有竞争的一面，更存在分工协调的一面，要求各尽所能，不存在互相抵销问题，这是协调发展的坚实的物质基础。第五，沿海地区是广西经济发展的战略重点，广西党政领导机关对沿海地区的坚强领导，为沿海地区的分工和协调发展提供了组织保证，很多问题可以通过国家的宏观调控来解决。

---

* 本文是广西"八五"社科重点研究课题《广西沿海地区分工与协调发展问题研究》由作者撰写的部分，1996 年完稿。

  本文所用数据，主要来自相关年份的《广西年鉴》。

一、沿海地区：广西的无价宝地

由南宁、北海、钦州、防城港四市组成的广西沿海地区，总面积30266平方公里，占广西总面积23.6万平方公里的12.8%；其中北海—钦州—防城港"金三角"总面积20237平方公里，占广西总面积7.6%。

1995年，广西沿海地总人口781.95万人，占同年广西总人口4543万人的17.2%，其中北钦防"金三角"508.75万人，占广西总人口11.2%。

1995年，广西沿海地区国内生产总值389.41亿元，占同年广西国内生产总值1606.15亿元的24.2%；其中北钦防"金三角"214.52亿元，占13.3%。

1995年，广西沿海地区人均国内生产总值4980元，比同年广西人均国内生产总值3543元多1437元，超出40.5%，其中北钦防"金三角"人均4216元，比广西人均多673元，超出19%。

概言之，广西沿海地区面积略多于广西总面积1/10，人口略少于广西总人口1/5，而国内生产总值约占全广西的1/4，超过面积和人口所占比例。经济实力和经济发展水平都处于广西前列。

这么一块在广西经济中占有重要地位的土地，不但有突出的共性，而且有鲜明的个性，为分工与协调发展奠定了深厚的基础。

1. 南北钦防，是广西通往世界的大门。南宁离海很近，距钦州只有104公里，是广西出海的枢纽。北海—钦州—防城港，三点连线，呈不等边的三角形，被誉为广西沿海的"金三角"。钦州居中靠北，西南距防城港62公里，东南距北海106公里。三市都濒临北部湾，都有很长的海岸线，海岸线总长1595公里，其中北海海岸线495公里，钦州522.81公里，防城港市584公里。三市都有深水大港为主的港口群，共有二十一个大小港口，其中可开发泊靠能力万吨以上的有钦州、铁山、防城、珍珠、北海等五个港口，可建十万吨级码头的有钦州港和铁山港。据预测，广西沿海"金三角"的港口资源如果得到全部开发，年吞吐能力将在二亿吨以上。

2. 南北钦防，共同构成大西南（包括中南地区西部）便捷出海通道的前端。早在20世纪初期，1919年，伟大的革命先行者孙中山先生在他的著作《实业计划》中就明确而具体地指出钦州的地理优势，他说：大西南的对外贸易，"以钦州为最省俭之积载地"，"凡在钦州以西之地，将择此港以出于海，则比经广州可减四百英里"。1992 年，党中央通过文件将钦州湾地区以至整个广西作为西南出海通道的作用正式肯定下来。南北钦防和整个广西都以建设西南出海通道作为首要任务，下最大力气建设港口和出海交通网络。

3. 南北钦防是广西对外开放的前沿。北海市和防城港名列中国首批开放的沿海港口城市，1984 年就进入全国进一步对外开放的十四个沿海港口城市行列，成为我国五个少数民族自治区唯一的沿海开放城市。钦州港尽管起步较晚，但钦州人发扬自力更生奋发图强精神，不等待，不依赖，1992 年自己动手开始建设钦州大港，1994 年初，钦州港两个万吨级码头正式建成启用。防城港市既是海上门户，也是陆地门户，其属下的东兴是通往越南的国家一级口岸。南宁市作为对外开放城市，同沿海"金三角"在一起，组成广西开放最早、面积最大的开放前沿地区。

4. 南北钦防有得天独厚的海洋资源和热带亚热带资源，与此有关的资源产业具有深厚的基础。

（1）"金三角"有 1595 公里海岸线，面临北部湾和广袤的南中国海。北部湾面积 12.93 万平方公里，南海总面积 350 万平方公里，拥有五百多种鱼类，其中有经济价值的有五十多种，是著名的热带渔场。"金三角"拥有十米等深线以内的可养殖面积六百万亩，五米等深线以内的浅海滩涂二百八十八万亩，目前已经开发的只占一小部分。"金三角"是我国海洋捕捞业、养殖业及其加工业的主要基地之一，还是全国最大的南珠生产和加工基地。

（2）"金三角"拥有丰富的海洋和陆地矿物资源。北部湾含油面积 8.80 万平方公里，是我国六大海上油盆之一。仅在涠渊岛西南区就已查明有五个含油构造，已有七个钻井钻出工业原油。其中涠 10-3 构造的四个钻井测试结果为单井日产原油 450~1158 吨，天然气 7.2 万 ~29 万立方米。"金三角"地区以建材为主的非金属矿产资源储量大、品位高，其中以玻璃用石英砂、钛铁矿、陶瓷黏土、高岭土最为丰富。

（3）南北钦防拥有丰富的热带亚热带生物资源。这里光热水资源充裕，年均气温 21~28℃，年降雨量在 1500 毫米以上，特别适合热带亚热带植物资源生长发育，盛产菠萝、龙眼、荔枝、香蕉、橙等热带亚热带水果，盛产八角、玉桂等香料，盛产甘蔗等经济作物。

（4）"金三角"拥有丰富的滨海旅游资源。这里阳光灿烂，海水清澄，沙滩细软。北海的银滩，钦州的犀牛角，防城港市的金滩和月亮湾，都是第一流的海滨沙滩。"金三角"海边的红树林，是极富亚热带特色的滨海旅游资源。

5. 南北钦防，组成了联系密切并有共同辐射扇面的城市群，相互间形成了主要由公路铁路组合的"人"字形交通框架。这条"人"字形交通框架十多年来一直处在不断扩大、增强和完善的过程中。南防铁路、南北二级公路、钦北铁路相继建成之后，钦防高速公路、南北高速公路又紧接着动工。南宁是广西首府和经济、文化中心，沿海"金三角"是它的出海口。"金三角"经过长期的历史发展特别是改革开放以来的发展已经成为鼎足而立的三个中心城市，分别崛起于广西沿海地区的东、中、西三部，彼此各有短长，但基本上处在同一发展水平之上，互相紧密依存，又在竞争中共同发展。

6. 改革开放以来，南北钦防经济发展迅速。南宁市 1994 年国内生产总值 136.1 亿元，占全区 11%，比上年增长 22.5%，增速比全区平均增速高出六个百分点。原定从 1980 年起到 1999 年止，国内生产总值翻两番的战略目标，已提前六年实现。南宁市的国内生产总值在全区次于玉林地区，位列第二，在地级市中位列第一。"金三角"经济增长更显著，国内生产总值在全区经济中的比重正在增加。"金三角"土地面积占广西土地总面积 8.4%，1991 年人口 483.31 万，占广西总人口 11%；同年国内生产总值 55.369 亿元，占广西国内生产总值 12%，超过土地所占比例 3.6 个百分点，超过人口所占比例一个百分点，人均国内生产总值 1145.6 元，比全广西人均国内生产总值 1047.7 元高出 9.3 个百分点。几年来，国内生产总值比重继续向"金三角"地区倾斜。1994 年，"金三角"地区人口增至 602.37 万人，广西总人口增至 4493 万人，"金三角"地区人口占广西总人口的比例不变，仍保持 11%，同年"金三角"国内生产总值增至 158.18 亿元，广西国内生产总值增至 1241.28 亿元，"金三角"所占比例由 1991 年的 12% 增至 1994 年的 13%；同年人均国内生产总值"金三角"地区是 3576 元，全广西是 2763 元，"金三角"比广西高出 13.7 个百分点，比 1991 年又多出 4.4 个百分点。上述统计和比较说明，"金三角"地区正以超过全广西的平均速度发展，已经成为广西经济的充满发展活力的重要地区，成为广西经济重要的增长源。

7. "金三角"地区工业化进程较快，但工业化程度仍然较低，工业基础仍然薄弱，工业内部呈明显的轻型结构。1991 年，"金三角"工农业总产值78.22 亿元，其中工业总产值 35.96 亿元，农业总产值 42.26 亿元，工业产值占工农业总产值 45.97%，比全广西同年平均水平 60.2% 低十四个多百分点。1994 年，"金三角"工农业总产值 255.63 亿元，其中工业总产值 145.54亿元，农业总产值 110.09 亿元，工业产值占工农业总产值 57%，比 1991 年提高了十一个多百分点，但比同年广西平均水平 72% 仍低十五个百分点，差距还有所扩大。"金三角"地区工业的内部结构，仍以轻工业为主，轻工业中又以食品、饮料、医药工业为主。1991 年，全广西轻工业与重工业之比为53.9：46.1，轻工业高于重工业 7.8 个百分点；同年"金三角"地区轻重工业之比为 76.3：23.7，轻工业高于重工业 53 个百分点。几年来情况虽然有所变化，但"金三角"以轻型为主的工业结构仍然没有发生根本改变。

江泽民总书记 1990 年 10 月 28 日视察北海后，挥笔题词："后起之秀，前途无量。"这个评价自然适用于整个广西沿海地区。如果把南北钦防组成的广西沿海地区比作一支后起之秀的足球劲旅，那么，北海和防城港显然是一左一右突前冲刺的两个"前锋"，钦州是兼司攻守的"前卫"，南宁则是稳固强大的"后卫"。这个比喻既源于各自区位的评估，也来自对其目前和未来功能的分析。

二、北海：广西沿海地区的"左前锋"

北海市总面积 3337 平方公里，占广西总面积 23.6 万平方公里的 1.4%，占广西沿海地区总面积 30266 平方公里的 11%。

1995 年，北海市总人口 134.99 万人，占同年广西总人口 4543 万人的2.95%，占同年广西沿海地区总人口 781.95 万人的 17%。

1995 年，北海市国内生产总值 89.93 亿元，占同年广西国内生产总值

1606.15 亿元的 5.6%，占同年广西沿海地区国内生产总值 389.41 亿元的 23%。

1995 年，北海市人均国内生产总值 6728 元，在广西十五个地市中名列第二，仅次于柳州市的 8318 元;比同年广西人均国内生产总值 3543 元多 3185 元，超出 90%，比同年广西沿海地区人均国内生产总值 4980 元多 1748 元，超出 35%。

论经济发展水平，北海市在广西沿海地区中仅次于南宁，在沿海"金三角"中则居首位。

1. 北海:金三角最突前的一角。在广西沿海地区中，北海处在最靠东和最靠南的位置，与广东毗邻，和海南岛隔海相望，距港澳台最近。从北海经海路到海口一百二十四海里，到陆地相连的湛江市二百五十五海里，到广州四百八十海里，到香港四百二十五海里。从陆路到湛江和广州，还比海路近得多。到越南海防一百五十七海里。除海防港以外，北海到以上各港的距离，都比钦州和防城港到各港的路程近。北海是广西对粤琼港澳开放的最前沿，利于接受经济比较发达的东部邻近地区的辐射。1990 年，北海首先开通通往海口的客运航线，目前一天发船三次，共有十艘船参加航班，客和车班班告满，1994 年北海发往海口的旅客达六十万人次，汽车三万多辆。为了适应日益增加的运输需要，北海正在兴建新客运站，设计年海运量为旅客三百多万人次，车三十多万辆次。

2. 北海拥有两个深水港区——石步岭港区和铁山港区。铁山港区泊靠能力可达十万吨，具有六千万吨以上的年吞吐能力，石步岭港区具有一百五十万吨以上的年吞吐能力。如果加上大风江等有待开发的其他港口，整个北海市的港口潜在吞吐能力可达一亿吨左右。目前石步岭深水港区建成了四个万吨级泊位，年吞吐能力二百六十万吨，铁山港深水码头正在兴建。

3. 穿越北海并由北海出海的南流江历史上是一条重要的内地通海河道。它发源于玉林，经钦州、北海进入北部湾。新中国成立前，海产品、食盐及海南省的物资，通过南流江船运到玉林，再转运到南宁、云南、贵州、湖南等地。但从 60 年代起，江上修筑了很多闸坝，使南流江断航了。近年两岸群众和航运部门不断呼吁恢复南流江航运，广西有关部门专家考察并制订恢复航运的工程规划，准备在南流江布置八个梯级，在博白、常乐、沙河等地建设港口，使博白至沙河近期通航五十吨级船舶，沙河以下至出海口通航一百吨级船舶。南流江流域还是富饶的农业区，近年开发性农业获得很大的发展，外资也开始投入开发性农业，中国香港在这里投资建设香蕉园，美国投资建设四十万亩柑橘园。

4.北海市属下的合浦县是历史悠久的名城，当前又是经济发达的县份，为北海市区提供了坚强的后盾和依托。早在秦汉时期，合浦就成为中国最早的对外港口之一而闻名遐迩。北海建市之前，长期是合浦县属下的一个镇。合浦县农村经济实力名列广西十强县榜首。1993年，合浦进入全国农林牧渔业总产值百强县行列，合浦县有十一个镇进入广西农村经济综合实力百强乡镇，入选乡镇数居广西各县（市）首位，合浦还被评为"全国文化模范地区"，文化古迹得到较好的保护和管理，合浦历史文化名城和南珠文化两项重点工程建设卓有成效。

5.北海是广西开埠最早的港口城市。鸦片战争以后，在广西，它最早为西方殖民者所青睐，1876年英国通过中英烟台条约强行将北海辟为商埠。开埠以后，外国纷纷前来设立领事馆或办事机构，国内外船只频繁进出，1885年就有邮电机构，1890年就有电灯，当时北海的繁荣还在烟台之上，后来由于多种历史原因，北海衰落了。改革开放使北海重现生机，1984年北海进入沿海十四个开放城市的行列，1988年，当时未归入北海市的合浦县被列入沿海开放区。1992年，北海市实现了跨越式发展，成为一座举世瞩目的明星港市。

6.北海地域平坦，淡水资源丰富，具有发展成为大城市所必需的土地和淡水资源。北海市国土面积8387平方公里，其中市区面积275平方公里，与合浦县的部分地区连成大面积平坦开阔的沉海台地，海滨平原土地面积占市区面积70%以上，平均海拔高度10~15米。这里的土质主要由砂质黏土、砂砾等构成，一般地区的地耐力高达18~25吨/平方米，是适宜建筑高层建筑的地质构造。北海的地形和地质构造十分有利于基本建设，"三通一平"所需代价极小，这项优势在"金三角"中特别突出和显著。北海市有大小河流近百条，大中小水库四十八座，不但有丰富的地表水，而且有丰富的地下水。据有关资料统计，北海市淡水资源总量达108.11亿立方米，年可利用量将近四十亿立方米，这么丰富的可利用的淡水资源，在中国城市，尤其是沿海城市是少见的。在当前城市出现水危机并日趋严重的情况下，北海市的淡水财富尤其显得珍贵。

7. 北海具有良好的城市基础设施。经过开放十多年，特别是 1992 年"北海热"以来的迅速发展，北海已初步形成大城市的框架。北海近年新建 50~120 米宽的城市干道四十四条，其中 120 米宽大道二条，一条是二十八公里长的疏港大道，一条是长达四十一公里的北海—铁山港大道。钦北铁路的竣工通车，使北海有了通往广大腹地的铁路，北海至成都的直达列车首先开通，其他远程直达列车正在计划筹备之中。北海机场 1993 年一周有九十四个航班，比南宁机场还多四十个航班，比南昌、太原、宁波等省会和沿海城市的航班都多。空运的迅速发展促使北海机场扩建，并且一步到位，计划扩建成拥有三千二百米跑道、能起降波音 747 飞机的大型机场。北海不但开通了至海口等港口的国内海上客运航线，而且开辟了至越南海防和鸿基的国际海上客运航线。北海市区人口由 1991 年的 20.56 万增至 1994 年的 45.54 万，三年中增加一倍多。

8. 北海工业发展迅速，已经建立比较发达的工业基础。1985 年北海工业产值不足三亿元，大部分企业还处于手工作坊阶段，设备陈旧，产品单一，竞争乏力。十余年来，北海（1988 年起加上并入的合浦县）靠自力更生，靠内引外联，使工业产值连年保持高速发展势头，"八五"期间年均增长 30%；1994 年，北海工业产值 73.5 亿元，占"金三角"工业总产值 50.5%；1995 年，北海工业产值突破百亿元大关，达到 103 亿元。北海已经成为我国沿海地区一个新的投资热点，一大批工业项目从经济发达的江苏、广东、四川等地转移北海，国外的一些大企业、大财团也纷纷落户北海。北海初步形成了以食品加工、机械、水产、石化为骨干的工业体系，培育出一批像石化总厂、银翔摩托车厂、北海健力宝饮料公司、科红制革公司等产值超过亿元的支柱产业，同时还引进和嫁接了一些在国际上领先的高新技术产品，如 BBF 蓄电池、PS 板、智能脑黄金等。

9. 北海第三产业比较发达，商贸、金融、旅游、文化教育等方面都达到了较高的水平，走在"金三角"的前列。北海第三产业在国民生产总值中的比重，1985 年为 22.3%，1990 年上升到 26.7%，其中市区 1985 年为 33.2%，1990 年增至 42.5%。以旅游业为例，北海银滩绵延十余公里，沙质洁白，海水透明度大于二百厘米，超过中国沿海海水平均透明度一倍以上，是中国大陆沿岸最好的海滨浴场之一，有"南方北戴河""东方夏威夷"的美誉，银滩国家旅游度假区已粗具规模。北海涠洲岛、斜阳岛素有"大小蓬莱"的美称。中国最大的连片红树林自然保护区在北海市境内，面积在六千亩以上。合浦星岛湖水面面积近十万亩，水质纯净，清甜可口，有大小岛屿一千零二十六个，可供开发利用的有二百四十八个。这些岛屿点缀在透明的湖面上，千姿百态，星罗棋布。香港艺豪集团投资五千万元兴建的"艺豪山庄"正在施工，台湾准备在此建设一个东南亚最大的高尔夫球场，电视连续剧《水浒传》拍摄基地已经在星岛湖建成。北海海洋博物馆具有热带海域特色，与青岛海洋博物馆齐名。北海已经成为广西以至全中国的新旅游热点，1993 年接待国内外旅客一百八十万人。

10. 北海具有人才优势。近年来，国内各地开拓型人才云集北海，来北海淘金、创业，施展各自的人生抱负。这些外来人才不但数量多，而且层次高，具有硕士、博士学位者，具有高级职称者，具有处级以上级别者，比比皆是，其情况同建特区初期的深圳、海南相似。他们到北海，或经商，或办厂，或从政，或办报，各行各业，都有他们的踪迹，都有他们的奉献。外地人的涌入，引起北海人口结构的巨大变化，北海已不只是北海人和广西人的北海，而成为全国人民的北海了。各地文化随着人员载体流入北海，形成场面壮观的文化大交流和思想大解放；在北海，随时可以听到各地的口音，看到不同的服装和发型；在北海，随地可以吃到各地的风味食品；在北海，经常可以欣赏"星"级艺术家们的歌声和演出。北海人敢想敢干，出手不凡，观念超前，许多项目可以与全国甚至亚洲和世界的最高纪录比个高低，例如北海海滩公园的音乐雕塑喷泉号称亚洲第一，北海疏港大道和北海—铁山港大道，其一百二十米的宽度可以进入世界前列，北海机场年吞吐四千万旅客的远景规划令世人刮目相看。

11. 北海在国内外已经具有相当高的知名度，近年利用外资额在全广西排名第一。知名度本身就是北海的一项优势。国内外企业家和著名人士近年频繁访问北海。众多名人光临北海，产生了影响深远的"名人效应"，成为国内外资金流入北海的先导。1993年11月，新加坡前总理李光耀一行访问北海，是其中特别令人注目的一页。李光耀参观之后，给北海很高的评价，他认为北海具有很大的发展潜力，旅游业和贸易的发展前景十分可观，他认为北海好似荷兰鹿特丹，发展条件十分优越，可建成首领城市。1992年至1994年，北海共审批"三资"企业1027家，合同投资总额45.5亿美元，实际利用外资9.38亿美元。1992年动工的铁山工业区三大项目，其中年产600万吨炼油厂外资额占70%，120万千瓦火电厂外资额占50%。1993年，北海实际利用外资5.1365亿美元，占全区实际利用外资额8.7203亿美元的59%。1994年北海利用外资3.7亿美元，占广西利用外资额80%以上。北海已经成为广西外资投向的热点地区。

三、防城港：广西沿海地区的"右前锋"

防城港市总面积6300平方公里，占广西总面积2.67%，占广西沿海地区总面积20.8%。

1995年，防城港市总人口73.7万人，占同年广西总人口的1.62%，占同年广西沿海地区总人口的9.48%。

1995年，防城港市国内生产总值32.1亿元，占同年广西国内生产总值的2%，占同年广西沿海地区国内生产总值的8.24%。

1995年，防城港市人均国内生产总值4351元，比同年广西人均国内生产总值多808元，超出22.8%；比同年广西沿海地区人均国内生产总值少539元，低11%。

总的说来，目前在广西沿海地区四市中，防城港是经济实力较小的一个市；在广西十五个地市中，防城港的国内生产总值亦暂居末位。

1. 防城港目前是广西沿海第一大港。防城港坐落于防城湾内，东西分别由企沙半岛和江山半岛环抱，港口自然条件优越，具有水深避风、不淤、航道短、建设费用低等显著特点；最大潮高可达五米，水深最深处负十七米，目前三万吨船只可随时进出，五万吨船只可乘潮出入，航道略加清理，即可进出十万吨以上巨轮。防城港港口起步早，始建于 1968 年，1973 年开始建设万吨级泊位，1984 年被列为对外开放港口。现有泊位十八个，其中万吨级泊位八个，形成了 595 万吨的年吞吐能力，占"金三角"已形成的总吞吐能力 70% 以上；1994 年吞吐量达到 462.5 万吨，也雄居"金三角"榜首。防城港已达到的吞吐能力和吞吐量，在华南沿海名列第三，仅次于广州港和湛江港，为国务院批准的全国十九个枢纽港之一。防城港可用岸线长，据专家考察论证，防城港还可再建一百一十五个一万至十万吨级泊位，具有六千万吨以上的年吞吐能力。

防城港是防城港市的深水大港，此外还有竹山、潭吉、京岛等中小港口，形成东西向排列的港口群。竹山港和潭吉港现有五百吨级泊位，京岛港已经建成二千吨级泊位。如果加上中小港口的吞吐量，1994 年防城港市港口货物吞吐量达到八百多万吨。

在防城港市范围内，防城港西边，江山半岛和江平半岛之间，还有一座未曾开发的深水港——珍珠港，这是广西沿海地区五座深水港之一。如果加上珍珠港和中小港口群，防城港市港口年吞吐潜力也在一亿吨以上。

2. 防城港是"金三角"中唯一既沿海又沿边的城市，有五百八十四公里的大陆海岸线和二百八十八公里的同越南接壤的陆地边界线。边界线上的东兴、峒中、滩散为国家级口岸，其中东兴为一级国家口岸。国家规定"金三角"地区有四个海上边贸点，其中防城港市两个，即白龙港和企沙港（余两个为北海的铁山港和钦州的果子山港）。防城港市和越南之间，既陆地相连，又隔海相望，距离越南最近，从防城港到越南的海防港仅一百五十一海里，到鸿基港仅一百三十二海里。由于具有如此地利，因而防城港市同越南经贸关系特别密切。1998 年，防城港市对越南边贸额 12.5612 亿元，居沿边市县第一，占同年"金三角"对越边贸总额 15.8540 亿元的 79%，占同年广西边贸总额 26.029 亿元的 48%。中越边贸在防城港市的经济发展和财政收入中占有特别重要的地位。

3. 防城港有广大山区，森林资源丰富，林业在经济中占有重要地位，其中八角、玉桂、金花茶等经济林的面积和产量占广西和全国第一。1992 年，防城港市森林面积二十四万多公顷，其中上思县森林覆盖率达51.4%，全市林木蓄积量达735万立方米。防城区1994年玉桂、八角林总面积达4.26万公顷，产量六千吨，是全国最大的茴桂生产基地，被林业部授予"全国经济林建设先进县（区）"称号。被誉为"植物界大熊猫""茶族皇后"和"绿色国宝"的金花茶，全市种植面积十万亩，居世界首位。这里有1986年自治区人民政府设立的金花茶自然保护区，1994年举行了世界第一次金花茶国际会议——防城金花茶国际学术会议，防城港金花茶正在走向世界。

4. 防城港市具有丰富多彩的独特的旅游资源。与北海、钦州相比，同中有异。同北海、钦州一样，都有美丽的海滩，江山半岛的月亮湾，江平潕尾岛的金滩，是其中的佼佼者。金滩沙色似金，长达三公里，堪与北海银滩比美，岸上有茂盛的木麻黄树林，树林中有群鹤聚集的"万鹤山"，有沙白似雪的"南国雪原"。江山半岛除沙滩外，还有山林古迹之胜，远古的贝丘遗址、西汉的珍珠场、唐代的潭蓬古运河、清朝的白龙古炮台，汇集于江山半岛，具有极高的历史文化旅游价值。其次，防城港市同越南有二百多公里的陆地边界，陆界有东兴、峒中、滩散等三个国家级口岸，还有众多的边贸点。其中东兴口岸水陆兼具，出入十分方便。边界地区山川秀丽，跨境到越南就能领略浓郁的异国风情。边塞风光和异国风情吸引着大批游客，成为旅游热点地区。其中最负盛名的是东兴，自从1994年4月17日国务院批准东兴口岸恢复对外开放后一年间，东兴口岸出入境人员一百八十六万人次，北仑河渡口和中越友谊大桥，人流、车流、舟流，终日繁忙。防城港市的江平，是国内唯一的京族聚居地，京族有独特鲜明的民族文化习俗，民族风情同江平潕尾的海滩风光结合在一起，构成特有的旅游景观。

5. 防城港市是多民族地区和著名侨乡。1994年，防城港市总人口72.87万人，其中壮、瑶、京等少数民族32万人，占总人口44%，比同年钦州市少数民族占总人口29%的比例高出十五个百分点，比同年全广西少数民族占总人口31.1%的比例高出十三个百分点。1993年防城港成为地级市、防城各族自治县撤销并并入防城港市后，原享有的民族自治县政策不变，续由原属防城县的东兴经济开发区和防城区继承。防城港又是广西著名侨乡之一，约有华侨华人和港澳台同胞25万余人，与1994年防城港市人口之比为34：100，钦州市华侨华人和港澳台同胞38万人，与同年钦州市297万人口之比为12.8：100，防城港市比钦州市高出21.2个百分点，这个情况，对促进防城港的对外经贸关系，引进外资和发展外向型经济十分有利，这是防城港市的又一项优势。

6. 防城港市原为钦州行署属下的经济基础比较薄弱的西部地区，近年经济高速发展，年增长率居"金三角"之冠，人均国内生产总值居"金三角"中游，但整体经济实力仍远低于钦州和北海，其中差距最大的是工业。以防城港市经济增幅最大的1994年为例。这一年防城港市国内生产总值比上年增长43.8%，远高于钦州的5.2%和北海的9.3%，同年工业总产值增长73.5%，高于钦州的40.6%和北海的20.5%，同年农业总产值增长20.8%，高于钦州的15.4%，而低于北海的33.3%。1994年人均国内生产总值，防城港市为3576元，低于北海的5818元，而高于钦州的2156元。1994年国内生产总值，防城港市为26.6亿元，相当于钦州64亿元的41.5%和北海76.9亿元的34.5%；同年工业总产值，防城港市为17.28亿元，相当于钦州54.76亿元的31.5%，北海73.5亿元的23.5%；同年农业总产值，防城港市为14.6亿元，相当于钦州59.8亿元的24.4%，北海35.69亿元的40%。

7. 建市之前的防城港区地狭人少，面积只有十五平方公里，人口只有2.76万，与北海钦州不同，当时的防城港区既没有郊县腹地，也没有城市依托。1993年设市并将防城县和上思县并入以后，辖区面积扩大到6300平方公里，相当于原来的四百二十倍，人口增加到72.87万人，相当于原来的二十六倍，腹地问题解决了，但缺乏城市依托的局面仍然没有变化，同原防城县城区又相距过远。作为大西南便捷出海通道的龙头港口，作为华南第三大港和全国枢纽港之一，防城港市的港口区、商业区和行政中心都拥挤在一个面积仅十五平方公里的半岛上，很明显，这点市区空间太小，与防城港的地位极不相称，严重阻碍了防城港的发展。防城港市决定将市中心移出港区，后撤十公里，在沙潭江兴建新的中心区，作为未来的防城港市的行政、商业、金融和工业中心。新市区已经动工兴建，首先要辟出几条总长近二十公里、最宽达一百米的大道，作为城市的框架。工程进展顺利，南北大道已经初现轮廓。未来的中心区将是一座气势恢宏的新港城，为港口和整个防城港市的发展提供强有力的城市依托。

四、钦州：广西沿海地区的"前卫"

钦州市总面积 10600 平方公里，占广西总面积 4.5%，占广西沿海地区总面积 35%。

1995 年，钦州市总人口 300.97 万人，占同年广西总人口 6.62%，占同年广西沿海地区总人口 38.4%。

1995 年，钦州市国内生产总值 92.49 亿元，占同年广西国内生产总值 5.75%，占同年广西沿海地区国内生产总值 28.75%。

1995 年，钦州市人均国内生产总值 3090 元，比同年广西人均国内生产总值少 453 元，低 12.78%；比同年广西沿海地区人均国内生产总值少 1790 元，低 36%。

总的说来，钦州市的经济发展水平还比较低。在南北钦防四市中，钦州是唯一的人均国内生产总值既少于整个广西沿海地区、亦少于全广西人均国内生产总值的市。但是，钦州拥有雄厚的待挖掘的发展潜力，有足以后来居上的发展后劲。

1.钦州位于北部湾顶，位于"金三角"北面正中位置，是金三角中距内陆最近的一角，也是北部湾最深入陆地的地方，是广西和大西南最近的出海口。钦州市离南宁一百零八公里，比北海近九十公里，比防城港市近五十公里。离市区三十公里的钦州港出海运距比防城港近四十五公里，比北海港近六十八公里。

2.钦州是"金三角"的交通枢纽，是广西沿海地区"人"字形交通框架的心脏。从内地来的铁路公路，先到钦州汇集再向防城港和北海分流，反过来也一样。从灵山流来的钦江从钦州入海，将来平陆运河开通以后，钦州又将成为西江新的出海通道，成为河海转运港。

钦州是下列已建、正建或待建的铁路和公路的交汇点：

铁路：（1）南防铁路，（2）钦北铁路，（3）黎钦铁路。

公路：（1）南北二级公路，（2）南北高速公路，（3）钦防高速公路，（4）进港一级公路，（5）钦灵（山）一级公路。

3.钦州长期以来是广西沿海"金三角"地区的行政中心，是钦州地区行署所在地。改革开放以前,北海所在的合浦县,防城港所在的防城县都是钦州地区的下属县。20 世纪 90 年代,原钦州地区才最终一分为三,形成北海—钦州—防城港的三足鼎立局面。由于历史上长期所处的行政中心地位,在改革开放以前,钦州市区的基础设施、城市功能在广西沿海"金三角"地区中应该说是比较好的。

4. 钦州港具有建成深水大港的潜力,可开发的年吞吐能力为六千万吨,远期达一亿吨以上。钦州海岸线长 520 公里,占广西沿海地区海岸线长度 1/3。钦州港建港条件得天独厚——航道水深 9~20 米,最大水深 24.7 米,十米以上的深水区长十公里,宽 1.5 公里,天然深槽长而直,纳潮量大,平均潮差 2.5 米,平均高潮 4.3 米,利于巨轮乘潮进出;含沙量小,回淤量少,航道港池和栏门沙可控性好;三面环山,便于隐蔽,不用建防波堤。钦州港近期可建六个深水作业区和两个内作业区,建设 1~15 万吨码头二十八个,1~9 千吨码头一百多个。

5. 在"金三角"中,钦州港起步最晚。钦州的区位优势和海港潜力,七十多年前曾受到孙中山先生的重视。1919 年,孙中山先生在《实业计划》中就提出"改良钦州以为海港"的计划,孙中山先生的计划十分宏伟,他把钦州港列入全国仅次于三个大港的四个二等港之一,作为大西南最便捷的出海口,"凡在钦州以西之地,将择此港以出海","在四川、贵州、云南以及广西之一部言之,其经济上受益为不小矣","所以直接输出入贸易,仍以钦州为最省俭之积载地也"。由于种种历史原因,90 年代以前,钦州一直"有海无港"。特别令人费解的是,改革开放以后,相邻的防城港和北海港都在轰轰烈烈建港,唯独钦州港山海依旧。1992 年,钦州人民发扬大无畏的开拓进取精神,自力更生建港,经过两年艰苦奋斗,1994 年元月,两个万吨级码头建成启用。钦州计划"九五"期间再建三个五万吨级和两个十万吨级码头,到 20 世纪末,将钦州港的年吞吐能力提高到一千万吨。

6. 钦州具有较好的工业基础,工业总产值次于北海而高于防城港,乡镇企业产值多年保持全广西第二,钦州出现了许多饮誉国内外的名牌企业和名牌产品。1994 年,钦州市工业总产值 54.75 亿元,占同年"金三角"工业总产值 145.54 亿元的 37.6%;占同年钦州市工农业总产值 114.56 亿元的 48%。

据预计数字，1995 年钦州市工业总产值比上年增长 34.4%，达 73 亿元，占同年钦州工农业总产值 141 亿元的 51.8%，工业产值开始超过农业。1995 年，钦州乡镇企业营业收入预计达 22.5 亿元，比上年增长 91.6%。从 1990 年代开始，钦州一大批名优产品脱颖而出，走向全国，走向海外。钦州"大力神"和生产"大力神"的广西大力神制药有限公司，被公认为名牌产品和名牌企业，获得"中国公认名牌产品"和"全国最受消费者喜爱保健品"等一系列称号，提高了钦州的知名度。浦北酒厂采用野生大黑蚂蚁酿造的神蜉酒，被评为"中国名酒"，获得包括美国在内的诸多国家的十三项金奖。

7. 钦州具有较好的农业基础。钦州不但盛产粮食，而且盛产甘蔗、水果等经济作物，钦州的水产业也很有名。1994 年，钦州粮食总产量 94.5 万吨，高于北海的 34.8 万吨和防城港的 20.87 万吨，钦州的水果单产和人均水果产量均居广西首位。钦州市属下的灵山、浦北两县同北海属下的合浦县一样，农业素称发达。1994 年，灵山县粮食总产量 39.2 万吨，高于合浦的 38.9 万吨。灵山县的水稻高产示范、浦北县的农业商品基地建设，都取得了显著的成效。

8. 钦州具有独特的旅游资源。钦州的犀牛角海滩与北海银滩、防城港金滩齐名，所差的只是尚未得到开发。钦州广阔的茅尾海和幽深的"龙门七十二泾"具有独特的魅力。茅尾海位于钦州湾顶端，面积一百三十五平方公里，四面环山，形状如湖，风光旖旎；与茅尾海相连、位于茅尾海和钦州港之间的龙门七十二泾，在长宽各约十公里的范围内，有一百多座岛屿被大海托出水面，有"龙吐珍珠"之喻，岛与岛之间形成七十二条回环往复曲折多变的水道，舟行其中，有如进入海上迷宫，被誉为"南国蓬莱"。刘永福故居、冯子材墓、龙门海军基地旧址，则是著名的历史胜迹。

9. 钦州人民在社会主义建设特别是在建港实践中，表现出令人钦敬的"钦州精神"，这种精神可以概括为"不等、不靠，自力更生，艰苦创业，在此基础上争取国家和各方的支持"。如果说，改革开放以来，机遇之于北海，原有港口基础之于防城港，在各自的发展中发挥过重要作用的话，那么，至少在 20 世纪 90 年代以前，这两者都与钦州无缘，机遇似乎都从钦州门外一溜烟而过，钦州港始终只停留在人们的憧憬之中。1992 年，钦州人民在国家没有立项、没有拨款的情况下，挤财政，全民募捐，大家动手，毅然"自费"

建港，建进港公路，建设新市区，在短期内取得了显著成效，硬是用勤劳的双手把一座深水大港的雏形托到世人面前。钦州精神已经成为钦州的珍贵精神财富，成为可以永续利用的宝贵资源。

五、南宁：广西沿海地区的"后卫"

南宁市总面积 10029 平方公里，占广西总面积 23.6 万平方公里的 4.2%，占广西沿海地区总面积 30266 平方公里的 33%。

1995 年，南宁市总人口 273.19 万，占同年广西总人口 4543 万人的 6%，占同年广西沿海地区总人口 781.95 万人的 34.8%。

1995 年，南宁市国内生产总值 174.89 亿元，占同年广西国内生产总值 1606.15 亿元的 10.88%，同年广西沿海地区国内生产总值 389.411 亿元的 45%。

1995 年，南宁市人均国内生产总值 6456 元，比广西人均国内生产总值 3543 元多 2913 元，超出 82%，比北钦防"金三角"人均国内生产总值 4216 元多 2240 元，超出 53%。

总的说来，南宁是广西综合分量最重的城市，1991 年，南宁市被列为中国城市综合实力五十强之一。南宁具有很多众所周知的优势，是广西沿海地区强大稳固的"后卫"。

1. 中国唯一兼有"两近一沿"区位优势的省会城市。

南宁位于广西南部，是我国位于北回归线以南的三个省会城市之一（余两个为广州和海口）。近海兼近边是南宁最大的区位特点。在封闭时期，从国防安全的角度来考虑，"两近"不但不是优势，还被认为是南宁发展的不利条件。改革开放以后才一转成为南宁最大的区位优势并逐渐被人们所认识。1993 年 4 月，李瑞环同志考察广西，建议把南宁列入沿海地区。南宁距钦州一百零四公里，距防城一百七十八公里，距北海二百零四公里。南宁的出海距离近于北京的出海距离。待南北和钦防高速公路建成后，南宁出海所需时间，近者（钦州港）一个多小时，远者（北海港）也只不过两个多小时。北钦防"金三角"是南宁的外港，而南宁则是"金三角"的战略依托。南宁距边境重镇、广西最大的陆地口岸凭祥二百多公里，待南凭二级公路建成，南宁至凭祥只需三四个小时。近海兼近边，为南宁交通海外提供了极大的方便。

南宁还具有沿江的天然优势。自古以来南宁就是西江的重要河埠。沿左江上溯，可到龙州；溯右江而上，可到桂西重镇百色；沿西江而下，可达穗港澳。南宁水运上距百色 358 公里，下距广州 854 公里，距香港 1059 公里。历史上，西江曾是南宁最重要的出海通道，今天仍然是南宁的重要出海通道。南宁港 1994 年吞吐量 76.3 万吨，1995 年增到 81.5 万吨，增长 6.8%。目前正在进行的西江航运建设二期工程 2000 年竣工以后，南宁以下河段将能通行一千吨级船队。根据预测，2000 年南宁港的吞吐量将达到六百二十万吨，而西江的货运量将达到三千万吨以上。

综观全国省会城市，既近海，又近边，还濒临具有很高航运价值的大江，兼有"两近一沿"区位优势的，除了南宁以外，还找不到第二个。如此优越的区位大有文章可做，它使南宁在区域经济发展中有可能担当非常重要的多重角色，为南宁的崛起提供了十分难得的自然条件。

2. 南宁是西南出海通道的交通枢纽，是中国南方交通中心之一。历史上，南宁就是广西南部的水陆交通集结地。50 年代，随着湘桂铁路通到南宁和友谊关，南宁开始有了通往全国各地和国外的铁路干线；80 年代南防铁路通车，开辟了南宁的出海通道；90 年代南昆铁路建成，将使南宁增添一条通往西南腹地的铁路干线，并最终使南宁成为名副其实的铁路枢纽；正在兴建的西南地区最大的火车编组站——南宁编组站就是铁路枢纽地位的反映和标志。南宁是广西的公路交通中心，也是大西南的公路交通中心之一。在建的南北高速公路，待建的南柳高速公路，组成纵向公路干线，将成为国家规划的"五纵七横"公路主干线之一的重庆—湛江高等级公路，即 20 世纪要动工的 210 国道的组成部分，已成的南梧二级公路、南百（色）二级公路，组成横向公路干线，两线十字相交于南宁。南宁是西江的重要河港，情况已如上述，需要补充的是，通过待建的平陆运河，南宁还将能够沿西江—平陆运河—钦江径直进入北部湾。正在扩建的南宁机场，竣工后旅客年吞吐能力将从目前的五十万人次增到二百五十万人次，成为大型航空港。总之，从内地各方来的水陆空交通干线，都先集结南宁，然后出海或者出边，通向世界；反过来也一样，海外货流先汇集南宁，再分流大西南和全国各地。如果说，钦州是广西沿海地区的前方交通枢纽，那么，南宁就是广西沿海地区的后方交通枢纽，并且是总枢纽。

3. 南宁是广西的政治中心。历史上南宁一直是桂南重镇。辛亥革命以后，陆荣廷主桂期间，南宁曾一度成为广西省会。随着旧桂系的垮台和新桂系的崛起，广西省会从南宁迁往桂林。20世纪50年代初期，广西省会才从桂林迁来南宁，1958年以来南宁一直是广西壮族自治区的首府。50年代初期定省会于南宁，主要出于外交和军事方面的考虑。改革开放以后，南宁的政治中心地位同沿海地区成为广西经济发展重心不期而然地重合在一起。很显然，南宁的政治中心地位极大地增添了广西沿海地区的分量和优势，使广西沿海地区获得强大的发展动力。

4. 南宁是中国南方新兴的经济中心。1994年，南宁市国内生产总值136.1亿元，比上年增长22.5%，提前六年实现第二个翻番目标。1995年南宁市国内生产总值174.86亿元，居全广西八个地级市的首位，十五个地市的第二位，次于玉林地区。同年人均国内生产总值6456元，名列广西第三，次于柳州市和北海市。1995年南宁市工业总产值175.94亿元，居广西第二，次于柳州市的200.6亿元。

南宁市第三产业比较发达。1995年，南宁市第三产业增加值78.97亿元，比上年增长17.9%，占同年南宁市国内生产总值的45.15%，超过第一产业和第二产业的增加值。同年第三产业增加值在国内生产总值中的比例，全广西是38.55%，北海市是38.35%，防城港市是37.97%，钦州市是28.48%，南宁第三产业的比重比它们都大。

5. 南宁是广西的文化中心，是广西人才和智力最大的集结地。南宁的首府地位，使它吸附了大批著名的高等院校、科研机构、医疗机构和文艺单位，聚集了大批高层次人才，拥有解决广西建设中出现的各种问题的科学技术力能。这是南宁市十分突出的优势。

6. 南宁是广西最大的城市，正向现代化国际性城市目标迈进。1995年，南宁市区面积1834平方公里，市区人口121.96万人，居全广西八个地级市的首位。根据总体规划，南宁市规划建设面积二百五十平方公里，城区人口达到三百万人，成为一个经济文化发达、设施齐备先进、环境优美舒适的现代化城市，成为国际交往的重要中心。

7. 南宁的城市素质和知名度正在提高。1995 年，南宁市荣获全国卫生城市和全国城市环境综合优秀城市两项荣誉称号。南宁市市政建设成绩辉煌，城市功能日益完善，市容市貌日新月异。在城市建设中，南宁重视保护环境，重视绿化美化，日益显示出浓郁的民族风格和亚热带特色。南宁的园林绿化闻名全国。1995 年李瑞环视察南宁时提出的把南宁建成最漂亮省会城市的希望正变成全市人民的建设实践。过去"只知广西有桂林，不知有南宁"的状态已经改变。随着南宁综合实力的增强，"西南出海枢纽城市"的定位和城市素质的提高，使南宁声名鹊起，已经成为国内外注目的新兴城市。

大西南出海通道及防城港的
"以港兴市"战略 *

　　像一条从大西南的崇山峻岭发源，流经广西，在沿海三角洲分三支注入北部湾的大河，西南出海通道在广西沿海分别从北海、钦州、防城港等三座海港出海。论流量和实力，在目前和可以预见的未来，防城港是其中的主港和主通道。"以港兴市"是三座海港城市共同的发展战略，但共性中寓有特性，这一战略在防城港具有特殊的依据、特有的内涵和特别的意义。

一、广西：大西南便捷的出海通道

（一）广西：大西南唯一的临海省区

　　大西南是我国经济建设的一块大战略区，包括云南、贵州、四川、西藏、重庆、广西六省区市，面积264.07万平方公里，占全国总面积27.5%；1993年末总人口约2.5亿，占全国总人口的21.3%。大西南不仅地域辽阔，人口众多，而且拥有丰富资源，人均资源丰度位列全国前茅。但西南大部分地区深居内陆，地形崎岖，交通闭塞。在六省区市中，唯独广西有一隅临海——南濒北部湾，有一千五百九十五公里海岸线。同大西南的广大面积和八千六百公里长的陆地边界相比，同全国一万八千公里长的大陆海岸线相比，大西南这段海岸线显得很短，正因为如此，也显得特别宝贵。这段海岸线使西南有了自己的直接出海通道。大西南出海通道固不只广西一条，其主要者还有长

　　*　本文为广西社会科学院承担课题"防城港发展战略研究"由作者撰写的部分，1997年9月22日完稿，同年10月29日在"防城港市发展战略研究"研讨会上宣读。载《东南亚纵横》1999年第3期。

江东向通道，宝成铁路北向通道，襄渝铁路东向通道，湘黔铁路东向通道，但以广西通道距海最近，准确地说，广西是大西南最便捷的出海通道。1992年，中共中央 4 号文件提出"要充分发挥广西作为大西南地区出海通道的作用"，正式确立了广西作为西南出海通道的战略地位。

（二）广西沿海：大西南最近的出海口

包括防城港、钦州、北海、南宁四市的广西沿海地区，是西南出海通道的终端和大门，其中北海、钦州和防城港被誉为广西沿海的"金三角"（以下简称"金三角"）。早在 20 世纪初期，孙中山先生就首先看到这个地区对大西南的重要意义。1919 年，他在《实业计划》中明确提出，大西南的对外贸易，"以钦州为最省俭之积载地"，"凡在钦州以西之地，将择此港以出于海，则比经广州可减四百英里"。孙中山先生构思了建设钦州港和建设以钦州港为端点的铁路系统的蓝图。孙中山先生所说的钦州，就其广义来说，应该理解为今日广西沿海"金三角"地区，亦即"金三角"改市前的整个钦州地区。这个地区大约位于东经108°至110°之间。东经110°线基本上从大西南和大西北的东缘穿过，将中国划为东西两部。如此看来，广西沿海正好位于中国南部的正中位置，其对内辐射范围不仅涵盖大西南，而且包括中南地区西部和大西北的一部分。南昆铁路通车之前，从西南最靠北的省会城市成都，沿现有铁路到防城港的距离，比到上海近四百一十二公里，比到广州近五百一十九公里，比到湛江近三十二公里，只比到连云港远十四公里。对成都以南的重庆、贵阳、昆明等城市，广西沿海"金三角"的近距离优势更加突出。南昆铁路通车以后，西南通海里程将进一步缩短，缩短幅度大约在六百公里至八百公里之间。

二、防城港：大西南出海主通道

（一）防城港吞吐能力居"金三角"首位

目前，防城港共有泊位二十五个，其中万吨级泊位九个，年吞吐能力八百五十万吨。防城港市范围内还有京岛、竹山、企沙、白龙等一批中小港口，全市港口年吞吐能力约一千万吨。

目前，北海港共有万吨级泊位四个，年吞吐能力二百六十万吨，全市大小港口吞吐能力三百四十万吨。

目前，钦州港有万吨级泊位两个，年吞吐能力约一百万吨，全市大小港口吞吐能力合计不超过二百万吨。

据上引数字统计，目前广西沿海三个大港口总吞吐能力约一千二百万吨，防城港占其中的70%；"金三角"大中小全部港口总吞吐能力约一千五百万吨，防城港所占比例也接近70%。

（二）防城港实际吞吐量占"金三角"首位

1994年，防城港吞吐量462.5万吨，北海港214万吨，钦州港12万吨，三港合计783.5万吨，防城港占其中的58%。

1995年，防城港吞吐量462.5万吨，与1994年相比，基本上原地徘徊；1996年突破五百万吨，达508.5万吨，跨进国家大型一类港口行列；1997年上半年吞吐量304万吨，全年可望达到或超过六百万吨。

（三）在"金三角"中，防城港最早开始现代化深水港建设并一路领先

在"金三角"三个主港中，论港口历史，北海作为秦汉时期合浦港的继承者，具有两千多年的最为悠久的历史。北海港还最早开始近代化进程，1876年就被辟为对外口岸，出现了近代港口设施。钦州港次之，魏晋南北朝时期就有海外交往的记载，宋代臻于极盛，算来也有一千五六百年的历史。防城港市范围内的港口，如白龙、企沙，在古代也有海外交通特别是对越交通，至于防城港本港，在1968年以前却还名不见经传。

但是，在"金三角"中最早开始现代化深水港建设的却是防城港。1967年，国家决定在广西沿海建设一座援越港口，运输援越物资，防城港由于隐蔽性好，港口条件优越，在众多的候选港址中脱颖而出，被选中为唯一的建港对象。1968年正式动工兴建，当时所建为限于五百至二千吨的中小码头。1973年，国家提出"三年改变港口面貌"的全国性计划，广西沿海要兴建万

吨级深水泊位，这个机遇又唯一落到防城港身上，防城港开始了深水港的建设历程。1975 年，万吨级的一、二号泊位建成，新增年吞吐能力七十五万吨。这是广西最早建成的万吨级码头，防城港成为广西最早拥有万吨级泊位的现代化港口。从这时候起，防城港就一直走在广西现代化深水港建设的前头。与之比较，北海港 1984 年开始深水港建设，1986 年建成一、二号万吨级码头，比防城港晚了十一年；钦州港迟至 1992 年才开始兴建深水港，1994 年两个万吨级码头建成，又比北海晚了八年，比防城港晚了十九年。

1984 年，国家将防城港同北海港一起列为对外开放城市，防城港又迎来了新的发展机遇，迈开了更大的前进步伐。1986 年，即正式对外开放的第三年，防城港同时落成五座万吨级以上泊位，一座五千吨级泊位，其中三、四、五号泊位为 1.5 万吨级，六、七号泊位为三万吨级，新增二百六十三万吨年吞吐能力。1992 年，三万吨级的八号泊位建成，新增一百六十万吨的年吞吐能力。1996 年，零号泊位万吨级扩建工程竣工，新增三十五万吨年吞吐能力。与兴建万吨级深水泊位同时，防城港进行了作为万吨级深水泊位补充和配套的一大批中小泊位建设工程，先后有十三个中小泊位投产，其中三百吨泊位一个，五百吨级泊位二个，一千吨泊位四个，二千吨级泊位四个，八千吨级泊位一个，总共新增年吞能力一百八十万吨。

从 1986 年到 1996 年，防城港吞吐能力增长 95.4%，年均递增 6.9%，防城港的建设规模也处在"金三角"的前列。

（四）防城港具有亿吨级大港的开发潜力

防城港港口条件优越。港口所在的狭长的渔㙓岛将防城湾隔为东西两湾，具有停泊众多海轮的宽阔水域；东边的企沙半岛，西边的江山半岛，把防城港深深地围护在湾内，使港口具有良好的隐蔽性和避风条件；防城湾腹大口小的形势，形成了对港口非常有利的潮水规律：纳潮多，涨潮慢，退潮快，滚滚退潮裹挟泥沙退往深海，港口基本上无淤积；防城港具有丰富的深水资源，水深一般八米以上，东侧有一条长十四公里、深二十三米的深槽。据考察论证，防城港可建一百一十五个万吨至十万吨级泊位，具有五千万吨的可供开发的吞吐潜力。

在防城港市范围内，除防城港以外，还有一个可供开发的深水港——位于江山半岛和京族三岛之间的珍珠港，这是防城港未来发展的后备资源。"金三角"有铁山港、北海港、钦州港、防城港、珍珠港等五个可供开发的深水港，防城港市五有其二。

同北海港、钦州港一样，防城港也有发展成亿吨超级大港的港口资源潜力。

（五）防城港港口建设气势磅礴，方兴未艾

防城港九、十号深水泊位已在 1997 年 8 月 8 日动工兴建。九号为 2.5 万吨集装箱泊位，十号是三万吨级散货泊位，总吞吐能力为二百六十万吨。总投资 6.6 亿元，预计 1999 年建成。九、十号泊位建成之后，防城港的年吞吐能力将超过一千万吨，大约可以达到一千二百万吨。

十一至十四号五万吨级深水泊位建设的前期准备工作正在进行，预计2005 年以前建成，年吞吐能力为九百三十万吨。待十一至十四号泊位建成之后，防城港的吞吐能力将超过二千万吨。

十五至十九号为五至十万吨泊位，年吞吐能力在二千五百万吨以上，预计 2020 年以前建成，这样，到 2020 年，防城港将拥有四千万吨以上的年吞吐能力，成为世界级大港。

三、"以港兴市"战略的提出

防城港市 1993 年建市之后，一直实施"以港兴市"战略，并将之摆在总发展战略的领头位置。"以港兴市"同建市之前防城港区时代提出的"以港口为龙头"战略，实质上前后一脉相承，不同的是"以港兴市"是在建市以后的新情况下提出的，其背景更加广阔，内容也更加丰富。从横向比较来看，"以港兴市"并不是防城港市独有的战略，"金三角"另外两个城市钦州、北海以及国内很多港口城市，特别是新兴港口城市也都提出"以港兴市"或"以港立市"战略，这是港口城市共性的反映。但正如每个港口城市都有自己

的发展特点一样，防城港的"以港兴市"战略提出的背景及其内容也有自己的明显特点。

防城港市"以港兴市"战略的提出是基于下列的认识：

第一，基于对防城港市"先港后市"特点的认识

众所周知，和北海"港市同步"不同，更和钦州"先市后港"相反，防城港走的是"先港后市"的独特道路。防城港建港始于 1968 年，至今已有二十年历史，而防城港市 1993 年才建市，至今才有五年历史。防城港所在的渔澫岛，建港前是防城县属下一座荒僻的海边小岛，岛上只有几个小渔村。建港之初曾有人悲观地摇头叹息："这么一块死角能有什么作为？"由于国家的全力支持和建设者的艰苦奋斗，具有优越地理位置和港湾条件的防城港一经诞生，就充满着旺盛的活力，一开始就获得了唯一的援越专用港口的殊荣，接着又获得广西第一个拥有万吨级泊位深水港的殊荣，二十年来还一直享有广西最大海港的殊荣。1984 年，防城港对外开放。在国家开列的十四个沿海城市名单上，"北海市（含防城港区）"一栏特别令人注目，更令局外人不解，因为防城港并不属于北海，相离也很远。防城港早在 1975 年就建成了最初的两座万吨级码头，更多的万吨级和万吨级以上泊位正在兴建，而当时的北海还没有一座万吨级泊位。但防城港先天不足，没有城市依托，有港无市。1990 年代初期，防城港已经发展成年吞吐量几百万吨的著名港口了，仍只能以"防城港区"这个草创时期的名称，在只有十五平方公里面积的渔澫岛的"小笼子"里艰难地运作，这是防城港的历史遗憾。防城港需要城市依托，防城港呼唤并推动防城港市的建立。1993 年，在防城港建港二十五年之后，防城港市正式建立，从而开辟了新的发展局面。

历史已经证明：有了防城港，才有防城港市；正是渔澫岛上那些不断增加的港口码头产生的聚集效应，由近及远，首先使荒僻的渔澫岛变成繁荣的市区，接着拉来了邻近的防城县、上思县和东兴市，将一个拥有六千多平方公里面积的地级市凝聚在自己周围。建市以来的事实已经并将继续证明：防城港的发展，必将推动防城港市的全面繁荣。这是"以港兴市"战略提出的历

史依据。

第二，基于对防城港战略地位的认识

广西是西南便捷出海通道，广西沿海"金三角"是西南出海通道的门户。由铁路、公路、水路、航空组成的西南出海通道交通系统，从多个方向进入广西、先在南宁集结，然后汇成一路通往"金三角"，到钦州后再分三支，西南通向防城港，正南通向钦州港，东南通向北海港。论与内地的距离，钦州港最近，防城港次之，北海港最远，相互间有数十公里的差距。从现代远程交通运输的观点看来，这点里程差距很小，可略而不计。海港是海陆交通接合点，处在同一条通道上的港口，一般来说，陆近则海远，海远则陆近。因此，没有必要过分强调几十公里的差距。在北海、钦州和防城港三支出海通道中，防城港之所以是主通道，是因为防城港目前具有最大的运量和运力。这是历史形成的优势，防城港最早得到发展的历史机遇，不仅深水泊位建设最早，而且内联铁路也建成最早。1983年直通防城港码头的南防铁路建成通车，而钦北铁路1995年、钦州—钦州港铁路1996年才建成。南防铁路把防城港同包括西南在内的内地最早连接起来。可以说，南防铁路的建成是防城港成为西南出海主通道的时间标志。从此以后，防城港在港口建设、港口吞吐能力、港口实际吞吐量等衡量港口地位的几个方面，一直走在"金三角"的前头。

"以港兴市"战略的提出，正是基于对防城港作为西南出海主通道战略地位的认识。

第三，基于对防城港发展前景的认识

防城港由于港口条件优越，经过二十多年发展，已经积累了相当雄厚的港口物质基础，因而受到国家的重视。早在1980年代，防城港就被列为全国十九个枢纽港之一，当时防城港吞吐能力在华南沿海仅次于黄埔港和湛江港，列华南第三大港。后来由于广东经济和港口以更大的势头发展，很多港口超过了防城港，但防城港在华南沿海港口群中依然站在前列。至于邻近的钦州港和北海港，也都有优越的港口条件和独特优势，也都在着力建设港口，有可能通过超常规发展，将来赶上并超过防城港，从而导致主通道的转移，这种情况在港口史上古今中外都有，屡见不鲜，防城港本身也正是利用机遇，通过超常规发展而成为广西第一大港的。但防城港毕竟已经领先了相当远的距离，又始终保持着旺盛的发展势头，将"金三角"各自制定的远景规划进行参照对比，可以预计，至少在 21 世纪 20 年代以前，防城港仍将继续保持"金三角"第一大港的地位。

"以港兴市"战略的提出，正是基于对防城港发展前景的预见。

四、"以港兴市"战略的实施

（一）将港口建设放在中心地位

防城港建市之前的"防城港区"时期，辖区仅限于港区所在的十五平方公里的渔澫岛，中心任务就是建港，其他工作几乎都是港口工作的配套和延伸，紧紧围绕着中心进行，港口工作算得上是"压倒一切"。

建市以后的防城港，面积从十五平方公里扩大到六千三百平方公里，人口从 2.76 万增加到 72.87 万。从地理条件来说，不但临海，而且沿边；从经济来说，一、二、三产业部门齐全。工作的面扩大了，量增加了，百业俱兴，头绪繁杂，往昔港口"一柱擎天"的旧局面骤然变成今日工业、农业、商贸、旅游等部门"多柱擎天"的新局面。面对新的情况，需要对港口的战略地位来一次重新认识。需要清醒地看到，防城港发展的根本特点并没有变化，港口仍然是决定防城港市发展方向、发展速度的根本，是带动各项工作的龙头，是防城港市工作的中心。"以港兴市"理应摆在发展战略的首位。

（二）以港口建设牵动经济的全面发展

港口建设是一项牵动面很广的系统工程。防城港的港口建设已经并将继续有力地牵动所有产业的全面发展。

港口建设将直接牵动交通运输业的发展，连接内地的铁路、公路、航空必将与港口同步建设，同步完善。其中首先要提高南防铁路的运力。南防铁路原设计年运力六百万吨，显然难以满足南昆铁路通车后大货流的要求。需要建设电气化复线，将年运力提高到二千万吨以上，这样才能在运力上同南昆铁路相衔接。

港口建设将直接牵动建筑业、建材工业以及有关的服务业的发展。

港口建设必将牵动工业的发展。港口将吸引来自国内外的资金、技术、设备和原料，借助港口运输之便，临海建厂，再将产品销往国内外。防城港的马来西亚新海油脂厂就是其中一例。

港口建设必将带动旅游业的兴旺。防城港市拥有独具魅力的丰富旅游资源。港口发展带来的财政收入为景点开发提供资金；另一方面，港口所吸引来的人流又为旅游业提供基本客源。

港口建设必将牵动城市的兴起。港口需要城市依托，防城港特别需要具有相应规模的城市依托，目前挤在渔澫岛上的小市区同年吞吐量五六百万吨的港口相比，犹如一个大汉长期坐着一把童椅，早已严重失衡。这个矛盾，只有在加快港口建设的进程中求得逐步解决。因为只有港口才能为城市建设引来四面八方的投资者，筹集足够的建设资金。

（三）以港口建设来扩大防城港的对外联系

防城港市的发展目标是建成一个国际性的现代化海港城市。港口是达到这个目标的途径，港口规模越大，城市就越具国际性。港口把一束束经济联系的纽带朝内外两个大方向抛出，对内联系以大西南为核心的中国中西部，对外联系海路所能通达的世界各个地方，把防城港变成衔接内外两个辐射扇面的枢纽。

目前，防城港市已从建港初期只同越南北部港口有海运联系发展到同世界各地港口有货轮往来，初步展现了国际性港口的风貌。随着港口建设的发展，防城港今后的海外联系，必将不断朝广度和密度两方面扩展。

（1）扩大同包括港澳台在内的中国沿海地区的联系。大西南很多地区同港澳台和长江以南沿海省份的联系，经防城港出入是极佳路线选择。以昆明到上海的货运为例，沿南昆、南防两铁路到防城港，转海运到上海，比沿贵昆、湘黔、浙赣三条铁路全程陆路到上海，不但由于海运运费低，节省了运费，而且还可以避开上列三条铁路干线运力紧张的局面。至于到华南沿海的港澳和其他港口，防城港的转运优势更是明显。

（2）扩大同东南亚的联系。东南亚包括十个国家，总面积四百五十万平方公里，总人口 4.5 亿，富有资源和发展潜力，是世界经济发展最快的地区之一，目前正朝区域经济一体化的目标前进，包括东南亚十国在内的"大东盟"正接近完成。东南亚是防城港国外联系最近的地区，是防城港国外联系的第一圈，双方往来比较密切，例如新海油脂厂每年都要从马来西亚运进数十万吨棕榈油提炼，防城港同越南海防港有定期货运班轮往来。东南亚经济的蓬勃发展和"大东盟"的形成，为防城港带来很好的机遇。防城港需要计划逐步建立通往胡志明市、曼谷、新加坡、巴生、雅加达等东南亚著名港口城市的货运班轮航线。

（3）扩大同东北亚的联系。东北亚包括日本、韩国、朝鲜和俄罗斯的远东地区，经济实力目前远远超过东南亚。日本、韩国同中国南方和西南的经贸联系日趋密切，防城港同东北亚的交往前景广阔。

（4）扩大对南亚和中东的联系。南亚包括南亚次大陆上的印度、巴基斯坦、孟加拉等国和印度洋上的斯里兰卡等国。南亚次大陆同中国西藏毗邻，同云南相距很近，但隔着高山深谷，陆路交通困难，从西南腹地到南亚，在连接双方的铁路修通之前最佳路线是取海路，最近的出入港是包括防城港在内的广西沿海三港。印度富产铁矿，我国西南的大钢铁厂需要印度铁矿石，为防城港同印度的航运提供了良好机会和大宗货源。中东是世界最大的石油产地，在防城港建立大炼油厂，运进中东原油炼制，这是防城港工业发展的一项重要规划。防城港港口建设将为实现这项规划提供运输保证。

（5）扩大对非洲的联系。非洲是经济比较落后但潜力巨大的大陆，近年发展加快，1996 年取得超过亚洲的经济增长率。在我国外贸多元化，实行全方位、宽领域开拓的战略格局中，非洲是当前着重开拓的市场。防城港是中国距离非洲最近的海港之一，有可能在对非洲的贸易中大有作为。

（6）扩大对大洋洲和拉丁美洲的联系。澳大利亚近年提出"融入亚洲"的口号，着力加强同包括中国在内的亚洲国家和地区的往来。拉丁美洲同样是潜力巨大、有待开拓的市场。巴西和澳大利亚的铁矿石是我国钢铁工业的主要海外来源，分别居我国铁矿石输入的第一位和第二位。重庆钢铁公司、柳州钢铁公司都要从巴西和澳大利亚运进大量铁矿石，防城港是大西南所需海外铁矿石最近便的进口港之一。

（7）扩大对欧洲、北美的联系。欧洲、北美是当今世界经济最发达的区域，目前世界七大工业国有六个——美国、加拿大、德国、英国、法国、意大利——集中在这里。欧洲、北美是中国传统的重要贸易对象。大西南对欧美的贸易运输大多由中国香港中转。随着防城港港口条件的改善和吞吐能力的增强，经香港中转的货物有可能改从最近便的防城港直接进出。

大港口是防城港市的生命线。防城港市随防城港的兴起而兴起，也必将随防城港的繁荣而繁荣。坚持不懈地开发防城港的港口资源，不断扩大防城港的吞吐能力，必将得到最丰厚的回报——一个全面繁荣的国际性现代化港口城市。

突出特色，循序渐进，构建北部湾
经济合作机制 *

随着北部湾经济合作研究的深入，合作机制问题亦即合作的组织机构和运作方式问题正日益突显其先行性和重要性。这里打算从北部湾区域实际的分析入手，对建立北部湾经济合作机制问题略陈管见。

从实际出发

作为区域经济一体化产物的经济合作组织，在世界范围内不断出现。这些组织范围大小不同，层次高低有异，组织形式多样，总之由于基础不同而各具特色。北部湾经济合作亦不例外，它将建立与自己的情况相适应的合作机制。

2004 年，中越两国总理共同提出建立包括北部湾经济圈在内的"两廊一圈"的创议。从那以后，北部湾经济合作一直得到中越两国最高领导层的关怀和支持，自上而下层层推动，具有战略高度和旺盛势头。这是北部湾经济合作的最大优势。

北部湾区位优越，机遇叠加。北部湾处在中国和东南亚的交接处，是中国大西南最近的出海口。北部湾区域包括在中国—东盟自由贸易区、泛珠三角等多个经济合作的框架之内，与"两廊"合作互为表里，面临多重机遇，获得多重动力。这是北部湾经济合作的独特优势。

---

* 本文为作者参加广西"两廊一圈"课题组完成的阶段性成果之一。载《广西日报》2006 年 9 月 21 日第六版。

北部湾经济合作具有多层面的特点。北部湾十二万平方公里海域，分属中越两国。东面是中国的海南和广东，北面是中国的广西，西面是越南的临湾省市，南面连接广阔的南海，遥望菲律宾、印尼等东南亚国家。北部湾经济合作包括国际、国内、省区内等三个层面。

北部湾区域具有地理多元化的特点，涵盖海湾、海岛、半岛、大陆等部分。广阔的空间，多元的自然环境，孕育着多样的资源和产业，有利于开展广泛的经济合作。

北部湾属经济欠发达地区，经济关联度低。广西属中国西部，湛江属广东欠发达的西部，海南经济总量还不大，越南临湾地区的发展水平也不高。在这种情况下，北部湾各方之间经济联系薄弱，很多地方相互之间至今还没有经济往来。这是北部湾经济发展根本性的先天不足。

受经济水平普遍低下的制约，北部湾区域至今还没有形成一个其实力足以影响各方、统领全局的经济中心城市（如同长三角的上海，泛珠三角的香港、广州、深圳，环渤海的天津、大连那样）。没有龙头自然也就相应缺乏区域经济的向心力。这是北部湾经济合作的又一先天不足。

北部湾区域普遍缺乏经济合作的积极性，合作共赢的意识淡薄。早在2000年，中国的环北部湾地区就成立了经济合作组织。当年10月，广东的湛江，海南的海口和东方，广西的北海、钦州和防城港等临湾城市，加上湛江港务局和柳州铁路局，派代表聚集湛江，共同宣告北部湾经济合作组织成立，决定在湛江设联络处，作为常设办事机构，规定每年召开一次成员大会，由成员市轮流承办。成员大会举行过三次，后来轮值承办市因故停办，一直中断至今。联络处成立以后，在艰难的条件下，开展了一些活动，但多半限于联谊性质，在经济合作领域，连协调作用都难以发挥。笔者最近随北部湾经济圈课题组访问了一些环湾和邻近城市，曾多次听到诸如"我们跟北部湾经济联系不多""我们不属北部湾经济圈"等议论。

北部湾部分新兴产业雷同，竞争大于合作。近年来北部湾城市竞相兴建大型石化工业和林浆纸工业。如果说石化工业所需原油主要来自国外，原油之争短期内还不会出现的话，林浆纸工业所需原料则主要来自国内的环湾省区，原木之争估计将登上经济舞台。

循序渐进

从北部湾区域现实出发，北部湾经济合作既遵循区域经济的共同规律，又应充分体现自己的个性和侧重点。

平等自愿。任何区域经济合作，都必须在保持参加者独立性的前提下，在平等自愿的基础上进行。这一原则对由两国多方参与的北部湾经济合作尤其重要。

互利共赢。这是任何区域经济合作的出发点和归宿。在经济合作中，在权利义务均等的前提下，任何一方的权益都不会受损，只会从合作中受益；任何一方发展经济的积极性都不会受挫，只会从合作中更加焕发；没有输家，都是赢家，通过合作将会实现共同的更快的发展。

异中求同。不同的事物，相异是绝对的，相同是相对的，合作的真谛就是异中求同。区域经济合作的任务就是在承认、尊重各方特性和利益的基础上，努力寻求当前和长远的共同利益，亦即找到各方利益的结合点，在利益结合点上进行合作。

循序渐进。历史证明，任何区域经济合作——不论是经济发达区域，还是欠发达区域，或者两者皆有的区域——都是一个历史过程，从松散到严密，从初级到高级，与经济发展同步俱进。当前国际区域经济合作发展程度最高、其基本成员属发达国家的欧洲联盟，其发展已有半个多世纪的历史；由发展中国家组成的东南亚国家联盟，也已有近四十年的历史。作为欠发达区域的北部湾，经济合作正待起步，其起始阶段的组织机构可能比较松散，其运作方式可能较有弹性，需要有长远的战略眼光，循序渐进，不能操之过急，假以时日才能水涨船高。

框架设想

北部湾国际经济合作组织

（一）中越两国领导人关于北部湾经济合作的定期会晤，这是最高决策机制。

（二）中越两国环湾省区市领导人定期磋商，并成立北部湾经济合作委员会作为最高执行机构，贯彻两国领导人的决策，讨论并推动具体合作事宜。

（三）常设办事机构，住地由两国商定。

北部湾国内经济合作组织

（一）广东、海南、广西三省区领导人的定期会晤。这是北部湾国内区域经济合作最高决策机制。

（二）北部湾国内环湾城市领导人定期磋商。保留并充实加强现有的北部湾经济合作组织，作为北部湾国内区域经济合作的最高执行机构，以贯彻三省区领导人的决策，讨论推动具体合作事宜；保留并加强现有的北部湾经济合作组织联络处，继续作为常设办事机构，处理日常事务。

（三）北部湾经济合作组织及其常设办事机构继续设在湛江。湛江目前是北部湾最大的港口城市，位于广西和海南之间，临北部湾和南海，位置适中。作为北部湾经济合作组织 2000 年成立以来一直挂靠的城市，湛江为北部湾经济合作作出了很大贡献。

北部湾省区内经济合作组织

广西将包括南宁在内的北部湾区作为开发开放的重点区域。2004 年，广西启动沿海基础设施建设第一期工程；2006 年 3 月，正式成立北部湾（广西）经济区规划建设管理委员会，统一规划、统一管理北部湾区的建设。2006 年 7 月，又启动规模更大的总投资近六十亿元的第二期工程。北部湾广西区的经济已经进入快速发展的新时期，与此同时，北部湾广西区的经济合作正朝统一规划、统一建设、统一管理的区域经济一体化的高级阶段前进。

北部湾将以创新的富有区域特色的经济合作机制，为构建北部湾经济圈，为北部湾的整体繁荣提供强大的动力。

广西沿边

走进美丽神奇的广西边境 *

打开地图，我们可以清晰地看到，广西边境地区犹如从北部湾西向云贵高原跃起的飞龙，以其美丽神奇，从古至今引人注目。

广西与越南接壤，陆地边界东起东兴市北仑河口的竹山，西至那坡县的各达山，全长六百三十七公里。作为我国陆地边界的南起始段，其长度约占全国总长二万二千八百公里陆地边界的 2.8%；作为中越陆地边界的东段，约占总长一千三百四十七公里中越陆地边界的 47%。

广西边境地区由临边的那坡、靖西、大新、龙州、凭祥、宁明、防城、东兴等八个县（市、区）组成，总面积一万八千平方公里，占广西总面积的 7.6%；总人口二百四十二万，占广西总人口的 5%，其中 80% 以上是以壮族为主体的少数民族，远远超过少数民族在广西总人口中所占的 38% 的比例；东兴市的江平镇，是中国唯一的京族聚居地。

广西边境地区是一块不寻常的土地。这里有美丽的风光、神奇的历史和多彩的民俗，对祖国作出过特殊的巨大奉献，又因长期战争而贫弱，因长期封闭而落后，是"老、少、边、山、穷"集于一体的典型，需要特别的关注与支持，需要加速发展以赶上已行驶到前方的现代化列车。

---

* 撰于 2003 年 6—7 月。载（桂林）《旅游研究与实践》2003 年第 4 期，《广西文史》2004 年第 1 期。入选《第二届中国—东南亚经济合作论坛暨中国东南亚研究会第七届年会论文集》，中国东南亚研究会、广西社会科学院编印，2006 年 12 月，南宁。

这里的山水闪烁着奇光异彩

广西边境地区多山地丘陵，是广西盆地隆起的西南边缘，属西江流域，大小河流从边境甚至从越南向内地汇入右江、左江。左江是边境地区最大的河流，其上游平而河、水口河从越南入境，在龙州县城汇合后称左江。左江河谷深切，河道弯曲，通航历史悠久，历史上是中越之间重要的水运通道。

广西边境地区广泛呈现喀斯特地貌，青山绿水，奇峰异洞，美似桂林，靖西就有"小桂林"之誉。靖西县城近旁的宾山、大龙潭、鹅泉，山川秀丽，而位于县城东南三十公里的通灵大峡谷，则神秘雄奇。靖西为古归顺州所在地，是壮族历史文化中心之一，靖西绣球名扬中外，靖西县壮族博物馆是全国唯一的以壮族为名的博物馆，来自国内外的参观者络绎不绝。

德天瀑布是大自然在边境地区造就的又一杰作，已经成为当前的旅游热点，因位于大新县硕龙镇德天村而得名。中越界河——归春河从靖西发源，流到这里以后，遇三层叠崖，分三级涌落崖底。瀑布宽一百二十米，垂直高度六十米，夏天势如排山倒海，声似空谷响雷；冬天又像素绢飞落，纤秀妩媚。德天瀑布具有可亲近的特点，人们可以就近感受它的亲切平和。

广西边境地区位于北回归线以南，属亚热带季风气候，热量充足，雨水充沛，加上山多林密，大自然在这里孕育了丰富的动植物资源。这里是国家一级保护动物黑叶猴、白头叶猴，国家二级保护动物蛤蚧、冠斑犀鸟、国家一级保护植物金花茶、擎天树，国家二级保护植物金丝李、蚬木及"蚬木王"等特有珍稀动植物的故乡。弄岗国家级自然保护区就是包含上列珍贵动植物在内的生物宝库和科研基地，它位于龙州和宁明之间，总面积十五万亩，登高极目，只见林海起伏，遥接天际，林海中有植物一千二百八十二种，动物一百二十三种，堪称亚热带石灰岩地区的动植物王国。防城国家级金花茶自然保护区则是金花茶最大的家园，1933 年发现的有"茶族皇后"之誉的金花茶，在这里享受国家的特殊保护并向全世界展示自己的生命价值。

广西边境地区还蕴藏着闻名于世的矿物资源。大新县雷锰矿是中国锰矿贮藏量最大的矿山，保有储量一亿三千万吨，年产锰矿石四十万吨，是广西最大的锰矿产地，产品供应全国各地。

这里的历史演绎着惊世传奇

两千多年来，历史在广西边境地区演绎着许多惊世传奇，留下了光芒四射的历史文化瑰宝。

广西边境地区是壮族先民的住地。他们在这里繁衍生息，在左江流域绘制了大量的表现自己生活场景的崖画，至今还留存七十多处，分布在龙州、宁明、崇左、扶绥、大新等县，绵延二百多公里。其中以宁明县左江支流明江东岸的花山崖画为典型代表。在临江的一面宽大崖壁上，密布着一千八百多个红色画像，画面宽二百二十一米，高约四十米。画像包括人物、动物、器物三类。人物双臂向两侧平伸，曲肘上举；双腿打开，弯曲半蹲；腰间横佩长刀或长剑；最大的人像达二米以上。动物主要是跑动的狗。器物主要有刀、剑、铜鼓和羊角纽钟。画面之宏大，图像之众多，风格之粗犷，表现之独特，举世罕见。1988 年被列为国家重点文物保护单位。由于没有留下相应的文字记载，这些崖画绘制于什么时候，谁画，为什么画，画中人是谁，他们正在做什么，这么高的临江悬崖怎样上去作画，流传这么久不褪色用的是什么颜料，等等，长期以来都是难解的历史之谜，众说纷纭，歧见纷出。例如年代问题，最早的定于春秋战国，最晚的定于晚清，两者相距两千多年，其间还有多种说法。左江崖画自从 1953 年被发现以后，研究者先后组织了多次考察，最近一次在 1985 年。这一次考察规模空前，组织了十四个学科的专业人员，使用了包括碳十四测定法在内的众多先进手段，考察遍及七十多处崖画，成果也空前丰硕，对一些问题形成了比较一致的看法，如年代问题多数学者已倾向于战国说。但这团巨大的历史之谜并没有消失，左江上空依然浮动着神奇的色彩。

侬智高率领的壮族起义是 11 世纪中期席卷中国南疆、震惊北宋王朝的历史风暴，风暴之源就在今天的广西边境地区。侬智高的故乡和起义地点都在今天的靖西境内。他的父亲侬全福领导反交趾统治起义，被交趾统治者捕杀，侬智高和母亲被掳到交趾，后被放回。1052 年，侬智高在今靖西安德率众举行既反交趾也反宋朝的起义，建"南天国"，称"仁惠皇帝"；以五千部众攻破横山寨（今田东平马），势如破竹沿江东下，克邕州，改称"大南国"；接着连破沿江诸州，直抵广州城下，这时队伍已增至五万；围广州五十七天不克，旋经粤北回师邕州；后在昆仑关为宋将狄青所败，被迫转入云南，1055 年在大理被杀，起义最终失败。侬智高的身世和起义的经历充满着传奇色彩，他在广西边境和其他地区留下很多传说和遗迹，侬智高和他领导的起义长期以来是学术界争论的热点。关于起义的性质就有肯定和否定两种截然相反的看法。但历史事实昭示，侬智高是历史上的壮族领袖和英雄，侬智高起义具有反侵略和反压迫的双重正义性质。

16 世纪中期，广西边境地区又出现了一段惊世的历史传奇，传奇的主人是一位壮族抗倭女英雄——瓦氏夫人。瓦氏夫人（1498—1557）原名岑花，归顺州（今靖西）知州岑章之女，嫁田州（治今田阳）土官岑猛，改姓瓦。明嘉靖年间倭寇猖狂攻掠东南沿海，兵部尚书张经前曾率兵征讨岑猛，深知"俍兵"（广西土官武装）骁勇善战，特下令田州土官领俍兵赴江浙抗倭。当时田州土官、瓦氏夫人曾孙岑大禄、岑大寿年幼，瓦氏夫人不顾自身年近六十，不计丈夫和儿子被官军击杀的前嫌，挺身而出，毅然出征。1554 年 9月，瓦氏夫人率六千俍兵出发，水陆兼程，次年春赶到江浙抗倭前线投入战斗。瓦氏夫人身先士卒，屡立战功，王江泾一役歼敌多达三千余人，被军民誉为"石柱将军"，被嘉靖皇帝封为二品夫人。1556 年因病回乡，翌年病逝。

广西边境地区由于区位和地形特殊，历史上曾是绿林强者啸聚之地。旧桂系首领、一代枭雄陆荣廷就是在龙州一带发迹的。陆荣廷（1859—1928），武鸣人，幼时家穷，靠行乞佣工为生，后到龙州落草，被招安后因缘时势，一路攀升，官至广西提督、都督，直至两广巡阅使，雄踞南方十年。可以说陆荣廷复杂的一生及其所演绎的广西近代传奇，也是在广西边境地区拉开其序幕的。

这里曾燃起令风云变色的正义战火

鸦片战争以后，帝国主义国家纷纷入侵中国，边疆全线告急。法国占领越南并以之为跳板入侵中国南方，广西边境地区首当其冲。刘永福和冯子材这两位爱国英雄相继在这里举起反侵略战争的旗帜，并取得震动中外的胜利。

还是在靖西县安德镇，八百年前侬智高宣布起义的那个古镇，1865 年刘永福开始组建一支日后叱咤风云的起义队伍，以安德北帝庙北帝神像手执的七星黑旗为军旗，称黑旗军，随后转入越北保胜（今老街）据地自立。其时法国两次侵占河内，刘永福应越南王朝之请率黑旗军抗法，1873 年在河内西门外罗城大捷，全歼法军并击毙法军司令安邺。1883 年又在河内城西纸桥大捷，打死法军司令李威利和副司令韦鹭。法国政府闻讯惊呼这是法军"远征的惨痛结局"，是对法国威信的"严重打击"。越南王朝则因功封刘永福为"三宣提督"。清朝政府也从过去诬之为"盗匪"转变到称之为"边徼干城"。甲午战争期间，1895 年，时任广东石碣镇总兵的刘永福被清廷调任台南总兵，又率领黑旗军渡海赴台抗日，在台湾义军配合下血战五个月，毙伤日军三万余人，击毙日寇精锐近卫师团师团长、中将能久亲王，旅团长、少将山根信成。这支创建于广西边境地区并以壮族农民为主体的爱国劲旅，连续重创两个帝国主义侵略者，堪称近代反侵略战争史上的奇迹。

中法战争期间，冯子材指挥中国军队取得的镇南关大捷是抗法战争的辉煌胜利。中法战争爆发以后，年近七旬、曾任广西提督的告退老将冯子材（1818—1903）被清廷重新启用，率军开赴镇南关前线布防。1885 年 3 月，法军从越南长驱直入镇南关，冯子材诱敌入关，在关后山谷浴血奋战两昼夜，歼敌一千多人，接着出关追击逃敌，攻克谅山，重伤法军统帅尼格里，军锋直指北宁，河内、海防震动，法国茹费理内阁闻讯倒台。但清朝政府却在大胜后向战败者求和签约，承认法国占领越南，创下战争史上罕见的昏聩与荒唐之举。

中法战争以后，镇南关大捷的副将、时任广西提督的苏元春，主持构筑广西边防工事体系，其中镇南关城墙炮台以及作为边防指挥中心的龙州小连城，至今仍巍然屹立，昭示着中国人民的英雄气概和中国壮丽的边塞风光。

辛亥革命时期，广西边境地区又成为孙中山先生直接领导的革命策源地，相继燃起三次反清武装起义的战火：防城起义（1907 年 9 月）、镇南关起义（1907 年 12 月）、钦防上思起义（1908 年 3—5 月）。1907—1908 年反清起义形成高潮，在不到一年的时间里，孙中山发动了六次起义，广西边境地区这三次起义就占了其中的一半，并在地域和时间上组成东起潮州黄冈起义（1907 年 5 月）、西至云南河口起义（1908 年 4 月）这一起义链条上的中间环节。为了发动中越边境起义，孙中山特设领导机关于越南河内，派黄兴、黄明堂、王和顺到前线指挥。在镇南关起义中，孙中山亲临战地，登上起义队伍攻占的右辅山三炮台。这些起义虽然都失败了，但却为 1911 年武昌起义推翻清朝的胜利铺垫了道路，为广西边境地区留下了革命的光荣。

新民主主义革命时期，大革命失败后，在中国共产党领导下，广西边境地区是首先发动武装起义、建立红军和工农革命政权的地区之一。1929 年 7 月，中共中央代表邓小平秘密抵达广西，同李明瑞、张云逸、俞作豫等人一起，进行武装起义的准备工作。同年 12 月首先发动百色起义，成立红七军，建立包括十六个县在内的右江革命根据地；1930 年 2 月又发动龙州起义，成立红八军，建立包括十二个县在内的左江革命根据地，同右江革命根据地互为椅角连成一片，掀起了热火朝天的革命高潮。同年 3 月，敌人调集重兵首先进攻龙州，红八军经过浴血奋战后撤出龙州，部分在艰苦转战中失散，部分转入右江地区与红七军会合，1931 年 7 月转战到江西，和中央红军会师。

近现代在广西边境地区燃起的反侵略、反压迫的正义烈火染红了祖国南天，激荡了历史风云，并且同 19 世纪两位爱国英雄刘永福、冯子材，同 20 世纪两位革命伟人孙中山、邓小平的英名和业绩紧紧联系在一起。

这里是最早对外开放并最早开始近代化进程的地区之一

帝国主义通过鸦片战争及随后历次侵华战争，用炮火强行打开中国大门。按照近代广西省界，龙州是广西最早开埠并首先进行近代化尝试的城市。

中法战争结束不久，1887 年龙州开埠，1889 年正式成立龙州海关。龙州开埠十年后，1897 年梧州开埠；二十年后，1907 年南宁开埠。在近现代历史上，广西最大的水路口岸是梧州，龙州则是最大的陆地口岸。

自古以来，龙州通过左江联系国内外。开埠不久，1891 年龙州成立邕龙车渡公司，这是广西最早的近代航运公司。1897 年，龙州水文站建立，这是广西最早的水文站，比 1899 年成立的梧州水文站要早两年。1898 年，龙州修建航运码头；南宁 1905 年才开始兴建码头。

龙州修筑了广西第一条铁路——龙镇铁路（龙州—镇南关）。龙州开埠后，法国要把河内至谅山铁路伸进龙州，并打算延至南宁。1896年，全长七十五公里的龙镇铁路动工；由清朝出钱，法国公司承包；路基已经成形，车站已经建起，因1900年义和团运动爆发而中途停工，法国转而修筑滇越铁路。

龙州修建了广西的第一条公路——龙镇公路（龙州—镇南关）和第三条公路——龙水公路（龙州—水口关）。龙镇公路全长五十五公里，1906年动工；龙水公路全长三十三公里，1919年修建。而作为广西第二条公路的邕武公路（邕宁—武鸣）则修于1915年，全长四十二公里。

龙州是广西最早开通邮电的城市之一。中法战争期间，为了传递军令军情，1883年有线电报从广州接向龙州，1884年竣工通话，这是广西最早的有线电报线。1896年，龙州建立了广西最早的邮政局。1919年，龙州邕宁间开通长途电话，这是广西最早的长途电话线。

龙州创办了广西第一家近代兵工厂——龙州制造局。1899年由广西边防督办苏元春创办，厂址在龙州城外，机器从德国克虏伯工厂购进，制造子弹，修理枪炮，为边防军服务；1914年陆荣廷拆迁到南宁另建新厂。

龙州是广西最早设立银行的城市之一。1908年广西巡抚张鸣岐奏准在桂林设立广西银行，在梧州、南宁、龙州等城市设立分行，1910年各行一齐开业。

龙州亦很早受到近代文化教育的熏陶。1905年成立的龙州学社是清末广西边境地区知识分子的学术团体，倡导新学，讨论国是，选送留学生出省出国学习，曾促成龙州、靖西、宁明等边境地区数十人到日本留学。1907年成立的龙州边防中等实业学堂，是壮族地区建立最早的中等专业学校，开设农业、林业、蚕业等科，为发展地方经济服务。

时至20世纪30年代，在广西航空事业初创时期，龙州依然受到青睐。1933年，广东民航公司开辟广邕航线（广州—南宁），后由两广合资开办的西南航空公司经营并延伸到龙州，1936年又由龙州延伸至河内，成为中国第一条国际航线。

以龙州为中心的广西边境地区近代化进程创造了历史的辉煌，虽然只是昙花一现，但给我们留下了许多宝贵的经验和教训，特别是增强了我们对建设广西边境光明未来的信心。

这里见证着中越两国人民的深厚友谊

中国与越南山水相连，双方边民邻里相望，语言相通，风俗相同，族缘相近，自古以来互走亲戚，密切往来，结成了深厚的情谊。

在中越两国悠久的历史关系中，边境贸易是一棵茂盛的常青树。双方边民通过边贸互通有无，满足生活生产需要，促进经济发展。即使像 20 世纪 70 年代末开始的中越关系恶化时期，双方边贸仍若断若续。早在 1983 年，中国政府就重新开放部分边贸点，越南边民冒着仍然存在的危险，往往半夜离家，避大路，走小径，三三两两，小孩也跟在大人背后，背着自家的土特产，前来换取自己急需的用品。双方边民在临时开辟的山间草地上，边买卖边拉家常，互诉久别的思念。1980 年代末双方开放边界后恰临 1989 年春节，正月初一那一天，两国边民不约而同涌过边界，到对方那里去共度佳节。在边界东段北仑河畔，成千上万的双方边民冒着料峭春寒，赤脚蹚过齐腰深的河水，隔河相望的东兴和芒街，顿时化成友谊的海洋，1989 年春节，成了中越边民久别重聚的盛大节日。1991 年中越关系全面正常化以后，渠道全面畅通，通过边界的人员、物资，似不断上涨的春水相互对流。广西边贸额 1989 年是四亿五千万元，2001 年已上升到三十七亿元。其中凭祥十六亿元，占 43%，居首位；东兴八亿元，占 21%，居次位；防城区七亿元，占 19%，列第三。凭祥和东兴是目前广西边境两个最大的中越陆地通道。

广西边境地区是越南人民革命斗争年代的后方基地。越南革命者在这里从事革命活动，培训革命队伍，积聚革命力量，通过这里同中国和世界联系，取得中国和国际援助。靖西和龙州是其中最重要的两个通道和基地。1954 年越南抗法战争胜利、日内瓦协议签订以后，在越南北方社会主义建设和抗美战争时期，友谊关和防城港又成为最重要的中国援越物资输送通道。

胡志明主席曾长期在中国从事革命活动，同广西边境地区结下深缘。抗日战争时期，胡志明第二次到中国。1939 年底为了同越南国内党组织派来的代表接头，胡志明从桂林到龙州，住了三天重返桂林。1940 年，胡志明和印支共（越共前身）决定把越南革命活动中心转移到广西边境地区，胡志明离桂林到靖西，同国内来的长征等人会合，在靖西成立以他为主席的越南民族解放委员会，并举办越南干部训练班。1941年2月8日，胡志明由靖西回越南，在毗邻靖西、那坡的越南北坡召开印支共中央八次会议，这是胡志明1912年二十二岁时离越赴法后第一次回国。1942年8月，胡志明从北坡重入靖西前往重庆会见以周恩来为首的中共代表团，由靖西不满二十岁的青年杨涛陪同上路，途中在天保县被捕，被押往桂林，一起饱受牢狱折磨；一年后胡志明在柳州出狱，杨涛在柳州病死。1944年8月胡志明离柳州，经龙州水口关回越南北坡，其后又多次进出广西边境。1950年1月，胡志明再从水口关进入广西前往北京，秘密访问刚刚诞生的新中国。接着在中国援助下，越南人民先后发动边界战役和奠边府战役，1954年取得抗法斗争的最后胜利。

胡志明主席和越南革命者把广西边境地区看作自己的家，得到当地人民的亲切关怀和积极帮助，相互建立了深厚的兄弟情谊。1956年8月10日，胡志明接见访越的广西民族代表团时说过："我多次到过中国。你们广西我去得最多，解放前我还在广西坐过牢。在广西边境，我认识不少农民兄弟，他们对越南革命有过很多帮助。"胡志明经常怀念这些农民兄弟。1953年，40年代曾同胡志明结拜兄弟并因年长称大哥的靖西边民张廷维老人逝世，胡志明特寄来黑绸表示哀悼。1959年胡志明邀请龙州边民潘全珍、1960年邀请龙州边民农其振访越。1960年托人写信问候靖西边民徐伟三并请他代为慰问杨涛烈士家属。1963年邀请那坡边民梁桂庭、苏忠良、黎元庸，靖西边民张其超（张廷维之子）、农有丰、林大凡、杨胜强（杨涛之弟）等七人访越。这些访问者，都受到胡志明和越南政府的热情接待。

这里特别需要关注支持和加速发展

广西边境地区因长期战争而破败，因长期封闭而落后。新中国成立以后，在四十多年的时间里，广西边境地区一直是边防前线，处在紧张的战备和战争环境中。20世纪50年代援越抗法，60年代援越抗美，70年代对越自卫反击战，80年代中越军事对峙，广西边境地区都位于前沿，为支援邻邦、反抗侵略、保卫国家，作出了巨大的奉献，也承受了长期的牺牲。战争导致破坏与伤亡，部分边民被迫后撤，田园荒芜；战争使边境变为军事禁区，资金人员都难以流入，无法进行较大规模的建设。20 世纪 70 年代末，国家转上改革开放、经济建设的轨道，全国百业俱兴，千帆竞发；恰在这时，广西边境地区进入战争时期，一切为了保卫边疆；直到 1990 年代初中越关系正常化以后，才得以在发展的道路上起步。如此算来，在改革开放时代，十多年宝贵时间和大好机遇同广西边境地区擦肩而过；如追溯到 50 年代援越抗法时期，广西边境地区则整整失去了四十年的发展时间，丧失了太多的发展机遇。尽管和平恢复后经过十多年的努力，边境地区有了很大的发展，但差距仍然存在，整体上仍处于贫困落后状态：

——广西边境八个县（市、区）全属贫困县。其中那坡、靖西、龙州是国家贫困县，其余属自治区贫困县。

——广西边境地区人均 GDP 还不及广西人均水平的一半。1999 年广西人均 GDP 为四千二百六十多元，边境地区多数县（市、区）为二千元左右，有的仅有一千六百多元。

——广西边境地区财政入不敷出。1999 年，广西边境八个县（市、区）地方财政收入总额为七亿二千万元，地方财政支出总额为九亿二千万元，财政缺口 20%。有一半县市收入在一亿元以下，其中收入最少的那坡县只有一千三百万元，与支出六千八百万元相比，缺口高达 81%。

——广西边境地区大部分山村交通闭塞，通讯不畅，饮水难，用电难，看病难，上学难；部分群众还住在低矮潮湿的茅草房，用松柴照明；有些学校还在墙体破裂的危房上课；不少地方看不上电影电视，听不到广播；医疗设备简陋落后，一些乡镇还只有听诊器、血压计、体温计这"老三件"。

尽管这样，时代仍不断赋予广西边境地区越来越重要的任务和越来越显著的地位。十多年来，广西边境地区的地位已连升三级：1991 年随着中越关系正常化，重新成为中越之间最大的陆上通道；1995 年随着越南加入东盟，又成为中国走向东盟的陆上桥梁；2001 年随着中国加入世贸组织和中国—东盟自由贸易区开始构建，更成为中国走向东南亚以至世界的南大门。形势发展要求这座中国南大门的档次相应提高，要求以宽畅的通道和发达的经济文化，改善国门形象，增强其通关能力和对国内外的吸引力。

让广西边境地区追回失却的时间，摆脱贫困落后，实现跨越式发展，这是千里边疆的殷切呼唤，也是广西人民的共同愿望。广西多年的发展为此奠定了实力基础，国家西部大开发战略的实施又提供了绝佳机遇。广西领导机关审时度势，把加快边境地区发展作为"三个代表"思想的实践，作为西部大开发在广西的切入点，投入二十亿元资金，从 2000 年起，集中两年时间，开展广西边境建设大会战，重点解决边境地区基础设施建设滞后问题，改善边民生产生活条件。

于是，这块不寻常的土地，又继续谱写新的历史传奇。

让南疆历史重镇龙州重放光辉 *

——献给龙州建置一千二百九十周年

今年，公元 2003 年，是南疆历史重镇龙州建置一千二百九十周年。

唐玄宗先天二年，公元 713 年，设立羁縻龙州，这是龙州建置之始。

在一千多年的漫长岁月中，龙州经历了兴替沧桑。今日龙州行政上是地级崇左市属县，经济上属国家贫困县。历史上的龙州却非同寻常，它曾占有独步南疆的重要地位，它的炬赫声名远播海内外。

在纪念龙州建置一千二百九十周年的时候，回首往昔，龙州的兴盛令人赞叹，衰落令人惋惜；让龙州重新崛起、重放光辉，是龙州人民长期以来的不懈追求，也是海内外广大龙州关注者的殷切期盼。

龙州的历史辉煌

近代中后期，即清末民国时期，龙州出现了闪烁南天的历史辉煌。当时的龙州城"烟户相望，商贾辐辏"①，一派繁华，被誉为"边塞不夜城"，龙州的水口圩被称为"小广州"②。这段兴盛时期始于中法战争，止于抗日战争，大约持续了半个多世纪。

---

* 本文撰于 2003 年 9 月。2003 年 9 月 26 日，在龙州"中越水口—驮隆口岸经济合作"研讨会上宣读。载《广西文史》2003 年第 4 期，（南宁）《东南亚纵横》2004 年第 11 期。
  本文参考了《龙州县志》，广西人民出版社，1991 年；《广西航运史》，人民交通出版社，1991 年；《广西航运志》，广西人民出版社，1994 年；《广西交通》，广西人民出版社，1993 年；《广西百科全书》，中国大百科全书出版社，1994 年。

① 转引自《广西航运史》（中国水运丛书），人民交通出版社，1991 年，第 100 页。

② 《龙州县志》贸易志，广西人民出版社，1991 年，第 539 页。

中法战争后形成的与广西密切相关的国内外形势直接导致龙州的兴起。占领了越南的法国殖民者急于寻求入侵中国的便捷通道。它首先看中并着手利用龙州这个历史最久规模最大的中越通道，开口岸，设领馆，修铁路，极力把龙州开辟成进入中国的大门；与此同时，中国政府也着意加强和提高龙州的地位，把龙州建成南疆的边防重镇和政治中心。在内外合力推动下，龙州出现了前所未有的新兴气象。

桂西南行政中心

中法战争以后，龙州的政治地位相当于今日地区行署一级，是桂西南的行政中心，与南宁、桂林、柳州、梧州齐名。光绪十三年（1887），广西太平归顺道从崇善（今崇左）移治龙州；民国元年（1912），成立龙州军政分府，辖凭祥等地；民国十七年（1928），成立以龙州为区治的镇南督察区；民国二十三年（1934），成立龙州行政监督区；民国二十六年（1937）改为第七行政督察专员公署；从1949年至1952年，成立龙州专员公署。这样，从1887年到1952年，龙州作为管辖桂西南各县的行署所在地，持续了六十五年。

广西边防与边务中心

中法战争期间，1885年，广西提督苏元春将广西提督署由柳州迁至龙州，龙州成为广西最高军事指挥机关（相当于今日的广西军区司令部）的驻地。中法战争后，龙州是实施广西边防建设的广西边防督办署和主管广西边境对外事务的广西全边对汛督办署的所在地。

兼任广西边防督办的苏元春在龙州城西将山构建巨大而坚固的综合工事体系，通称小连城，左扼镇南关，右控水口关，作为广西边防枢纽和指挥中心。

广西最早对外开放的口岸

按照近代广西省界，龙州是广西最早开埠的城市。1887年，中法两国政府在北京签订《中法续议商务专条》，辟龙州为通商口岸。1889年，法国在龙州设领事馆；同年，中国设立龙州海关公署。

龙州开埠十年后，1897年梧州开埠；二十年后，1907年南宁开埠。在近代历史上，龙州是广西最大的陆地口岸。

广西最早开始近代化进程的城市

伴随对外开放而来的，是一系列现代化事业在龙州的兴起。这里略举数例：

1891 年，龙州成立广西最早的近代航运公司——邕龙车渡公司；

1896 年，龙州动工修筑广西第一条铁路——龙（州）镇（南关）铁路；

1906 年，龙州动工修建广西第一条公路——龙（州）镇（南关）公路；

1884 年，龙州开通了广西最早的有线电报线；1896 年，龙州建立了广西最早的邮局；

1899 年，龙州创办了广西第一家近代工厂——龙州制造局；

1905 年成立的龙山学社是倡导新学的学术团体，1907 年成立的龙州实业学堂是广西最早的专业学校之一；

1933 年开辟的民航广邕航线，次年延伸到龙州，这是广西最早的民用航空线；1936 年又由龙州延伸到河内，成为中国第一条国际航线。

龙州起义——从龙州发源的红色风暴

20 世纪 20 年代大革命失败后，中国共产党人在全国各地发动武装起义，建立工农红军和工农革命政权，其中包括邓小平、李明瑞、张云逸等领导的 1929 年百色起义和 1930 年龙州起义。龙州起义建立了以俞作豫为军长的有二千多人的红八军，以王逸为主席的管辖桂西南十二个县的左江革命委员会。红八军司令部和左江革命委员会驻地都在龙州。龙州起义虽然只坚持一个多月就失败了，但光辉长留史册，对龙州的意义尤其重大，它为龙州的历史增色，又是龙州重要地位的见证。龙州作为左江流域的中心城市，同作为右江流域中心城市的百色一样，足以影响四方，牵动全局，具有举足轻重的作用，因而成为以邓小平为代表的中国共产党人慧眼选中的起义地点。

广西最大的中越通道

从古代至近代，左江及其从越南流来的两支源流——水口河和平而河是中越之间的主要通道，位于三江交汇处的龙州是中越之间人员和货物往来最大的转运港。特别值得提及的是，龙州是越南革命者的后方基地和进出中国的门户。黄文树、黄文欢、长征、黄国越、黎广波、朱文晋等著名越南革命党人曾在龙州从事革命活动。1939 年，胡志明为了同越南国内党组织联系，从桂林到龙州住了三天重返桂林；1944 年又从柳州经龙州水口关回越南；1950 年 1 月再从水口关进入广西前往北京，秘密访问刚刚诞生的新中国，商谈中国援越抗法事宜，随后越南就在中国援助下取得抗法战争的节节胜利。胡志明和越南革命者得到龙州人民的亲切关怀和积极帮助，相互建立了深厚的情谊。1956 年，胡志明回忆说："在广西边境，我认识不少农民兄弟，他们对越南革命有过很多帮助。"[1] 胡志明经常怀念这些农民兄弟，1959 年邀请潘全珍、1960 年邀请农其振，作为龙州农民兄弟的代表先后访问越南，给予十分热情周到的接待。

龙州的时代变迁

龙州的兴衰都发生在近代，在外因内因相互作用下，经历了从量变到质变的过程。1885 年中法战争爆发和 1939 年日本首次入侵龙州，可分别作为龙州兴衰的标志性事件。

日本入侵及长期战争的破坏

抗日战争开始第二年，1938 年，日本侵略者就出动飞机多次飞临龙州轰炸扫射。1939 年日本军队第一次入侵龙州，接着又在 1940 年、1944 年、1945 年相继多次入侵，烧杀掳掠，给龙州造成严重破坏。1940 年日本占领越南，把越南充作入侵龙州、入侵广西的基地，切断了龙州传统的对外联系，龙州的繁华顿成满目疮痍。

日本投降、第二次世界大战结束以后，法国殖民者卷土重来越南，越南抗法战争接着开始，与龙州为邻的越南北方再次成为战场；与此同时，中国爆发了大规模内战。在内外双重战争环境夹缝中的龙州，得不到复兴机会，只

---

[1] 转引自黄铮《胡志明与中国》，解放军出版社，1987 年，第 181 页。

能继续走向衰落。

左江航运的衰落

左江是龙州的母亲河。左江孕育龙州生命，哺育龙州成长，使龙州成为最著名的左江港埠。龙州沿左江源流上溯越南，转陆地经海防出海；沿左江主流下航南宁，转西江经梧州、广州、港澳出海。在内河运输占主导地位的古代和近代，左江一直是龙州的主动脉。清末民国时期，龙州有二十多艘轮船航行于龙州至水口、龙州至南宁、龙州至梧州、龙州至广州、香港之间[①]，从事客货运输，沟通了龙州同国内外的联系，推动了龙州的繁荣。

遗憾的是，左江存在着先天不足。它以河道弯曲、河谷深切出名，险滩也多，水量和水深只能适应小轮船的需求，秋冬枯水季节，往往还需要载重十多吨的木船代替。在同新兴的公路运输的竞争中，航运逐渐退缩。20 世纪 60 年代以后，左江上接连兴建没有过船设施的水坝，阻断了自古以来的左江全线通航。1980 年代虽然补修了船闸，但在发达的公路铁路面前，左江航运已经风光难再。

龙州与铁路无缘

早在 19 世纪末年龙州开埠初期，人们就敏感地预见到铁路对龙州发展的重要作用，认识到龙州"非有铁路上接海防，下达南宁，断难冀其日盛"[②]。历史证明这个预言非常正确。没有铁路，确实是近代龙州的致命伤。

将龙州作为入侵广西切入点的法国殖民者，中法战争后即策划修建以龙州为中站的桂越铁路，具体线路是：海防—河内—谅山—镇南关—龙州—南宁，从南宁再向北延伸。1896 年，通过清政府动工兴建中国境内第一段——龙州至镇南关铁路。后来，法国为了阻遏英国从缅甸东进云南的势头，避免云南落入英国手中，将入侵重点方向从广西西移云南。1900 年龙镇铁路停工，紧接着滇越铁路动土，1903 年其越南段建成，1910 年云南段完工，施工历时十年，

[①] 《龙州县志》交通邮电志，广西人民出版社，1991 年，第 520 页。

[②] 《光绪二十三年华洋贸易论略·龙州口》，转引自《广西航运史》（中国水运丛书），人民交通出版社，1991 年，第 103 页。

全长八百四十八公里的滇越铁路全线通车。而全长仅八十公里，施工已有五年的龙镇铁路却功败垂成，只剩下已成的路基和龙州火车站供人凭吊。龙州与铁路失之交臂，产生了深远的负面影响。由于龙镇铁路胎死腹中，以交通现代化为龙头的龙州近代化进程，得不到龙头拉动；法国本身发达程度不如英国，其统治下的越南贫困落后，又使龙州缺乏外部助力；龙州的近代化事业无法充分发展，其出现断断续续，其分布稀稀疏疏，有的中途停办，有的随后外迁（如龙州制造局 1914 年拆迁南宁），有的渐趋萎缩以至悄悄消失。可以设想，如果当时龙镇铁路能够建成并向北延伸到南宁，再向南接上已经通车的河内—谅山—同登铁路，那么，龙州作为中越最大通道和广西最大陆地口岸的地位，势必会保持下来，并将与时俱进，不断加强。即使当时未能北通南宁，龙镇铁路的存在也会使日后修建的湘桂铁路取道龙州，变龙州为湘桂线的南端要站。

历史不承认假设。历史的事实是：在整个近代，广西和越南之间一直没有铁路贯通。光绪三十四年（1908）就开始筹建的湘桂铁路，三十年后，1937 年才正式动工，1941 年从衡阳修至来宾后又停下来。1950 年 10 月重新向南修筑，1951 年修到凭祥，1954 年延至国境镇南关与越南铁路接轨。湘桂铁路全线修通标志着中越传统最大通道从龙州向凭祥转移。

龙州与铁路无缘。通道转移，龙州更显得偏远，政治中心随之搬迁，近代化进程则早已中断，龙州的近代辉煌遂成过去。

龙州的振兴道路

改革开放和中越关系正常化以来，龙州走上振兴的道路，2000—2002 年进行的广西边境建设大会战，又使龙州发生新的变化。为了把振兴龙州的殷切期盼变成现实，需要发挥龙州的固有优势，借鉴历史经验，找准发展方向，充满信心地迎头赶上。

发挥龙州的区位优势，扩大对外开放

龙州有一百八十四公里长的边界线，同越南高平省和谅山省接壤，是越

南西北地区进入中国的捷径。龙州有国家一级口岸水口、二级口岸科甲和五个边民互市点。在当前广西边境三个国家一级公路口岸中，就其主要方向来说，东兴居东，面对越南广宁；凭祥居中，面临越南谅山；水口居西，面向越南高平，各有自己的对外联系纵深范围。三者比较，水口具有同越南西北地区往来的区位优势。

对外开放曾导致近代龙州的兴盛，也必将把龙州引向未来的繁荣。中越关系正常化以后，龙州对越贸易增长很快，进出口额从 1991 年的三千二百万元（人民币，下同）增到 2002 年的三亿元，十一年间增长九倍多。高平省矿产丰富，近年来龙州每年进口各种矿产品十万吨左右，成为广西陆路口岸中最大的矿产品进口口岸和加工基地。到 2000 年，龙州同越南的双边技术合作项目投资总额已近五千万元 [1]。形势发展要求不断扩大口岸通关能力，不断改善对外开放环境，吸引越来越大的内外货流。在扩大进出口的基础上，吸引内外两种资金，利用内外两方资源，发展出口加工工业，建立龙州工业园区和水口出口加工区。

发挥龙州的历史文化优势，建设历史文化名城

当今世界，城市不论大小，贵在有自己的历史文化珍宝。即使经济实力并不显眼的小城镇，像苏州的同里、周庄，南宁的扬美，昭平的黄姚，同样闻名遐迩。反之，即使经济总量很大，如果缺乏文化内涵，其影响力也会受限。因此，当今世界不论大市小镇，都不遗余力保护自己的文化遗产，建设自己的文化工程，提高自己的文化品位，从而促进经济发展，提高整体实力。

龙州悠久而辉煌的历史留下丰厚的文化积淀。小连城、紫霞洞及左江崖画、法国领事馆、陈勇烈祠、红八军司令部旧址等还完整保存，老码头、龙州铁桥残迹还存在；龙州近代化进程中创造了那么多"广西最早"和"广西第一"，近代史上那么多著名人物在龙州活动（其中包括早年在龙州发迹的一代枭雄、官至两广巡阅使的陆荣廷及其助手，曾任广东、广西督军的水口人谭

---

[1] 引自黄荣强、谭汉周《龙州积极推进与越南高平谅山省的经贸合作》，载《左江日报》2003 年 9 月 18 日第一版。

浩明），相信还会留下很多遗迹。所有这些，都是龙州特有的宝贵财富，是不可再生的宝贵资源，随着时代的发展，其价值将越来越凸显在世人面前。与此同时，随着经济建设、旧城改造和房地产开发，受人为破坏的危险也日益增加，需要倍加珍惜，采取及时而有力的保护措施：

调查入档。根据文字记载和口头流传，进行拉网式的全面普查，将所得一一登记入档。

保护抢救。对历史文物，不管仍然存在还是仅存遗址，都要保护；不但保护文物本身，还要保护其周围环境，划定保护范围，立碑昭示；对一些濒危文物及时动手抢救，避免倾圮毁坏；对一些已毁的重要文物，根据财力分期分批重建；采取建步行街等措施，对旧城区进行成片保护。

筹建龙州历史博物馆。

加强龙州师范专科学校建设，创造条件将之提高为龙州师范学院。

只要我们倍加珍惜、高度重视，在切实保护的基础上，在科学指导下开发利用，历史文化名城将成为龙州复兴的杠杆和走向世界的响亮品牌。

发挥龙州的景观优势，营造发达的旅游业

龙州不但拥有以历史文化遗产为主体的高品位人文旅游资源，而且有高品位的自然旅游资源。龙州地处边陲，是少数民族集中地区，民族风情和边境风光交融在一起；龙州的喀斯特地貌，水美山奇；龙州还有一大自然瑰宝弄岗国家级自然保护区，总面积约一百平方公里，是国家一级保护动物白头叶猴、黑叶猴，国家一级保护植物金花茶、擎天树等珍稀动植物的家园；保护区有植物一千二百八十二种、动物一百二十三种，堪称亚热带石灰岩地区动植物王国，是国家的生物宝库和科研基地，已经成为光耀世界的又一龙州品牌。

丰富多彩的人文和自然景观，为龙州发展旅游业提供了雄厚的资源基础。近年龙州旅游业蓬勃发展，节假日游客如云，前景十分美好。当前需要做好科学规划，在景区开发中严格遵循可持续发展原则，切实保护好生态环境。

发挥龙州的亚热带资源优势，发展特色产业

龙州地处亚热带，光热充足，雨量丰沛，适于发展亚热带农作物，山地

多又为发展林业和畜牧业提供了广阔空间。粮食、糖蔗、水果、畜牧、水产已成为龙州的主导产业。龙州香糯香溢南疆，龙州优质稻和良种蔗种植大有可为。将特色农业做大做强，让龙州的特色产品走俏国内外市场，这是增加农民收入、让农村脱贫致富的必由之路。

保护左江，创造左江的第二个春天

龙州是左江的骄子。历史上龙州与左江休戚与共，兴衰同步。由于时代变迁，左江早已全线停航，但分段货运、旅游客运仍然存在。左江的整体实力、综合效益依然日益增进，其灌溉效益、水电能量、旅游价值、生态作用正继续发挥并越来越大地作出奉献。保护好这条母亲河，不让她在开发中受到损伤，需要做到：

绿化两岸，涵养水源，防止水土流失；

杜绝污染，污水经处理才排放，不建污染型企业；

所有水坝，必须配建与左江通航能力相称的船闸；

所有桥梁，必须留下足够左江所能通航的最大船只通过的高度和宽度；

城区的沿江地带属于全体人民，供修绿地和道路，任何人不能以任何理由私占，原有房屋逐步拆迁。

借鉴欧美发达国家内河航运衰而复兴的例子，我们乐观预言：左江航运将会重新崛起。欧美发达国家在交通近代化过程中，铁路、公路、空运的强大能力曾联合逼退内河航运，随后经济向更高程度发展，提出了对所有交通形式的全面需要，又导致了内河航运的复兴，呈现陆水空交通各显其能、各得其所、协调发展的喜人局面。在今日欧洲，被陆路和空中发达交通网层层包围的莱茵河、易北河、塞纳河、多瑙河等河流，依然船行如织。左江、右江和所有航运近乎停顿的河流，也将会随着经济发展迎来航运的第二个春天。

交通先行，牵引龙州的前进车轮

龙州目前交通比较滞后。由于公路等级低，目前龙州至南宁一百六十二公里的路程行车约需四个小时。在建的龙州—夏石二级公路，筹建的水口—龙州—崇左二级公路，将组成龙州丁字形的干线公路框架，为龙州提供南下凭祥、东到崇左南宁、西往越南的便捷通道。刚建成的广西沿边三级公路，则拉近了龙州同沿海沿边各地的距离。

为了适应新成立的崇左市的需要，南宁—友谊关高等级公路的南宁—崇左高速路段将提前在2004年修通。那时，从崇左到南宁只需一小时。按照崇左市"一小时经济圈"规划，从崇左通过待建的二级公路到龙州也只需一小时。这样，未来龙州到南宁的行车时间将由现在的四小时缩减到两小时。龙州到水口三十三公里的路程所需时间也将缩减到半小时左右。

龙州交通要与时俱进。经济的发展与内外交流的扩大，将对交通提出越来越高的要求。作为通向边境和越南的重要干线公路，崇左—龙州—水口二级公路完成以后，未来仍会向一级公路或高速公路升级。展望更远的将来，沿着同一走向、联结中越、通往越南西北的铁路干线，也存在着兴建的可能性。

龙州正面临发展的大好机遇。中国西部大开发战略的实施，中国—东盟自由贸易区的构建，中越双方经济的迅速发展和交流的日益增进，都有力地推动龙州重新崛起。重新崛起的标志是经济繁荣、文化发达和生活富裕，而不会是历史形式的简单重复。我们相信，有一千二百九十年建置历史的南疆重镇龙州，乘风扬帆，趁潮而上，必将在海内外的殷切期盼中重放光辉！

龙州水口关通道：沟通华南与东南亚北部的捷径*

东风夜放花千树。改革开放与和平发展的时代东风让大大小小的国际通道欣欣向荣，古老的中越之间的龙州水口关通道也在重新崛起。作为这条通道门户的国家一类口岸水口口岸，发展势头旺盛，现已成为广西矿产品进口和中国水果对越南出口的最大口岸。①

水口关通道具有独特的至今未被普遍重视的区位优势和发展潜力，前途不可限量，其发展对龙州以至整个华南和东南亚北部都将产生深远的影响。

沟通华南与东南亚北部的捷径

中国南部与东南亚北部毗邻，其中广西与越南海陆相连，陆地边界长六百三十七公里；从东向西，自古形成东兴、友谊关、水口关三大陆地通道。东兴通道从东侧沿北部湾畔南通越南广宁海防，友谊关通道从中间南下越南谅山河内，水口关通道从西侧横伸越南高平等北方各地。

按各自的整体实力，目前友谊关通道居首，东兴通道次之，水口关通道第三。但按货运量，水口关通道却在东兴之上，居第二位。友谊关通道连接中越两国核心地区，有最充足的客源货源，铁路贯通内外，高速公路沟通内地，有最强的输送能力，国家在这里设置凭祥和友谊关两个一类口岸；2004

---

* 撰于 2006 年 5 月。载《广西日报》2006 年 6 月 9 日第 6 版。入选《第二届中国—东南亚经济合作论坛暨中国东南亚研究会第七届年会论文集》(中国东南亚研究会、广西社会科学院东南亚研究所编印，2006 年 12 月，南宁)。

① 《水口口岸经济区可行性研究报告》(广东社会科学院)。

年，进出口货物一百零八万吨，比上年增长 40%；进出口额 43.45 亿元，增长 17.8%[1]。东兴通道连接中越两国环北部湾地区，通过防东一级公路接上高速公路通向内地，2004 年进出口货物二十万吨，进出口总额 21.49 亿元，比上年增长 11.1%[2]。水口关通道通往越南高平等北方边境省份，近年基础设施建设不断加强，建成了联检大楼，正在兴建验货场、国际商贸城和龙州—水口二级公路；2004 年进出口货物 38.6 万吨，进出口总额 4.25 亿元，比上年增长 10%；2005 年增到 5.05 亿元，增长 18.81%[3]。2004 年，以水口关通道为 1，友谊关、东兴、水口关三大通道进出口货物量之比为 2.8：0.5：1，进出口额之比为 10：5：1。水口关通道进出口货物量超过东兴将近一倍，其余则存在较大差距。

当我们考虑和规划水口关通道未来发展的时候，除了立足于现实以外，还要充分估计作为沟通华南和东南亚北部捷径这一潜在优势。

以广西广东为主体的华南地区，主要通过南向的海陆通道走向东南亚，但对大致处于相同纬度的东南亚北部地区，以水口关为门户的西向通道则是其捷径。

这条横向捷径可以设想从福建厦门开始，向西经广东汕头，横贯广东，抵广西沿海北钦防三港，再经崇左龙州，从水口关出境到越南高平，从高平横贯越南北部，再到老挝北部和缅甸北部。

这条横向捷径的中国段，从福建厦门到广西沿海北钦防三港，已有高速公路贯通，铁路也仅剩下待建的河唇—合浦一段空白。从钦州到崇左，高速公路和铁路都已列入规划；从崇左经龙州到水口，已经形成修高速公路和铁路的构想。[4]总之，这条横向捷径的中国段，大部分路段已经建成高速公路和铁路，实现了陆路交通现代化。

这条横向捷径的境外段，目前从水口关到越南高平，有一条六十八公里

---

① 以上是整个凭祥市数字，引自《广西年鉴》（2005），第 491 页。

② 以上是整个东兴市数字，引自《广西年鉴》（2005），第 449 页。

③ 以上是整个龙州县数字，其中 2004 年引自《广西年鉴》（2005）第 490 页和《龙州县对外贸易情况汇报》（龙州县人民政府，2005 年 9 月 15 日），2005 年引自《龙州县国民经济和社会发展第十一个五年规划纲要》（龙州县人民政府）。

④ 《崇左市交通"十一五"发展规划思路》（崇左市人民政府）。

的三级公路。从高平往西，至今还没有比较完善的交通干线。但着眼未来，从水口关和高平出发，横贯越北、老北和缅北的高等级公路以至铁路的出现只是迟早问题，因为整个东南亚北部需要开发，这一带是东南亚的资源富集区，越南北部蕴藏着丰富的黑色金属（铁、锰）、有色金属（铝、锡、铅、锌等）和磷灰石，老挝北部有丰富的森林和其他有待勘探的资源，缅甸北部蕴藏着丰富的森林、石油、宝石以及金属矿资源，但目前都属欠发展地区。正如中国开发西部一样，开发北部作为这三国的区域发展战略未来势必会提上日程，特别是当前东南亚国家中经济发展最快、预定 2020 年实现工业化的越南，将会很快就这样做。经济落后但资源丰富地区的工业化，一般从资源开发入手，而任何开发，都得交通先行。越老缅北部预计除加强原有的通往各自首都、发达地区和出海口的南向交通以外，还将建设东西向的交通干线，以最短的路程互相联系并通往中国南方。

连接北部湾和孟加拉湾的又一亚洲大陆桥

属于太平洋的北部湾和属于印度洋的孟加拉湾，分处中南半岛东西两侧，西接印度，东连中国；两湾之间山地交错，地形崎岖，交通不便。其通航河流和现有道路基本上呈南北走向，东西走向交通很薄弱。区域经济一体化要求兴建多座连接两湾两洋的大陆桥。当前铁路已从北部湾畔的北海、钦州、防城港，经南宁西通云南昆明、大理，未来将继续西进，出境抵达缅甸的孟加拉湾畔，形成一条完整的亚洲大陆桥。这座大陆桥横跨中国南部和缅甸北部，其东段中段在中国广西云南两省区境内，由南防、南昆、滇西等铁路和南昆、昆大（理）等高速公路组成。[①]

水口关通道及其未来的东西延长线将组成连接北部湾和孟加拉湾的又一座亚洲大陆桥，与上述位于其北已大半形成的亚洲大陆桥大致平行，横贯中国广西南部和越老缅三国北部，主要在中国境外。

---

① 周中坚：《从古代西南丝路到未来西南大陆桥》，《学术论坛》1991 年第 2 期。

这座大陆桥还将沟通由中国和东南亚有关国家组成的两大经济合作区域，一个是东边的中越"两廊一圈"，一个是西边的大湄公河次区域。

中越"两廊一圈"2004年由中越两国总理共同提出，当前正在构建。"两廊"分别以滇越铁路和桂越铁路为主干、串接铁路所经地区；环北部湾经济圈包括两国（中越）四方（越南、广西、广东和海南）的北部湾沿海地区。"两廊一圈"末端交汇于越南海防。交汇之前各走各路，相互之间缺乏横向联系通道。未来的水口关通道将是联系"两廊一圈"的极佳捷径。

1992年由亚洲开发银行发起的大湄公河次区域经济合作，成员国包括澜沧江—湄公河沿岸的中国、老挝、缅甸、泰国、柬埔寨和越南等六个国家，中国的云南和广西是合作直接参加者。1998年在马尼拉举行的成员国第八次部长会议提出建设"三纵两横"交通经济走廊构想，"三纵"从西向东依次是：昆明—曼德勒—仰光，昆明—老挝—曼谷，昆明—河内—海防；"两横"从南向北依次是：仰光—曼谷—金边—胡志明市，毛淡棉—彭世洛—沙湾拿吉—岘港①。其中一横偏南，一横居中，未来的水口关通道及其东西延长线正好补上居北的一横。补上这一横，长期以来中南半岛交通纵强横弱的局面就可以整体改观，基本上处于相互隔离状态的"两廊一圈"和大湄公河次区域将能够近距离携手并进。

背负龙州复兴希望的国际通道

龙州是南疆历史重镇，对外交通向来是龙州命脉所系，对外交通的兴盛直接推动近代龙州的空前繁荣，对外交通的转移又直接导致龙州的式微。②

1885年中法战争结束以后，占领越南的法国殖民者立即从龙州叩开南中国的大门。1889年强迫清朝政府开辟龙州为通商口岸，使龙州成为广西最早对外开放的口岸城市，比作为广西水路总汇和东大门的梧州1897开埠还要

---

① 《中国—东盟年鉴》（2005），第140页。
② 周中坚:《让南疆历史重镇龙州重放光辉》,《东南亚纵横》2004年第11期。

早八年。开埠当年，清政府设龙州海关，下辖南关（即今天的友谊关）、平而、水口三个分关；1927 年，连远在当时广东境内的东兴支关也划归龙州关管辖[①]。早在龙州开埠之时，法国即策划兴建与之配套的通过龙州的桂越铁路，这条铁路从镇南关入境，以镇南关至龙州段为入境后的起始段，以龙州为入境后第一要站，从龙州继续向北修向南宁等地。1896 年，龙（州）镇（南关）段动工。随着龙州口岸的开辟和龙镇铁路的兴建，龙州最早开始了广西的近代化进程，广西的近代交通、近代工业首先在龙州兴起。从 19 世纪末期到 20 世纪中期，龙州创造了空前的历史辉煌，龙州和水口店铺林立，客商云集，不但有来自全国各地操着不同方言的官员、军队和商旅，也有来自法国和海外各国肤色各异的外交官、工程师、旅行家和商人。那时的龙州和水口有"小广州""小香港""不夜城"之誉，名闻全国，声传海外，真正是国际性的边陲城市。

很遗憾，龙州的辉煌只持续了半个多世纪，20 世纪 40 年代开始衰落。衰落的直接原因是战争破坏（日本入侵和随后法国进行的印度支那战争），根本原因是对外通道转移。19 世纪末和 20 世纪初，法国为了遏制英国从缅甸东进云南，确保云南作为法国势力范围并作为印度支那和两广的屏障，将力量转移到修建连接海防和昆明的滇越铁路。1900 年龙镇铁路停工，1901 年滇越铁路动工。滇越铁路全长八百四十八公里，工程历时十年，1910 年建成通车，而桂越铁路从河内向北修到边境后就停下来，其仅长六十公里修了五年的接续段——龙镇铁路也胎死腹中，只留下路基和从未见过火车的龙州火车站站房，在苍烟落照中形影相吊。

桂越铁路计划最终由中国来实现。在抗日战争的艰苦岁月里，1937 年湘桂铁路动工，1941 年从衡阳修到来宾；新中国建立后，1950 年从来宾重新向南修筑，1951 年修到凭祥，1954 年修到友谊关与越南铁路相接。其友谊关以北段，舍龙州而经凭祥，导致中越之间最大陆地通道从龙州向凭祥转移；通道转移又导致龙州作为广西西南行政中心地位的丧失和经济地位的下降。政治上龙州开始降为一个普通的边境县，经济上至今还是国家贫困县。

---

① 《龙州县志》，广西人民出版社，1993 年，第 358 页。

　　龙州要复兴，还得从对外通道寻求动力。近代龙州依靠镇南关、平而关和水口关三条通道和对内的左江航运支撑而盛，虽然前两条通道早随铁路一起转移到相邻的凭祥，左江航道因铁路公路的竞争等原因也已衰落，如今只剩下水口关通道一根支柱。但如前所述，水口关通道是沟通华南和东南亚北部的捷径，具有独特的潜在区位优势。在中越两国经济迅速发展、中国—东盟自由贸易区加速构建、中国东南亚区域经济合作不断加深的形势下，正在重新崛起的水口关通道，必将以高等级公路和铁路为主要载体，不断向东西两侧延伸，形成连接两湾两洋的大陆桥，将闽南漳厦泉三角、大珠三角、"两廊一圈"、大湄公河次区域以至印度串联起来，双向通过巨大的人流物流。左江航运作为未来的辅助载体，也会重返通道序列。处在这条通道门户位置上的南疆历史重镇龙州，必将乘势复兴，出现新的辉煌。

　　继前几年广西崇左中经龙州和水口至越南高平货运线路开通之后，最近又传来客运线路开通的消息。① 这又是一个美好的征兆，预示着古老的水口关通道正一步一步地走向无比壮丽的明天。

---

① 《崇左至越南高平客运线路开通》,《广西日报》2006 年 4 月 30 日第一版。

建设边疆和谐文化 *

——以广西边境地区为例

一、边疆和谐文化的内涵

广西与越南接壤，陆地国界东起东兴市北仑河口的竹山，西至那坡县的各达山，全长六百三十七公里，约占我国陆地国界总长度的 2.8%；作为中越陆地国界的东段，约占总长一千三百四十七公里的中越陆地国界的 47%。

广西有三个临边地市，从西向东依次是百色、崇左和防城港。临边三市总面积 5.98 万平方公里，约占广西总面积 23.67 万平方公里的 25%；2006 年总人口 694.21 万，占广西总人 4961 万的 14%；同年生产总值 611 亿元，约占广西生产总值 4828 亿元的 13%。

广西有八个临边县市，从西向东依次是百色市的那坡和靖西，崇左市的大新、龙州、凭祥和宁明，防城港的东兴和防城。总面积 1.8 万平方公里，占临边三地市总面积的 30%，占广西总面积 7.6%；2006 年总人口 243.7 万，占临边三市总人口 35%，占广西总人口 5%；2006 年生产总值 161.70 亿元，约占临边三地市生产总值 26%，占广西 3%。①

边疆地区作为国家领土的组成部分，具有与内地一样的共性，在和谐文化建设中，都依据共同的理念，遵循共同的原则，达到共同的目标。但是边疆地区又有自己的特性，从特性出发，边疆和谐文化建设表现出一些鲜明特

---

　* 本文撰于 2008 年 5—6 月，为广西老年社会科学工作者协会"建设和谐文化"课题由作者撰写的部分。载《和谐文化建设读本》，广西人民出版社，2008 年版。

　① 据《广西年鉴》(2007) 有关数字统计。

点或着重点。边疆和谐文化内涵应该包括：

爱国主义。边疆地区是国家的前沿地带，是国门所在，历史上外敌入侵时首当其冲，特别是鸦片战争以后，帝国主义大肆入侵中国，边疆地区频频受害。边疆地区人民也首先奋起抗击入侵者，站在反侵略斗争的第一线，把边疆变成反侵略斗争的主要战场。近代以来，东北边疆人民抗俄抗日，新疆人民抗俄抗英，西藏人民抗英，云南人民抗英抗法抗日，广西人民抗法抗日，都为保卫祖国立下了不朽的功绩。边疆人民一直担负着巩固边防、保卫祖国的神圣职责。

民族团结。大部分边疆地区是少数民族聚居地，全国五个民族自治区，有四个位于边疆；宁夏回族自治区虽不临边，但离边也很近。广西临边八县市总人口中，80%以上是以壮族为主体的少数民族。东兴的江平镇，是国内唯一的京族聚居地。加强民族团结关系到社会的稳定和国家的统一，在边疆地区具有特别重要的意义。

边疆建设。大部分边疆地区位于内陆，距海遥远，分布着大面积的山地和荒漠，自然条件恶劣，加上长期的战争和封闭，历史上边疆地区经济文化明显落后于内地。改革开放以后，建设边疆成为国家发展战略的重要组成部分，成为边疆地区工作的重心，边疆地区面貌发生了巨大的变化。但要达到先进地区发展水平，仍需长期艰苦奋斗。

睦邻亲邻。边疆地区与邻国山水相连，部分边境居民是跨境而居的同一民族，有相同或相近的经济生活和语言文化习俗，自古以来一直有密切联系，是睦邻亲邻的传统动力。在和平发展成为时代潮流、经济全球化区域化迅速推进的今天，边疆地区已经成为对外开放的前沿和开展国际友好合作的平台，睦邻亲邻已经成为建设边疆和谐文化的主要着力点。

爱国，团结，发展，睦邻，这是基于边疆实际具有边疆特色的和谐文化内涵，是互相关联的有机整体。边疆和谐文化直接推动边疆和谐社会的建设。发挥爱国主义精神，巩固边防，是建设和谐社会的保障；加强民族团结，是建设和谐社会的柱石；发展边疆，是建设和谐社会的基础；睦邻亲邻，为建设边疆和谐社会提供友好的国际环境，更是建设边疆和谐社会题中应有之义。

二、爱国主义是一面光辉旗帜

爱国主义是一面光辉旗帜，进行爱国主义思想教育是建设边疆和谐文化的核心和灵魂。

广泛宣传边疆人民的爱国传统，实现当代与历史的和谐继承。

边疆是国家的屏障，边疆人民自古以来是保卫祖国的第一道长城，在反对外敌入侵的斗争中建树了丰功伟绩，创造了许多惊天动地的事迹。以广西边境为例，1883—1885年中法战争期间，农民起义军领袖刘永福率领由广西边疆农民组成的黑旗军，应越南政府请求援越抗法，1873年在越南河内西门外罗城大捷，全歼法军并击毙法军司令安邺；1883年又在河内城西纸桥大捷，打死法军司令李威利，法国政府惊呼这是法军"远征的惨痛结局"，是对法国威信的"严重打击"。1885年，年近七旬的退休老将冯子材应召重新披挂上阵，率军在镇南关关后山谷浴血奋战两昼夜，歼灭入侵法军一千多人，接着出关追击，攻克谅山，重伤法军统帅尼格里，取得了震动中外的镇南关大捷，法国茹费理内阁闻讯倒台。这两位民族英雄在边疆英勇抗敌，粉碎了法国侵略者从越南长驱直入中国的阴谋，保卫了祖国边疆。他们的英雄事迹是爱国主义教育的珍贵教材。

广泛宣传边疆人民的革命精神，实现建设与革命的和谐对接。

边疆地区历史上爆发过多次反压迫的起义。公元11世纪，侬智高反宋起义（1052—1055）从今靖西境内发源，攻破横山寨（今日田东平马）后沿江东下，势如破竹一直攻抵广州城下，席卷南部边疆。1907年孙中山先生领导镇南关反清起义，一度占领镇南关炮台，震撼了清王朝，为辛亥革命的胜利做了铺垫。1929—1930年，邓小平、李明瑞、张云逸等先后发动百色起义和龙州起义，建立了红七军和红八军，开辟了右江和左江革命根据地，谱写了革命史册上的重要篇章。继承并发扬革命精神，实现革命和建设的对接，在新的历史时期，为建设边疆和谐社会服务，这是与时俱进的时代需要。

广泛宣传边疆地区人民的历史文化创造，实现创新与遗产的和谐结合。

边疆地区人民勤劳勇敢，富于智慧和创造精神，留下了许多宝贵的历史文化遗迹。在崇左市境内，在绵延二百多公里长的左江两岸，至今还留下七十多处岩画，花山岩画是其中代表。在花山的临江岩壁上有宽二百二十一米、高约四十米的画面，密布着一千八百多个红色画像，包括人物、动物、器物三类。画面之宏大，画像之众多，风格之粗犷，表现之独特，举世罕见其匹。由于没有留下相应的文字记载，这些岩画何时画，谁画，为什么画，画中人是谁，他们正在做什么，这么高而且上凸下凹的崖壁怎样上去画，流传这么久不褪色用的是什么颜料，等等，众说纷纭，歧见纷出，至今仍是令人困惑的难解的历史之谜。例如关键性的年代问题，最早的定于春秋战国，最晚的定于晚清，上下相距两千多年，其间还有多种说法。以花山岩画为代表的左江岩画长廊，以其瑰丽神奇的外观和深藏不露的历史文化底蕴，名扬中外，早被列为国家重点文物保护单位，目前正在申请世界文化遗产。边疆人民为有这样的历史文化瑰宝而自豪。共同珍惜保护，积极进行新的文化创造，所体现的正是一种崇高境界的和谐文化。

广泛宣传边疆地区异彩闪烁的自然遗产，实现"天人合一"——人与自然的和谐共处。

边疆地区有美丽的山水和众多的亚热带珍稀动植物，这是大自然对边疆人民的宝贵赠予。广西边境的德天瀑布，横跨在中越两国之间，从靖西发源的中越界河归春河，流到这里遇三层叠崖，不暇喘息接连三级涌落谷底，夏如排山倒海，冬似素绢飘落，人们可亲临其境，双手捧接飞珠溅玉，在惊叹其伟力的同时尽情领略其亲和力。广西边境地区是国家一级保护动物黑叶猴、白头叶猴，国家二级保护动物蛤蚧、冠斑犀鸟，国家一级保护植物金花茶、擎天树，国家二级保护植物金丝李、枧木及"枧木王"等特有珍稀生物的故乡。这里有著名的弄岗国家级自然保护区和防城国家级金花茶自然保护区。如果说广西边境是祖国边境的一段翠绿飘带，那么这些自然保护区就是缀在带上的闪光宝石。呵护山水，保护自然，利在当代，功在千秋；天人合一，人与万物和谐共处——这是建设和谐文化、和谐社会的一项永恒主题。

三、富边、睦边、固边

富边、睦边、固边，是边疆地区干部群众的三大任务，又是边疆和谐文化建设的出发点和归宿。

富边。由于地理和历史的诸多原因，边疆地区长期以来处于落后贫困状态。广西临边八个县（区市）全属贫困县，其中那坡、靖西、龙州是国家贫困县，其余属自治区贫困县，人均生产总值远低于广西人均水平，财政入不敷出，交通闭塞，基础设施落后。为了扭转这一态势，广西从 2000 年到 2002 年，用两年时间，集中投入二十一亿元资金，开展边境建设大会战，重点解决边境地区基础设施落后问题，改善边民生产生活条件。经过两年奋战，边境面貌焕然一新：一条崭新的全长七百三十三公里的沿边三级公路，从边界东端的东兴一直延伸到西端的那坡；沿边县县通了二级公路，改造了总面积多达五十多万平方米的茅草房，一座座现代化的学校和医院矗立在边境城乡，边境大会战铺就了边境地区加快发展的基地。有党和政府的坚强领导和大力支持，边境地区人民继续努力，边境地区必将臻于富裕繁荣，并在繁荣富裕的基础上实现程度更高的安定和谐。

睦边。富邻、睦邻、亲邻，是我国和平外交政策在中国同邻国关系方面的体现。我们乐于见到邻邦繁荣富裕，富邻居总比穷邻居好。我们乐于通过互利合作，实现共赢共荣。边境大大小小的众多口岸，都是双方贸易、人民往来的通道和门户。双方还在一些重要边境口岸，建立经济合作区，进行投资合作。睦邻亲邻，不仅是对外的方针政策，而且是自古以来割不断的客观存在。即使在中越关系恶化时期，也难阻断双方边民的感情联系和实际往来。20 世纪 80 年代中期，在我方临时开放的位于山野间俗称"草皮街"的露天边贸点上，中越边民久别重逢，互通有无买卖之后，就三三两两聚在一起互致问候，共话家常，时间不早了才依依惜别，各自消失在暮霭笼罩的群山之中。在中越长期对峙冰块即将融化的时刻，1989 年春节，双方边民穿越边界，到对方那里寻旧；在尚未重新开放的东兴口岸，越南边民成群结队蹚过齐腰深的冰冷的北仑河，爬坡到东兴街上来，观光购物，探亲访友，东兴家家户户也以年节食品款待多年不见的邻邦客人，一时亲朋盈屋，街巷熙攘，乐意融融，呈现出一幅感人至深的活生生的边境中外和谐图景，这个春节也成为中越关系解冻时期的盛大节日。

固边。当前中越两国的陆地边界已经基本划定，遗留的一些问题，本着睦邻友好、互谅互让的精神，经过双方努力，也将会得到双方都满意的解决。通过严格边界管理，保证边境安宁，这是双方的共同愿望。今后还要继续发扬睦邻亲邻的传统，在中越两国共同制定的"长期稳定，面向未来，睦邻友好，全面合作"十六字方针和"好邻居，好朋友，好同志，好伙伴"四好精神指导下，共同构建一条和平友好的边界，让双方像走亲戚一样常来常往。多年来，每逢双方的共同节日春节，东兴、凭祥等边境口岸城市，都举行中越联欢活动，邀请对方边境球队来参赛，文艺团体来演出，邀请对方党政领导和各界人士来观光座谈。对方相应的口岸城市也这样做。在平常的日子里，双方边境领导机关和相应部门，都有"热线"联系，经常问候和磋商。每天，双方边民通过口岸频繁进出，到对方经商、访问、办事，如同在自己家里一样熟悉、方便、亲切。"中越两国山连山，水连水"的歌声时常回响在边界上空。历史证明，一条友好的边界也是一条安宁的边界，它犹如一根牢固的柱石，支撑起边疆的社会安宁与社会和谐。

广西沿江

开发魅力独具的西江风光走廊 *

——贵港市旅游资源价值与开发浅议

　　贵港市是魅力独具的西江风光走廊，光彩熠熠的北回归线上的绿色明珠，旅游资源丰富，品位高，特色明显，是堪与桂林、北海鼎足而立的广西旅游胜地。在扬旅游资源之长的同时，应下功夫补旅游交通之短，建设以高等级公路为主干的快速交通网络，重振西江客航雄风。扬长与补短结合，必将会使贵港市在新世纪光芒四射。

　　贵港市管辖三区（港南、港北、覃塘）一市（桂平）一县（平南）。为了简明行文，三区以不带"市"字的"贵港"概括表示，其范围相当于原来的贵县及其后的县级贵港市。

　　像一片从西江中游升起的彩云，1996年才升格为地级市的贵港市，其蓬勃发展的态势引来普遍注目。

　　山岳横亘于北，贯穿全境的西江奔流于南，西江两岸广布着浔郁平原——这就是贵港市的山川大势。自然的造化和历史的变迁，给这方当今热土留下丰富的魅力独具的景观，点缀在西江两岸，形成一条美丽的风光走廊。保护和开发这条风光走廊，不但对振兴贵港市经济，而且对建设广西旅游大省，都具有重要意义。

与桂林、北海鼎足而立的旅游胜地

　　桂林、北海、桂平，当前是知名度最高的广西三大旅游胜地。以桂平西

　　* 参加1999年中国民主促进会广西壮族自治区委员会组织的贵港市旅游开发考察后写成。载（桂林）《旅游研究与实践》2002年第2期。

山为代表的贵港市旅游资源具有下列优势：

位置居中。贵港市位于桂林和北海之间，如果以处于贵港市中心位置的桂平为圆心，二百四十公里长的半径可以把桂林、柳州、南宁、北海、梧州、玉林以及广东的肇庆、湛江包括在圆周之内，也就是说，这个圆圈几乎全部收入广西和粤西的主要城市。居中的地理位置作为一个重要因素，曾经创造过贵港市的历史辉煌，在旅游业蓬勃发展的今天，又使贵港市能同周围的各个旅游热点联网，从各个方向组织客源。

数量丰富。在这块面积 10595 平方公里、429 万人口的土地上，初步统计拥有一百一十多个景区和景点，平均一百平方公里有一个景点。

种类多样。既有壮美的自然景观，又有文化积淀深厚的人文景观，还有两者的完美结合；自然景观方面，山、洞、林、河、湖、泉、峡谷、珍稀生物俱全；人文景观方面，寺庙、碑刻、古建筑、历史和革命遗址、现代建设工程兼备。

品位很高。目前拥有西山（全国重点风景名胜区）、太平天国金田起义旧址（全国重点文物保护单位）、龙潭国家森林公园等三处国家级旅游资源，南山、东湖等六个自治区级风景名胜区和重点文物保护单位。金田起义旧址具有世界级的知名度。

特色明显，魅力独具。特色是旅游资源的生命，有特色才能产生魅力。贵港市旅游资源有如下特色：

山川汇聚，竞秀争奇。西江水系在桂平形成最大的一次集结，主流红水河—黔江从武宣南下入境，最大支流郁江从横县东流入境，在桂平汇合后共名浔江，携手东进。大瑶山也从北逶迤南来，在三江汇流附近终止行程，留下紫荆山、太平山、西山等名山，同三江汇聚在一起，形成山川平原连为一体的壮丽景观。大藤峡之雄，太平山之奇，西山之幽，东塔之美，三江口之壮，白石山之险，都在距桂平城区不超过三十五公里的地域内竞相展示自己的魅力。

北回归线同绿色的完美结合。划分地球温带和热带的北回归线从贵港市东北部横穿而过，贵港市大部分地区在北回归线以南。贵港市的茂密植被和青翠山林同北回归线完美地结合在一起，在地理学上具有特殊意义，是一项非常宝贵的旅游资源。

太平天国革命的风暴之源。1851 年爆发的金田起义，是席卷中国、震动世界的太平天国革命风暴的源头。紫荆山区和附近地区产生并造就了一大批太平天国的领袖人物和著名将领：杨秀清、韦昌辉、萧朝贵、石达开、秦日纲、胡以晃、林凤祥、蒙得恩、杨辅清，加上近邻藤县的李秀成、陈玉成、李世贤等等，他们纵横驰骋、叱咤风云，构成了太平天国的中坚和支柱。从这一片以紫荆山为核心的偏远山区农村，升起这么一群闪烁在 19 世纪中期漆黑夜空的历史之星，从金田这么一个昔日默默无闻的普通山村，涌出这么一股狂飙和巨流，实在是令后人惊叹不已的历史奇迹。

历史悠远，余晖熠熠。贵港市是一块古老的土地，早在公元前 3 世纪秦始皇经略岭南时期，就曾经是岭南三郡之一桂林郡郡治布山的所在地。在随后二千多年的历史长河中，或统或分，用过诸如郁林、贵州、浔州、桂平、贵县等地名，有的早已不用（如布山），有的早已别移（如郁林、贵州），有的留下遗绪（如浔州），有的原封不动（如桂平）或稍加变动（如贵港）沿用至今。不管怎样，这些古老地名都是不朽的，它们继续传出令人感到神奇，甚或令人感到惋惜的历史余晖，犹如从宇宙深处传来的星光，带来已经逝去的历史讯息，让人怀旧，供人探索。至于历史遗物，如贵港汉墓、南门、南江村古郡码头和驰道牌坊，如贵港、桂平、平南的古老街道和今日近乎荒芜的老客运码头，都是考古和怀旧旅游的不可代替的宝贵资源。

岭南宗教圣地。居中的地理位置，美丽的山水，使贵港市很早就成为岭南宗教圣地。贵港南山寺创建于北宋初年，1989 年贵港举行隆重的南山寺建寺一千周年庆典，吸引众多的国内外参拜者，传为盛世盛举。桂平西山龙华寺亦始创于北宋初年，洗石庵始建于清初顺治年间，都是海内著名寺庵，代有高僧名尼住持，宗教声望远播海外。西山长期以来为广西佛教协会驻地。

高品位的文化积淀。贵港市风景名胜区自宋以来的历代诗文题刻，寓有很高的历史、文学和艺术价值，让旅游者得到高品位的文化享受。如西山现挂于洗石庵前殿的 1921 年孔文轩、邹鲁九十字长联，就是脍炙人口的佳作。

当代大河工程的集中地。西江航运工程（南宁—广州千吨级航道工程）所需兴建的两座大型航运枢纽——已经建成的桂平航运枢纽和即将建成的贵港航运枢纽，都在贵港市境内，而且分别处于桂平和贵港的城区范围内。红水河梯级开发工程中最后一级——大藤峡水电站正在筹建之中，这座大型水利枢纽的坝址已经选定在距桂平城区不远处的大藤峡峡口附近。

北回归线上的绿色明珠

北回归线上的绿色明珠：桂平旅游资源的宣传定位

桂平是贵港市旅游资源最集中的地方，是其精华所在。贵港市目前三个国家级景区全在桂平，而且集中分布在三江交汇处的黔江东西两岸。此外，桂平还有白石山、罗丛岩等众多的第一流景区。

桂平是综合性的旅游城市，目前知名度最高的是西山和金田。两者当中任何一个都足以单独令桂平扬名海内外，也正因为如此，其中任何一个都不能兼代另外一个，更不用说单独表现桂平丰富旅游资源的整体了，需要寻找一个能够形象表现桂平旅游资源主要特征的提法，提供一个能够共同接受的比较恰切的定位。

北回归线上的绿色明珠——这个提法看来比较符合要求。

首先，北回归线横贯桂平，从城区北沿穿过，南有西山，北有金田。

其次，桂平兴建了北回归线标志并成为桂平市新的旅游热点。这是继广东从化之后，中国大陆兴建的第二座北回归线标志，由广西壮族自治区人民政府测绘兴建，1996 年动工，1997 年落成。其拱门上支地球模型的艺术造型，新颖壮观。

第三，桂平拥有丰富的绿色资源。当前在人类生活的地球上，无论是北回归线还是南回归线，其所经过的陆地大部分已成沙漠。世界著名沙漠大部分分布在回归线地区，如世界最大沙漠——撒哈拉沙漠、阿拉伯沙漠、印度塔尔沙漠、墨西哥沙漠，分布在北回归线两侧；澳大利亚沙漠、南非卡拉哈里沙漠分布在南回归线两侧。北回归线上，唯独剩下我国南方台、闽、粤、桂、滇五省区和国外缅甸、孟加拉国、印度一段还是植被丰富的绿色地带。其中1965年建立的广东肇庆鼎湖山自然保护区是我国建立最早的国家级自然保护区，1980年又经联合国教科文组织批准，加入世界"人与生物圈"定点观察网。云南西双版纳更以热带森林闻名于世。北回归线所经的桂平，同样是堆绿叠翠的绿色世界。西山古木参天，泉水长流。龙潭国家森林公园山林茂密，是动植物的天然宝库，这里有属于国家一级保护植物的大面积的树蕨（桫椤），有国家一级保护动物瑶山鳄蜥，有格木、圆籽荷、福建柏、紫荆木、蒄子叶竹节树等国家二级保护植物，有大鲵、猕猴、穿山甲等国家二级保护动物。这里的森林生态资源与鼎湖山相比毫不逊色。

第四，蕴含其中的众多著名人文景观，为这片绿色世界增光添彩，使这颗北回归线上的绿色明珠更加光彩熠熠。

建设以西山为后靠的一流桂平城区

桂平城区就在西山脚下。西山是桂平城区发展的后靠，城区是西山发展的依托，两者是紧密结合的整体，客观要求统一规划和建设。

扩大西山旅游区的范围。一座名山的地位不仅取决于它的素质，还取决于它的总量。扩大西山景区不但是战略目标，而且已成为当务之急。在旅游高峰时期，西山现景区游客人数已达饱和状态，可挖的空间潜力已经不多。急需把包括海拔超千米的马来山在内的邻近山峰先行纳入景区范围，加以保护并逐步开发。

留出西山和城区之间的缓冲地带，街区不能紧逼山麓。缓冲带也需要规划，进行绿化美化，或保留田园风貌。

城区建设应与西山在海内外享有的崇高声誉相适应，以现代化旅游城市为建设目标。利用靠山临水的有利条件，将环山和环河地带划入保护范围，逐步建设向江面敞开的滨江大道。当前应宣布距江岸一百米左右为保护地带，在开发条件具备之前，暂维持现状，禁止在保护范围兴建永久性建筑。

保护开发三江交汇处的"三角嘴"。"三角嘴"是由黔江和郁江夹成的、从城区向东伸出的尖长半岛，后望西山，前眺浔江，是一面靠山三面环水的风光宝地，目前还基本保持田园风貌。建议将整个"三角嘴"连同江中沙洲在内建为三江公园，在其尖端兴建一座桂平的城徽塔，与东塔隔江呼应，作为桂平的标志性建筑；在园内兴建国内第一座西江博物馆，展示西江水系的地理风貌、历史轨迹和未来发展。

以北回归线标志为中心，建立北回归线公园。园内建设国内也许还是世界第一座回归线博物馆，作为回归线的宣传、观测、研究基地。

开辟以桂平航运枢纽为中心的公园，让现代化水利工程进入桂平的旅游景点。

对城区的古街道（如县府东街、午甲街、太平路）、古码头、古建筑进行调查登记，作为不可再生的珍贵遗物进行保护；对某些已经消失但具有重要价值的古建筑，保护原址或另定新址，制定重建规划。

浔州—桂平，是漫长历史长河中交替出现的双星，合二而一，共同创造过历史的辉煌。在"桂平"担任历史主角的今天，应该同时充分发挥"浔州"的历史作用，这是一宗不可低估的旅游资源。某些重要的文化教育设施和风景名胜区，原以浔州为名的加以保留，如浔州中学，与此同时，适当扩大浔州一名的使用量。如未来的三角嘴公园可称浔州公园，三角嘴尖端的城徽塔可命名为浔州塔。建议在西山新扩的景区，建立浔州博物馆，展示浔州—桂平的悠久历史与光辉未来。

进一步开发、充实金田起义遗址的历史文化内涵

保护好金田起义所有遗址并立遗址碑。

调查和保护史有记载的太平天国重要人物的故居。故居消失、遗址尚存的，立故居遗址碑；故居及其遗址俱无但有故里（村庄）可寻的，立故里碑。

将金田起义博物馆建为一流的太平天国历史博物馆。争取国家资助和有关学者专家的指导，充实内容，在全国太平天国革命博物馆系列中突显自己的特色，成为具有广泛影响的参观和研究基地。

挖掘古老港城的旅游潜力

贵港处于西江风光走廊的首段，目前除了南山寺得到初步开发以外，其余景点基本上还处于自然状态。作为目前广西和西江水系最大的内河港口，作为广西以至大西南重要的水陆交通枢纽，作为贵港市的行政中心和桂平旅游的中转站，贵港有必要也有可能在旅游资源的开发上迈开大步。

继续开发南山景区

南山目前是贵港最重要的旅游景区，游客非常集中，但至今能供游览的只有南山寺一个景点，容量小，节假日通常超负荷运转。贵港市已经把南山二十四峰都纳入景区范围，建墙围护。当前急需对南山寺所在的狮头山以外诸峰逐步进行开发。所建围墙过于逼近山麓，离南山寺山门也太近，有碍观瞻，且不利于景点建设，建议再向外展宽景区范围。

兴建贵港历史博物馆

馆址可以选在南山风景区内，保护和展出包括罗泊湾出土文物在内的历代文物，着重展示贵港作为西江著名港埠的历史。罗泊湾出土的古船木至今仍委屈寄存于南山寺西侧一间平房及其屋檐下，屋檐难遮风雨，荒草蔓及屋墙，迫切需要建馆保护。

整治东湖，建设东湖风景区

东湖坐落于贵港城区，水面宽阔，市区内有这么一个大湖，是大自然对贵港的恩赐，十分难能可贵。贵港市正斥巨资进行整治。需要确定距湖岸一百米为保护范围，逐步拆迁原住房，建设环湖风景区。南宁市整治南湖，桂林市整治榕湖、杉湖和桂湖的经验值得借鉴。

重现荷城风采

贵港自古以产藕闻名，有"荷城"美誉。昔日火车站前是连续不断的荷塘，莲叶连天碧，荷花满城香，令来访者叹为观止。可惜现在站前大道两侧只剩下两方小荷池。亡羊补牢，犹未为晚。当前除了保护好现存荷塘以外，还要利用市区内外空白水面，广种莲藕，让莲叶、荷花构成蜚声四海的特色景观，每年举办洋溢着诗情画意的荷花节。

保护港城的历史风貌

港城旧貌何处寻？南江村古郡码头及驰道牌坊，城区老客运码头及与之相邻的老街道和南城门，是其集中代表。这一带应列为重点保护区，划定保护范围，使之保持原貌。由于公路交通的兴起，速度慢的西江客运目前在梧州以上河段已经基本停止。建议将老客运码头开辟为别开生面的内河航船陈列区，展览有代表性的各个历史时期的旧船，原候船厅可以暂时改作阅览室兼展览室，展览港城特别是与航运有关的历史图片。

保护名人故居

如太平天国翼王石达开、太平天国史研究专家罗尔纲，其故居或故居遗址应该立碑纪念并逐步整修开放。

开发九凌湖

九凌湖位于贵港城区西南十五公里处，由九凌和五凌两个相连的湖泊组成；水面一万亩，碧波如镜；水源为十五孔涌泉，水质清澈；湖中小岛点缀，湖边山丘罗列，湖上野鸭水禽，或飞或游，怡然自得。夕阳西下时分，落霞与孤鹜齐飞，碧水共长天一色。九凌湖湖光山色，有西湖之美，又有太湖之雄；天生丽质，有如长发洒落枕畔的睡美人，实在是不可多得的天然图画。应该以艺术家的眼光和手笔精心规划，略施粉黛，使之更加亮丽，不宜浓妆艳抹，免得有损天姿。可以相信，不久的将来，九凌湖将与南山比肩，成为贵港的风光双璧；笔者还想预言，将来会有一天，人们会把九凌湖誉为"岭南西湖"！

绿色旅游：未来的贵港市旅游王牌

当今世界旅游发展趋势 ①

"回归自然"，是当今世界旅游心态的主流；"绿色旅游"，亦即森林生态旅游是当今世界旅游发展的趋势。

城市化和工业化的浪潮拉开了人们同大自然的距离，日益严重的环境污染使人们怀念和向往不受或少受现代文明破坏的大自然的清静与和谐，现代化交通工具和工作日缩短又使人们有更好的条件实现回归自然的愿望。于是高山大漠、冰川雪原、大海沙滩、森林草原，日益增多地留下旅游者的足迹。森林由于分布广泛，隔绝尘嚣，环境幽静，空气清新，特别受到旅游者的青睐。据预测，到 2000 年，世界旅游总人数可望达到三十亿人次，其中约有一半人追求绿色，进行森林生态旅游。

以美国和德国为例。美国从 1872 年建立第一个国家公园——黄石公园开始，至今全国已有六百六十九个自然保护区，三百五十七个国家公园，占国土面积 10%，即九十多万平方公里，相当于四个广西面积的总和。美国的森林生态旅游，20 世纪 50 年代后期就开始蓬勃发展，60 年代形成高潮，目前每年有三亿人次参加国内森林生态旅游，平均每个美国居民每年大约参加 1.5 次。德国目前每年森林旅游收入高达八十亿美元，占国内旅游总收入的 67%。

近年来，我国森林生态旅游同样迅速发展，每年以 25% 左右的速度递增。至 1995 年底，全国各级森林公园已有七百五十多处。国家旅游局还曾将 1999 年定为中国生态旅游年。

发挥优势，趁潮而上

在全球性绿色旅游潮流面前，贵港市拥有可以后来居上的绿色王牌，那就是以龙潭国家森林公园和平天山林区为代表的森林生态旅游资源。

有"孑遗植物宝库""小西双版纳"之誉的桂平龙潭国家森林公园，面积

---

① 本小节中当今世界旅游发展趋势所用材料，引自徐顼军《世纪末，旅客走向森林》，见《人民日报》1998 年 10 月 23 日第十五版。

七十多平方公里，森林覆盖率达 78.3%，是完整的亚热带雨林区。园内遍布高山飞瀑、幽谷清溪和怪石奇岩。最高峰太平山海拔一千一百五十八米，在群峰簇拥下，呈现出顶天立地的雄伟气势。山顶有一块平坦面，是天然的观景台，大自然从这里铺出莽莽苍苍的林海山涛，每天朝这里演示神奇瑰丽的日出日落。公园得名所自的龙潭，面积一千多平方米，瀑布从三十米高崖飞落而下，声如雷吼，谷应山鸣，撼人心弦。山林景色晨昏有别，四时不同，丰富多彩。溯汇入大江的溪流而上，山崖夹岸，窄仅通舟，幽深曲折，入愈深则景愈奇，恍若进入世外桃源。如此佳境胜地，由于缺乏交通和基础设施，目前还处于可望而难至的半隔绝状态。

贵港平天山主峰海拔一千一百七十五米，峻伟雄奇，山顶有面积五千平方米的平台，有仙女浴池等景观，有太平天国革命时期农民起义领袖黄鼎凤抗清炮台遗址。平天山周围群峰耸立，云雾缭绕，有七万余亩森林，具有建立森林公园、开展森林生态旅游的良好条件。

发挥绿色资源优势，追赶绿色旅游浪潮，必将为贵港市旅游发展打开广阔的新天地。就这个意义来说，绿色旅游代表着贵港市旅游发展的希望和未来。

建设以高等级公路为主干的便捷交通网络

贵港市旅游资源的开发，旅游经济的发展，关键在于构建便捷的交通网络。贵港市本来具有位置居中的优势，但目前只是其西南部的贵港有黎湛铁路通过，桂平、平南没有铁路。贵港市自古以来的交通强项——内河客运，由于速度慢、费时多，难以同公路等运输渠道竞争，近年已经衰微，当前主要靠公路接发旅游客源。虽然南梧二级公路横穿全境，但从周边几个主要城市到贵港市，都还需要半天左右车程。对想到贵港市旅游的客人来说，专程则嫌太远，顺道又难逢机会。乍看位置居中，具有区位优势，实际上却近乎众热点之间的"死角"，或如"灯下黑"式的"盲区"。解决这个制约贵港市旅游业发展的问题，需要从交通建设入手。

交通建设的关键是建设高等级的公路干线，使贵港市能够便捷地通过高等级公路接上桂海高速公路和在建的南（宁）广（州）高速公路，缩短通往桂林、柳州、南宁、北海、梧州以至广州等主要客源城市的时间。对离高速公路和铁路较远的桂平市来说，兴建桂平—柳州（中经武宣、象州）、桂平—北海（中经玉林）两条二级公路，将使桂平拥有线路最直、距离最近的北上和南下通道。这条南北通道和东西通道（南梧二级公路）在桂平十字交叉，将大大改善桂平市的交通状况，拓宽其旅游辐射面，增强其旅游吸引力。

将重振西江客运提上议事日程。西江水系是大自然赋予贵港市最为宝贵的资源，是自古以来贵港市最大的交通动脉。改革开放以来，西江货运发展迅速，千舟竞发，一派繁荣，但令人遗憾的是，梧州以上的西江客运却日趋式微，目前已经基本停航。历史的责任感促使我们考虑如何重振西江客运。关键是对症下药，在"快"字上下功夫，发展快速航运，在与汽车等现代交通工具的竞争中，以快制快，快中求存，快中求胜。而飞翼船就是当前发展快速航运的有效载体，国内外早已向我们提供了成功的榜样和宝贵的经验。就在梧州以下西江河段，由于飞翼船参与客运，梧州广州之间，一般客轮上行约需十七个小时，飞翼船只用七个小时，速度比一般客轮提高一倍多，堪与汽车相颉颃。加上船运所固有的平稳、宽敞、舒适等优势，从而在客运买方市场的激烈竞争中站稳了脚跟，发展势头方兴未艾。这个就在近旁的成功榜样令人振奋鼓舞，其宝贵经验值得学习借鉴。另外，利用旅游船开辟西江旅游航线，一路观赏西江风光走廊，使西江既成为旅游的载体，又成为旅游的客体，这是重振西江客运、直接利用西江为旅游服务的好办法。目前，南宁已开通了至桂平的旅游船航线，其余沿江城市之间，例如贵港—桂平、梧州—桂平，也可以考虑开航旅游船。我们有充分的根据乐观地展望未来：随着经济的发展，西江客运必将重建辉煌，成为推动贵港市旅游业繁荣的巨大力量。

以超前意识考虑未来旅游业发展对空运的需求。贵港市现有一座位于桂平、贵港之间的军民共用机场，这是发展旅游的有利条件。需要以此为基础，考虑发展空中交通的远景规划。

以超前意识考虑未来的铁路建设。估计近期内国家还没有兴建通过贵港市的铁路新线的计划，但从未来着眼，当经济发展提出全局需要时，贵港市境内会出现新的钢铁动脉，这是旅游业所期望的美好前景。

扬己之长——积极开发丰富多彩的旅游资源，充分发挥富有魅力的资源特色；补己之短——大力发展交通，建设高速交通网络；扬长与补短结合，必将创造贵港市旅游业的繁荣，使贵港市真正成为令人流连忘返的西江风光走廊，成为举世向往的北回归线上的绿色明珠！

南疆重镇 历史名城[*]

——南宁市人文旅游资源评介

南宁是古老的南疆重镇，近代以来成为广西的省会和首府，改革开放以后又成为对外开放前沿，发展空前迅速。从古至今，南宁积累了丰富的具有特色的人文旅游资源，其中有些享誉国内外，具有可供开发的巨大潜力。

与此同时，由于自然和历史的原因，南宁的人文旅游资源也存在着许多明显的不足，需要全面分析、辩证看待，在此基础上扬长补短，制定正确的对策和行之有效的开发方案。

南宁人文旅游资源的优势

一、南疆重镇，历史名城

南宁建制始于晋代，至今已有一千六百多年历史（318—2001），一开始就是郡治兼县治，后来长期做州治或府治，唐朝一度做过岭南西道（今广西）治所；民国二年（1913）10 月，广西省会由桂林迁来南宁，民国二十五年（1936 年）复迁桂林，南宁做广西省会达二十三年；1950 年复为广西省会，1958 年成为广西壮族自治区首府。

南宁，晋称晋兴，隋称宣化（宣化作为县名一直延续至清末），唐称邕州，元代始得名南宁（邕宁一名亦始于元代）。南宁一名得名至今已有

---

* 载（南宁）《社会科学园地》2002 年第 3 期（总第 71 期）。

此文为 2001 年南宁市课题研究报告《南宁市旅游文化研究》由作者撰写的部分。所附资源介绍仅为选录，资料来自作者多年慕名屡次寻访所得以及有关书刊，其中包括《武鸣风景名胜荟萃》，武鸣县政协、武鸣县旅游局 1995 年编印。

六百七十四年（1324—2001）。

一千六百多年的城市历史，近代以来至今七十多年的省会和自治区首府历史，使南宁先是桂南、后又上升为全广西的政治、经济、文化中心。南宁还是历史上对外交往特别是对越南交往的重要通道。改革开放以来，它又成为中国对外开放的前沿和大西南出海通道枢纽城市。

南疆重镇，历史名城，这个事实本身就是宝贵的人文旅游资源。

二、点多面广，资源丰富

悠久历史和重要地位给南宁留下丰富的人文旅游资源。

点多。据粗略统计，南宁的人文旅游景点有一百多个。原始社会留有顶蛳山等著名遗址，宋代以后除元以外每个朝代都有人文遗物、遗迹。

面广。不论市区郊区、地上地下，举凡政治经济军事文化等领域，都有众多的人文旅游景点，组成了南宁人文旅游资源的洋洋大观。

三、特色明显，活力充沛

特色是事物的标志和生命力源泉。旅游资源的生命力蕴含在自身的特色之中，特色越明显，生命力越充沛，反之就难以产生吸引力。

南宁人文旅游资源具有下列特色。

（一）南国特色。南宁位于热带亚热带，位于海陆结合边缘，气温高，雨水多，阳光强烈，形成了门窗宽大、色调淡雅的骑楼式街道建筑特色。骑楼是南国城市街道建筑的传统特色，南宁老市区就是集中连片的骑楼区。

（二）民族特色。南宁是以壮族为主的多民族聚居城市，民族特色随处可见。如广西人民会堂的斗笠式金顶、民族文物苑的民族风格建筑、广西博物馆珍藏的铜鼓、广西国际民歌节等都闪耀着民族特色的光辉。

（三）历史特色。历史以南宁为舞台上演过很多重头戏。昆仑关是北宋侬智高起义军激战的战场，抗日战争时期又是昆仑关战役的发生地；北宋时期，太守苏缄领导抗击越南入侵的南宁保卫战，城破后全家壮烈殉国；近现代，南宁是桂系统治的一个中心，又是革命活动的重要基地。这些历史都在南宁留下了遗迹。

四、王牌资源，影响深远

一个城市的旅游业贵在拥有王牌旅游资源。王牌旅游资源价值高，影响广，是旅游资源的核心和旅游事业的支柱。

南宁拥有下列王牌旅游资源：

大明山。南国名山，主峰海拔一千七百八十米，总面积接近一千一百平方公里，有峡谷飞瀑、林海波涛、高山草坪、高山日出等壮丽景观，是冬日观雪、夏日避暑、休养、举办会议的胜地。大明山还有古城、古道、古墓等古迹。

昆仑关。中国名关之一，自古为军事重地。昆仑关战役阵亡将士墓及其系列建筑物巍然屹立于雄关之上，庄严肃穆，浩气弥漫。被击毙的日本旅团长中村正雄墓亦保存于山麓。

顶蛳山贝丘遗址、青秀山、旧街道（包括旧街、旧宅、会馆）以及桂系活动遗址由于蕴含着深厚的文化底蕴，经科学和高质量开发后，亦将成为南宁旅游资源中的王牌。

五、类型组合，相对集中

南宁市人文旅游资源的分布具有类型组合、相对集中的优势，便于集中开发和管理，便于安排旅游参观，在较短时间内参观完同一类型的景点，通过互相补充和对比，获得系统而完整的知识。例如：

新石器时代贝丘遗址分布在邕江两岸；

陆荣廷活动遗址基本上分布在武鸣县城至宁武一线；

昆仑关遗址集中分布在关口西侧昆仑山上；

市区旧街、旧宅、会馆，基本上集中在市中心区。

六、景点频增，积淀迅速

人文旅游资源是人类创造性活动的成果遗存。人类不断创造历史，成果遗存也越来越多。

改革开放以后，南宁发展加速，面貌日新月异，新景点日益增多，其文化内涵也日趋深厚，为旅游业的发展提供了越来越广阔的空间。兹略举数例说明：

桥梁。改革开放以前，南宁只有一座邕江大桥，即今天的邕江一桥，长期是南宁的标志性现代建筑，如今邕江大桥已增加到五座。这些大桥姿态各异，都为南宁增景添丽。

道路。20世纪50年代，随着火车站的建成，开辟了当时可作南宁门面的朝阳路；60年代，随着邕江大桥的竣工，开辟了江南大道；改革开放以后，民族大道、白沙大道、西乡塘大道、机场高速路相继建成，武鸣县城也开辟了六十米大道。这些空前宽直的现代化大道，两侧绿树成荫，花团锦簇，大厦林立。

建筑。改革开放以来，风格多样的各种建筑春笋般拔地而起。民族大道的大厦群如群峰并峙，气概非凡。坐落在民族广场北侧的广西人民会堂，耸立南湖之滨的国际大酒店，尤其令旅游者瞩目。

广场。1998年落成的民族广场，辽阔壮观，是第一流的城市广场；随后建成的南湖广场，辽阔美丽，亦可列入第一流的绿地广场。

公园。改革开放以来，新添了青秀山、江滨、狮山、金花茶等公园，纷呈异彩；老公园也不断增加文化内涵；热带亚热带植物园、药用植物园等专业公园更以其特有的科学性、知识性、观赏性吸引旅游者。

南宁正在继续发展，新的人文景观还在继续涌现。邕江永和大桥、凌铁大桥、葫芦顶大桥、南宁快速环道、南宁国际会展中心、南宁体育中心等大型工程，或在建，或待建，将以各自特有的美丽陆续展现到人们面前。南宁的旅游资源越来越丰富多彩，南宁的旅游形象越来越富有吸引力。

南宁人文旅游资源的局限与不足

同任何事物一样，南宁的人文旅游资源也存在明显的局限与不足，优劣并存，长短互见，往往长中有短，短中寓长，需要具体分析。

一、碎玉片羽，残缺空白

由于自然的侵蚀和人为的破坏，南宁漫长历史中的文物大部分已荡然无存。晋以后宋以前，加上宋以后的元代，在总共七百多年、几占南宁建城史一半的时间里，历史文物是一片空白。明清及民国时期遗物较多，但作为古城标志的许多珍物如城楼城墙、府省衙门早遭拆毁。幸存下来的也多半是残缺的碎玉片羽，如北宋苏缄遗址只剩下半截残墙，明代王阳明遗址只有后人嵌于当代建筑门墙上的"王文成公讲学处"七字石碑；近现代众多的名人住宅，也所剩无几，且多未考察认证，更谈不上保护利用；近代会馆中保存较好的新会书院和粤东会馆，也已不是全貌。

二、未成品牌，价值受限

南宁市人文旅游资源点多面广，但较之全国包括区内的其他旅游城市，相当一部分景点品质不高，价值受限。例如南宁的寺庙，其宗教历史价值就很一般；近年青秀山新添了很多人造景点，其中夹杂有一些平庸甚至拙劣之作，如书法碑刻有的只是附庸风雅；山顶瑶池美女塑像，连人体比例都不协调；南宁搞了多年的城市雕塑，至今还没有一件令人称赞。那些高品质的资源，由于未开发或开发度低，至今未形成高价值品牌。

三、印象不深，影响不大

南宁城区相当一部分人文旅游景点或因品质不高，或因宣传不够，很难给人留下深刻印象和深远影响。高品质景点多位于郊县，距离较远且位置分散，加上开发度低，未能充分发挥其旅游潜力。在国内外旅游者的心目中，似乎南宁没有什么足以传世的标志性旅游资源品牌，没有给人如同桂林山水、柳州鱼峰山与柳侯祠、北海银滩、桂平西山那样的强烈印象。

四、保护不够，损毁时闻

改革开放以后，南宁的文物和遗址受到重视和保护，但由于力量不足，或重视不够，保护方面仍存在许多问题，损毁仍时有所闻。特别是建设中的破坏还常被认为是正常现象而未加制止。

例如越南抗法志士阮善述墓被人偷偷盗挖，至今还不明真相，也没有进行查究；

又如名人故居特别是桂系重要人物故居及有关历史遗址，可能还没有做过全面调查登记，估计已有不少在房地产开发中无声无息地消失；

再如武鸣府城圩一条思恩府时代的石板旧街，为了通汽车，劈屋拓宽，撬走全部石板，铺上水泥路面，历史面貌不复存在；

再如一代名庄宁武庄遗址，至今未做任何保护，任由占地建屋，如此下去，纵废圩亦难寻觅。

五、开发不力，资源闲置

南宁有丰富的人文旅游资源，但限于财力和重视程度，开发力度不够，大部分仍处于无人问津的闲置状态。

如基本保存完整的安徽会馆至今仍由私人多家租住，杂乱不堪，火险严重。黄家大宅、金丝巷旧宅、董达庭旧宅仍任其在岁月流逝中苟延残喘。不仅如此，房地产开发商正对董宅虎视眈眈，只等领到批文就立即吞下这块他们心目中的"肥肉"。

又如北宋苏缄遗址，这是南宁市区年代最久远的遗址，其历史意义和旅游价值不言而喻，但长期以来被大小商铺裹挟其中，如今好不容易盼来一次机会，即紧邻的红星戏院拆除重建，有关部门准备从戏院划出部分地皮给苏缄遗址。遗憾的是，这也只是小小的一隅之地，无法从根本上改善遗址的局促状态。为什么不舍得把红星戏院拆除后的空地全部拨给苏缄遗址呢？在刚建成步行商业街的繁华地段，建一座苏缄遗址公园，其历史文化意义和社会效益，红星戏院根本不可与之同日而语，从长远来看，其对南宁市产生的经济效益，红星剧院也不可能望其项背。

再如昆仑关，可以说至今还没有开发。近年只重建了一座关门，标准很低，离历史原貌和现代要求甚远。

结语

南宁丰富的文化旅游资源，其品质呈金字塔形结构，一般的占多数，往上依次是较高品质和顶高品质的资源实体，足以从资源上保证南宁成为旅游大市和旅游强市。

南宁文化旅游资源的现实要求抓住互相紧扣的三个环节：

调查：在过去调查的基础上继续深入细致调查，丰富现有资料，尤其要填补至今还存在的空白。

保护：明确保护实体，展宽保护范围，防止建设中特别是房地产开发中的破坏。

开发：点面结合，在抓面的同时，着力开发重点资源，尽快形成突出品牌。开发中要讲究科学，忠实于历史，要求高质量，宁缺毋滥。通过在调查和保护基础上积极而有序的开发，尽快将南宁的文化旅游资源潜力转化为现实的旅游产业优势。

附录1

武鸣三园：南国的园林明珠

在岸青水碧的武鸣河两岸，坐落着明秀园、春霞园、秋霞园三座历史名园，犹如一条绿绸串起三块翡翠，这是蕴藏着深厚历史文化积淀的南国园林明珠。

明秀园

明秀园位于武鸣县城西约一公里、一座南北向的葫芦状半岛上，被武鸣河三面环绕，南北长三百米，南宽北窄，从南部最宽处一百六十六米逐渐递减至北部的四十五米，总面积约四十二亩。园内古树参天，藤萝缠绕，遮天蔽日；树下岩石嶙峋，亭阁错落，曲径萦回。

明秀园原名富春园，始建于清道光年间，已有近二百年历史。初建者为乾嘉举人、邑绅梁生杞。梁在河南沈丘等地连任知县二十多年，告老返乡后于此建园息影，园名"富春"。今日园内一些大树尚系当时所植。梁生杞死后，家道日衰，富春园渐趋荒废。

民国初年，陆荣廷向梁家购得此园，改名明秀园。陆氏着力经营，修墙建门，广建亭台楼阁，亲题"啸傲深山""别有洞天"等景点赞词，成为回乡驻足休憩之所，并于此策划指挥军政行动。是时园内树茂花繁，堂皇富丽，极一时之盛，时人视之为西南园林代表作，北与桂林雁山岑氏西林园齐名，列为广西名园之一。

民国十年（1921），陆荣廷在粤桂战争中失败，粤军直捣陆氏武鸣老巢，明秀园与陆氏新宅宁武庄被粤军焚掠毁坏。陆荣廷一蹶不振，再无力修葺。1924年陆下野后，明秀园归公，由政府接管。

1937年，爱国华侨胡文虎、胡文豹兄弟捐资，在明秀园内西北端创办武鸣城厢中心国民基础学校，建砖木结构两层教学楼一座，时人称为"文虎楼"。时任南宁区民团指挥官梁瀚嵩亲笔隶书"二十六年胡文虎胡文豹捐资建筑"，刻石立于校门旁，纪念胡氏兄弟兴学义举，碑石至今仍存。1939年，学校被日机炸毁殆半而他迁。1941年，于原校址新办武鸣县鸣山中学，加建校舍，原建筑保存至今。1942年，武鸣县政府于园内荷风簌亭旁建屋纂修县志，是亭于是又有"修志亭"之名。

20世纪50年代中期，明秀园曾作广西创制壮文工作的办公地，建房供帮助壮文创制的苏联专家居住，后人称为"专家房"。1963年，郭沫若游明秀园并题诗赞曰："明秀闻仍在，武鸣事远游。园荒林转茂，溪曲景愈幽。"1964年，朱德视察武鸣，游明秀园，对名园胜景极为赞赏，要求妥加保护。

20世纪50年代以来，明秀园迭经修葺，园貌焕然一新。近年于园内学校旧址展览陆荣廷历史图片，更加浓了明秀园的历史文化色彩。

春霞园

春霞园与明秀园隔武鸣河相望，面积七十亩，两面环水，傍依村庄，园内绿草如茵，林木青翠，河边怪石丛生，环境宽敞美丽，富于田园野趣。春霞园与秋霞园同为明秀园的姐妹园，分居明秀园两旁，园名皆极富诗情画意的魅力。明秀园与春霞园之间，近年已建跨江铁索桥一座，将两园连为一体。

秋霞园

秋霞园又名秋暇园，初名消暇园，一园三名，谐音转化，曼妙自然。园在武鸣县城西北约三公里处，三面环江，面积约五十亩。清嘉庆中期邑人梁源洛奉父命兴建。由于在陆楚桥西，当时又名"桥西别墅"。园内遍植荔枝等果木，建有豳风亭。清代邑人黄君钜有诗赞曰："一水湾环抱石湖，亭开半亩荔千枝；丈人不肯忘耕作，取次豳风入画图。"（《七律·梁丈人消暇园豳风亭》）。民国初年，秋霞园毁于兵燹，年久荒废。新中国成立后由人民政府接管保护，除旧存古木外，又广种桃李等花果。

附录 2

从邕武公路到"耀武上将军"墓：陆荣廷的后期遗迹

辛亥革命后，陆荣廷开始攀上人生的高峰，先任广西都督，受封"宁武将军"和"耀武上将军"，后任两广巡阅使，将势力伸进广东，成为两广的最高统治者，登上军阀生涯的顶点。他荣归故里，建宁武庄，建广西第一条公路——邕武公路及横跨武鸣河的镇武桥，在县城建上将台、上将第、业秀公园和明秀园，在巴孟山营造油桐林。但盛极而衰，1920年被粤军击败，1924年再被沈鸿英围困，同年宣布下野，暮年闲居上海，1928年病死苏州，后人移枢故里安葬，一代名人章太炎为之撰写墓表。这一系列遗迹向后人展示陆荣廷从极盛到衰败，直至最后归宿的轨迹，重现历史风云变幻的部分画面。

邕武公路和镇武桥

民国元年（1912）陆荣廷任广西都督后，将省会从桂林迁到南宁，随后在武鸣建宁武庄作为常驻与处理军政事务之所，经常在邕武间往返。但当时邕武间交通极为不便，途中所经的高峰隘山高坡陡，纵"徒步亦伛偻呻吟"。

民国元年，陆荣廷派工兵营开拓高峰隘路段，将邕武路修成一条全线可通马车的大路，民国二年（1913）竣工。民国四年（1915），又以原大路为基础，开始修筑可通汽车的邕武公路，仍由工兵营负责施工，其间曾因讨袁军事而暂时停顿，直到民国八年（1919）才完成通车，前后历时四年。邕武公路起自南宁北门（今南宁市工人文化宫），中经二塘、三塘、高峰隘、腾翔、双桥，抵武鸣县城后继续西进，止于宁武庄，全长五十三公里，是广西第一条公路。行驶于这条公路上的第一辆汽车是陆荣廷从广州购买、用船运到南宁的一辆帆布篷顶小汽车，第一个乘客就是陆荣廷自己。几十年来，这条公路经过不断改建，至今作为南宁通往武鸣的旧路，仍然发挥运输作用。

镇武桥为邕武公路延长段——武鸣—宁武段跨武鸣河的石拱桥，民国九年（1920）12 月动工，次年三月建成。桥长二十米，宽六米，高十五米，分三拱，每拱跨径 14.8 米。桥成后，陆荣廷命名为"镇武桥"。由于桥头为五海村，原渡口称五海渡，又俗称"五海桥"，是广西第一座公路石拱桥。

陆荣廷在桥头建亭，亭内立碑两座，分刻建桥碑记。其一为陆亲撰的《鼎建镇武桥记》，全文三百字，叙述建桥始末，"经营凡四阅月，需款四万有奇，而桥始告成，因名之曰'镇武'"。另一为当时田南道尹、武鸣夏黄村人黄成滴撰，凭祥县知事、五海村人陆永思书的《镇武桥碑记》，正文四百四十七字。

镇武桥建成至今已八十年，作为南宁—百色干线公路桥行车亦已数十年，今日虽已有钢筋水泥新桥并峙于上游，取代了其干线行车职能，然镇武桥仍壮健如昔，继续屹立于武鸣河上。

上将台、上将第与业秀公园

上将台在武鸣县城南门，跨街而筑，建于民国二年（1913）。台南面书"上将台"三字，台北面书民国二年十一月袁世凯赠陆氏词"康强纳佑，赐福间阎"八字，台座嵌石碑二方，上刻民国三年（1914）一月二十五日陆荣廷自撰并书的《上将台碑记》。台已毁于1921年粤军入侵之时，碑今尚存一方。该碑记是一篇陆荣廷的简明自传。开头云："廷老矣，所志十不偿几"，起笔不凡；接着设问："乡人以廷任都督，且□膺中将上将衔……以为闾里光宠，或相夸耀，何所志之不若也？"后以个人奋斗之成功与隐忧作答；文末勤勉邑民："吾邑以武名，且以武而鸣者也。名者实之宾，乡人当有以副其实，而知以鸣，则从军固乐也。廷所成就不足道，而其志或是为乡导。"

与兴建上将台同时，陆荣廷又在武鸣县城兴建"上将第"与纪念其父的"业秀公园"。上将第位于县衙门前西街，为富丽堂皇的宅第，亦已毁于1921年粤军入侵之时。业秀公园在旧城东南，陆荣廷父名"业秀"，"公"是对其父的尊称，非后来"公园"之"公"。园广仅九亩，但亭台楼榭、曲径荷池、佳木奇花，荟萃于咫尺之间。1919年于园内增建陆氏祖祠，1920年春祠成之日，陆荣廷大宴宾客志庆，以广东江防司令陆军中将申葆藩为首的五名粤军将领联名"谨献石狮二座，恭列祠前，以表贺忱"；狮座嵌碑，镌刻贺铭，颂陆为三国东吴名将陆逊陆抗之后，"允文允武，克柔克刚，譬彼狮成，龙震全球"。有讽刺意味的是，仅仅一年之后，这批献狮献颂的粤军将领，就反目倒陆，并亲手将包括业秀公园在内的几乎全部陆氏建筑焚掠一空。此两座石狮作为业秀公园唯一劫余，今日犹踞原处（今武鸣剧院大门石阶前两侧），供后人凭吊观赏。石狮比例匀称，线条流畅，神态威猛，堪称石雕佳作，兼具历史与艺术价值。作者为广东雕刻艺术家林锐昌。

巴孟山洞

巴孟山洞反映陆荣廷盛极而衰的历史反差。它先是陆荣廷极盛时期创办的桐油公司的办公处，陆在粤桂战争中失败后又成为他的短暂避难隐居地。至今仍存于洞壁的陆荣廷三十二行七言诗，留下了从巅峰坠入深谷的失意者无可奈何的叹息。

巴孟山在宁武庄西七公里。1914年春，与兴建宁武庄同时，陆荣廷在离故里不远、小时经常打鸟捉虫的巴孟山圈地二百亩，从宁武庄警卫营中抽调官兵前来种植油桐，并成立油桐公司负责经营。同时，利用巴孟山半腰的一个岩洞，在洞口建一座砖木结构的二层排楼，洞楼连成一体，作为桐油公司办公所在地。经过几年垦殖，油桐及周边的松树已郁然成林。

1921年粤桂战争爆发，陆荣廷兵败退回广西。1921年早春回武鸣，先到宁武庄，扫墓祭祖后，到巴孟山暂住。从1913年衣锦还乡，到七年后落荒而回，沧桑悲凉之感油然而生，陆荣廷深切体会世事无常，荣辱易位只在瞬间，劝人不如淡饭布衣，隐居山林，于是形诸诗文并刻于洞壁。诗成不久，粤军就尾追而至，将他在武鸣多年精心营建的光宗耀祖之物焚毁殆尽。巴孟山洞也不是可以久隐的世外桃源，他短住数日，又被迫逃离远遁。

兹录巴孟山洞陆荣廷撰刻自叹诗全诗于下：

荣辱纷纷满眼前，不图富贵且图闲；
身贫少虑多清福，名垂丘山惹蓴冤。
淡饭尽堪充一饱，锦衣那得几千年；
世间最大惟生死，白玉黄金尽枉然。
自古为人要见机，见机才有下场时；
事非关己休招惹，理若亏心切莫为。
得胜胜中饶一着，因乖乖里放些痴；
聪明漫把聪明使，来日阴晴未可知。
终日忙忙无了期，不如退步隐山居；
布衣遮体同绫缎，野菜充饥胜肉鱼。
世事纷纷如电闪，轮回滚滚似云飞；
今日不知明朝事，那有工夫理是非。
衣食无亏便好休，人生世上一蜉蝣；
石崇未享千年富，韩信空成十面谋。
花满三月莺带恨，菊开九月雁含愁；
山林幽静多清乐，不愿荣封万户侯。

民国十年辛酉仲春
里人　陆荣廷

陆荣廷墓

陆荣廷墓位于武鸣县城西南约三公里处，县城至宁武公路中段。

1923年粤军撤离广西，陆荣廷收拢旧部，卷土重回，但1924年又被沈鸿英围困于桂林，后逃离广西，通电下野，避居上海。1928年11月病死苏州，活了七十三岁。1929年春移棺归葬故里。

1934年，陆旧部请章太炎为陆撰写墓表。章太炎（1866—1936）为著名民主革命家和国学大师，讨袁时期即与陆相识，陆避居沪上后常有往来，素稔陆的经历与为人。墓表简述陆的一生经历，客观公正，言简意赅，文笔生动，是一篇很好的同时代人写的陆荣廷简传。现已重新刻碑立于墓侧。这篇章太炎撰写的《勋一位耀武上将军两广巡阅使陆君墓表》，倍增了陆荣廷墓的历史文物价值。大师文采笔力，尤令读者叹服，更为山河增辉。谨录其末段共飨：

余自讨帝制时识君，及君隐吴下，往过之，言语姁姁，未尝有不平色。貌瑰异，喙锐决前出寸所，与明祖绝相似。为人表里洞通，举事无不可语人者。独谩于张勋，率尔任举，幸其材劣，不返踵而仆，而君之过可谓如日月之蚀矣。然自民国兴至今二十余岁，南北流污，南弥污于北，而懑北者咸慕趣南。其两无所染者，独君与云南倡义数公而已。好恶亟易，今人之视君如灰尘。殁六年，未有表墓之石。二十三年春，旧部以为请。余以为阐幽辅微，野人之责也，故次其事，树于墓道。

附录3

思恩府与宁武庄：记录历史沧桑的两处遗址

武鸣从古至今，历史地位十分显赫。明朝中朝以后，管辖桂中南地区的思恩府，其治所就在今日武鸣县的府城；近代叱咤西南风云的陆荣廷，曾在武鸣兴建一座中西合璧的大庄园——宁武庄。历史沧桑，今日思恩府原址还留下一些遗物，而宁武庄原物已荡然无存。尽管如此，这两座遗址的昔日辉煌，仍保留在历史的记忆里，引人追思，令人向往。

思恩府遗址

思恩府遗址，位于今日武鸣县府城镇，南距县城三十二公里。

　　思恩府的历史可追溯到一千多年前的唐朝，当时称思恩州，属邕州府（今南宁市）管辖，州治设寨城（今平果县旧城）。元朝和明朝初期，思恩州属田州府（今田阳）管辖。明正统三年（1438），思恩州上升为思恩府，府治迁到今马山县的乔利，辖区东至今日来宾，西抵云南广南，北到宜州，南达南宁府宣化，几乎包括了桂西的大部。明嘉靖七年（1528），根据王守仁的建议，府治由乔利迁至武缘县荒田驿，即今日武鸣府城，因为乔利石多岩险，"如处戈矛剑戟之中"；而新址野阔山环，"四野宽衍皆膏腴之田，而后山起伏蜿蜒，为平原环抱，函蓄两水夹绕"（王守仁:《处八寨思恩府以图永安疏》）。从此至清初，思恩府辖一州（宾州）、三县（武缘、上林、迁江）、九土司、一土州（田州）、一土县（上林土县，今田东县境），以后土司土州土县数量略有减少，但一州三县的核心部分和管辖广西中南部的基本格局一直保持不变。与今天的行政区划对比，思恩府辖区大致包括今武鸣、宾阳、上林、来宾、马山、平果、田东、田阳、都安等县的全部或一部，以今南宁市和南宁地区的北部为基本区域，兼及百色、河池、柳州三地区的相邻部分，其地位相当于今天的地区行署。直到民国二年（1913）才废除思恩府建置。今日武鸣府城作为后期思恩府治所在地，从明后期，经清朝，至民初，跨越了三个朝代；从公元1528年至1913年，存在了将近四百年。源自当年思恩府治所的"府城"一名，则沿用至今，将近五百年；作为越来越受到后人珍惜的历史文化载体，"府城"一名肯定还要沿用下去。

　　府城的历史文化价值，还表现在它同明代大学者王守仁（阳明）的密切关系。明嘉靖年间，思恩府爆发八寨（今上林、宜州境）农民起义，明朝皇帝派王守仁率兵平定。王守仁来到思恩府后，经过实地考察，向皇帝上疏建议思恩府治迁址，皇帝允其所请，于是才有了后期思恩府城近四百年的历史。王阳明在思恩府的活动引起了国内外学者的注意，1992年6月，日本阳明学考察团曾专程到府城考察王阳明的历史踪迹。

　　下面略述思恩府遗址：

　　府城遗址。位于今府城圩东北两河交汇处。一面临河，三面环墙。原城墙总长312丈，高2.1丈，厚1.2丈；外砖中土，顶设垛口686个；共开三座城门，东为鸣凤门，西为悦化门，南为思正门。思恩府撤销后，府署和城墙逐渐拆除，府署原址今为府城粮库，城墙今尚存部分残迹。遗址内现存孔庙石碑一座，为武鸣现存大型古碑刻之一。

榕园。在府城遗址内，今为府城高中校园。明朝土官岑氏以园内多榕树而称之为榕园，据此可知已有五百年以上历史。清道光年间，思恩府知府李彦章对榕园情有独钟，自称"榕园主人"，在园内增建景点并创建阳明书院，每年王阳明生日，亲率书院师生致祭；每年中秋，与师生共同赏月观灯，作诗志盛。咸丰年间，因战争频仍，书院停办。光绪年间知府黄鸿藻复办书院，并于书院内刻王阳明像供奉。宣统二年（1910），思恩府衙迁入榕园，阳明书院改称小学，民国三十二年（1943）改为阳明初级中学，1969 年改为府城高中。今日府城高中与古代阳明书院可说一脉相承。今府城高中西部仍存榕园旧景，东部仍长榕园古榕。河边岩壁有清道光二十四年（1844）李彦章手书"水月岩"和"阳明书院"题刻。水月岩岸上，原阳明书院藏书楼——天一阁，已改建成府城高中图书馆，阁内王阳明石刻像毁于"文革"浩劫。兹录榕园古诗两首：

中秋榕园张灯词

李彦章

方塘数亩鉴初开，荷叶犹盖玉笋堆。

谁落银灯千万点，星光明灭小蓬莱。

李彦章，福建侯官人，清道光初年进士，曾任翰林院编修，道光七年（1827）起，当了至少十七年的思恩府知府。曾作《中秋榕园张灯七绝四十首》，记榕园中秋之盛，现存七首，此为其中之一。

榕园即事诗

张允谦

鸟啼花落树萦烟，此日重来续旧缘。

不尽春光何处领，观澜榭午绿杨天。

张允谦，清代思恩府知府。

棋星桥、劝农亭、燕子岩。从榕园往西南方向走，依次有棋星桥、劝农亭遗址和燕子岩三个景点。棋星桥长五十二米，宽七米，双拱每孔跨径 12.3 米，建于 1932 年，是武鸣最早的公路石拱桥之一。劝农亭为清道光年间思恩府知府李彦章所建，亭已不存，后人刻有遗址字句。燕子岩小巧玲珑，因常年有很多燕子筑巢而得名，为武鸣著名岩洞之一。洞口上方刻有"燕子岩"三字。洞内凉风习习，洞底潭水澄澈，洞壁有李彦章题刻"风漪""碧水澄华"。抗日战争期间，燕子岩是民众的防空洞，1940 年 9 月 7 日，日机六架来袭，投弹三枚，炸死十二人，炸伤十二人。

狮子岩。位于武鸣—府城公路旁，北距府城圩约三公里，因山形似雄狮蹲踞而得名。"狮岩古迹"为武鸣八景之一。西峰似狮头，东峰似狮身，洞口似狮嘴，洞内石笋钟乳石如万物杂陈。狮子岩以石刻众多闻名，今存"烟霞深处""清虚洞""别一洞天""藏真石室""阳明先生过化之地"等古代大字崖刻。诗词题咏更多，兹录两首：

题狮子岩

黄如金

石室何年神斧修，嶙峋滴玉最清幽。

云笼洞口来仙客，狮踞郊原傍碧流。

几处铭崖成往迹，百年事业似浮沤。

坐间频觉风生腋，疑在蓬瀛第一洲。

黄如金，明代广西巡按副使，福建莆田人。

登狮峰

陆日新

高踞青霄上，飘然兴不穷。

白云全抱石，苍翠半横空。

楼阁飞天外，山原入画中。

浩歌声未已，孤鹤下江东。

陆日新，清代武鸣人。

宁武庄遗址

宁武庄位于武鸣县城西七公里，坐落在武鸣河右岸，今名"旧宁武"，是武鸣华侨农场宁武分场下属的一个村庄。

辛亥革命后，陆荣廷当上广西都督，并被授予"宁武将军"和"耀武上将军"衔，进入个人戎马生涯中的极盛时期。民国二年（1913），陆率眷属和大队人马，衣锦还乡，浩浩荡荡从南宁回到武鸣，先在县城大建宅第，接着根据从省内外特聘来的风水先生实地考察后的建议，在其父墓附近，依傍武鸣河的一块平坦荒地建筑庄园，1914年春动工，1915年秋建成，取"宁武将军"之意，命名为"宁武庄"。

宁武庄占地约四十亩，呈"回"字形，由旧式平房和新式楼房共同构成，以隔墙划分为内外两区。内区为陆荣廷府第，通称陆公馆，是宁武庄"回"字形布局中间的"口"字，为陆荣廷居住和处理军政大事的重地，建筑恢宏豪华，格式为长方形的四合院。内区除了陆及家属的住宅楼以外，还有会议楼、招待楼、戏台、花园和陆氏家祠。戏台挂有"春满乾坤""歌舞升平"匾额。家祠大门上方挂有"陆氏家祠"金字横匾，祠内有陆荣廷亲笔的"忠义报国""孝友存家"金字题词，神坛下有陆荣廷巨幅半身肖像，像旁对联云："宁将齐公迎官长，武以全群为我民。"外区供陆的属官、卫士及亲戚居住，还有供百姓看戏的戏台，台上挂"起舞台"横匾，两柱分别挂"与民同乐""共话桑麻"竖匾。戏台对面建有两列平行的圩亭，圩亭旁边，整齐划一地建有一百多间店铺，人称"都督圩"。宁武庄1915年建成，同年宁武圩开市，陆荣廷请来戏班连唱一月庆祝，一时盛况空前。昔日一块无名荒地，一年间变成名扬四方的繁华场所。

宁武庄落成以后，立即成为陆荣廷处理军政大事的中枢。陆荣廷先后在这里策划指挥讨伐袁世凯、活捉龙觐光、护法、东征等战役。当时宁武庄冠盖云集，名流咸至，门庭若市。作为陆荣廷的座上客，见诸记载的就有胡汉民（广州大元帅府交通部总长）、吴景濂（广州非常国会众议院议长）、古应芬和潘乃德（孙中山的代表）、岑春煊（两广护国军军务院抚军长）、谭延闿（湖南督军）、伍廷芳（两广护国军政府七总裁之一兼外交和财政部部长）、李根源（海军总司令）、梁启超（两广护国军政府参谋长）、林虎（两广护国军第二军司令）、李宗仁（后任自治军第二路军总司令），等等。从上列来访者名单就可以看出，当时宁武庄俨然两广的政治中心，受到全国的注目。

可惜盛景不长。1921年粤桂战争爆发，陆荣廷战败。是年农历八月一日，陈炯明指挥粤军深入武鸣陆氏老巢，宁武庄成为粤军劫掠的首要目标，洗劫之后泼油点火，将一代名庄付之一炬，仅余灰烬瓦砾。宁武庄从1915年建成到1921年被毁，存于世间仅仅六年。

1932年在宁武庄废圩上兴建宁武乡乡公所和乡中心国民基础学校（高小）。20世纪40年代中期，宁武乡公所、学校和圩市迁到四公里外的新址。宁武庄只剩下三四十户居民，变成一座名叫"旧宁武"的普通村庄。

附录4

昆仑关：威震中外的中国名关

昆仑关是中国名关，因抗日战争期间的昆仑关战役而威镇中外。

昆仑关雄踞于邕宁县与宾阳县之间，西南距南宁市区五十九公里，周围群山丛集，沟谷纵横，地势高耸，通过峡谷向南北两侧缓缓低落，属大明山余脉地带。昆仑关扼守其间，自古为南北交通咽喉与南宁东北门户。

昆仑关是历史名关，始建于秦汉之际，北宋景祐二年（1035）正式设关，后经北宋侬智高加固，明代王守仁重修，明末永历帝重建，清道光年间邕宁知县柳际清重修关城重建关楼，1976年古关被毁，1981—1982年由邕宁县重建，重新镶嵌古关遗下的关名"昆仑关"石刻隶书原匾于北门之上，将昆仑关定为邕宁县重点文物保护单位。

昆仑关是军事要塞，历代为南宁及桂南攻守必争之地，历史上发生过多次昆仑关战役，其著者如：

北宋狄青与侬智高昆仑关之战。北宋皇祐元年（1049），朝廷遣狄青率兵南征，与侬智高在昆仑关激战，宋军大败；皇祐五年（1053）元宵节，狄青利用侬智高疏于防备，间道奇袭，夺取昆仑关。昆仑关一失，南宁无险可守，侬智高被迫西撤云南大理。

北宋与交趾昆仑关之战。北宋熙宁八年（1075），交趾李常杰率兵八万入寇广西，陷邕州，占昆仑关，宋将张守节在关南与敌激战阵亡。

桂滇昆仑关之战。1925 年，滇系军阀唐继尧派六万军队分三路入侵广西，前敌总指挥卢汉占领南宁与昆仑关；李宗仁、黄绍竑、白崇禧等率领桂军与滇军范石生部联合，以八千之众血战昆仑关，滇军弃关远遁，撤离广西退回云南。

最著名并且影响最大的是抗日战争期间的昆仑关战役。日寇为了打通中国大陆与东南亚的交通线，1939 年 11 月 15 日登陆钦州湾，11 月 24 日占领南宁，12 月 4 日占领昆仑关，在昆仑关屯兵筑垒，作为固守南宁的要塞和继续北犯的出发阵地。我军为了阻止日军北犯并南下收复南宁，决定强攻昆仑关。由军事委员会副参谋总长兼桂林行营主任白崇禧任总指挥官，调集夏威的第十六集团军、蔡廷锴的第二十六集团军、叶肇的第三十六集团军、徐廷瑶的第三十八集团军等四个集团军参加昆仑关战役，以隶属第三十八集团军的第五军担负昆仑关的正面进攻。第五军装备精良，战斗力强，为抗日战争时期中国精锐部队，军长杜聿明，副军长郑洞国，下辖戴安澜的第二〇〇师，邱清泉的新二十二师，郑洞国兼师长的荣誉第一师等三个师。日军投入昆仑关战役的兵力有第五师团的第二十一旅团，中村正雄少将为旅团长兼昆仑关战役指挥官，此外还有台湾混成旅团等部队。1939 年 12 月 17 日，我军开始总攻，战斗非常惨烈，"炮火交织于山谷，血肉横飞于林麓"，经过半月浴血奋战，12 月 31 日一举攻克昆仑关。是役毙敌少将旅团长中村正雄以下官兵四千余名，开创了抗日战争中阵地攻坚获胜的光辉战例，粉碎了"日本皇军不可战胜"特别是"阵地战不可战胜"的神话，打出了中国的军威国威，极大地鼓舞了全国人民"抗战必胜"的信心和决心，震动了全世界。正如杜聿明将军在陆军第五军昆仑关阵亡将士纪念塔碑文中所说，此役"攻战之苦，牺牲之烈，殆兴军以来所罕有，而攻坚克险，实开抗战之先河。不仅足寒敌胆，抑且丕振军威"。

民国三十三年（1944），第五军在昆仑关建立阵亡将士墓园，安葬三千四百余名第五军阵亡将士遗骸。墓园包括三座丛葬墓以及纪念塔、碑亭、牌坊等纪念性建筑，并在昆仑关西侧建中村正雄墓。当时的军政领导人、高级将领暨昆仑关战役指挥者分别题词、撰联和撰文，刻石纪念英灵并"激发忠义，惕厉来兹"。他们是蒋中正（军事委员会委员长）、于右任（监察院院长）、何应钦（参谋总长）、李济深（军事参议院院长）、白崇禧（副参谋总长兼桂林行营主任）、陈诚（军事委员会政治部部长）、徐永昌（军令部部长）、顾祝同（第三战区司令长官）、张发奎（第四战区司令长官）、李宗仁（第五战区司令长官）、余汉谋（第七战区司令长官）、林蔚（桂林行营参谋长）、张治中（军事委员会委员长侍从室第一处主任）、黄旭初（广西省政府主席）、杜聿明（第五军军长）等。兹录墓园牌坊两副题联：

芳烈长流为国家尽忠民族尽孝，
英豪继起信抗战必胜建国必成。

（蒋中正）

血花飞舞苦战兼旬攻克昆仑寒敌胆，
华表巍峨扬威万里待清倭寇慰忠魂。

（杜聿明）

墓园碑文有三，撰者分别为白崇禧、李济深和杜聿明。

这么多的军政要员集中为昆仑关抗日阵亡将士墓园题词，既是对牺牲者的悼念和褒扬，也说明了昆仑关战役在整个抗日战争中的重大意义和崇高地位，为后人留下了一笔丰厚的珍贵历史文化遗产。

1982年，昆仑关过去受到自然和"文革"破坏的文物得到修复，重新以原貌展示在世人面前。原邕宾公路、今南梧二级公路都从昆仑关近旁通过，南梧二级公路专门开出一条步行道通到相距几十米的墓园牌坊。瞻仰者下了车，从牌坊拾石级而上，就可以登到耸立于山巅的纪念塔。塔后是英烈墓，塔东是纪念碑亭，东北是出口牌坊。昆仑山东侧是昆仑古道，关门就横跨在古道之上。一股英风浩气弥漫于昆仑关山林，令瞻仰者的心灵顿时得到更高的升华。

昆仑关早已引起国内外的注目。杜聿明将军的女婿、诺贝尔奖获得者杨振宁及夫人曾经专门来访，包括日本和平人士在内的国外参观者也经常不辞远道慕名而来。

遗憾的是，这么一座威震中外、名传遐迩的中国名关，至今仍基本上处于原始状态。原来茂密的山林遭受砍伐，今天只剩稀疏幼树，与童山无异。1982年重建的关门低矮短小，其貌不扬，与人们心目中的雄关相去甚远。更令人费解的是，这么一块完全有资格列入国家重点文物保护单位的历史文化瑰宝，在很长的时期里，只被列为县级文物保护单位，后来虽上升到省区级，但只虚有其表，二十年来未见有什么投入，与此同时，却经常听到关于南宁历史文化旅游资源缺乏精品的抱怨。

笔者愿借此大声疾呼，应立即将保护和开发昆仑关提上议事日程，科学地高标准地制订保护和开发规划并付诸实践！

南疆的历史星辰 *

——南宁历史一瞥

远古人类在这里生息繁衍

南宁是远古人类生息繁衍之地。1964 年在南宁市东郊发现的八千年前的豹子头遗址，1994 年在邕宁县蒲庙镇发现的五千年至一万年前的顶蛳山贝丘遗址，都属新石器时代遗址，都以螺壳为主要堆积，具有明显的贝丘文化特征，具有重要的历史和科学研究价值。顶蛳山遗址被评为 1997 年度"中国十大考古新发现"之一，并被命名为"顶蛳山文化"，这是广西首次获此殊荣。

历史上的南疆政治中心

南宁作为独立的行政区域已有一千六百多年历史。公元 318 年（东晋元帝大兴元年），设立晋兴郡和晋兴县，其郡治和县治就在今天的南宁市，这是南宁独立建制之始。

公元 634 年（唐太宗贞观八年），南宁改称邕州，这是邕州得名之始。

唐懿宗时期（860—874），设岭南西道（相当于今日广西），道治设邕州，这是南宁成为广西首府之始。

公元 997 年（宋太宗至道三年），改岭南西道为广南西路，道治迁往桂林。在古代史上南宁作为广西首府延续了一百多年。

公元 1279 年（元世祖至元十六年），改邕州为邕宁路，这是邕宁得名之

---

* 载（南宁）《阳光之旅》（南宁专辑·中国—东盟博览会专号）总第 28 期，2004 年 10 月。

始。公元 1324 年（元泰定帝泰定元年）改邕宁路为南宁路，这是南宁得名之始。

1912 年，广西省会从桂林迁来南宁，1936 年复迁桂林。这是历史上南宁第二次做广西首府，为期二十四年。

中华人民共和国成立后，1949 年，广西省会从桂林迁到南宁，1958 年广西壮族自治区成立，南宁接着成为自治区首府。这是历史上南宁第三次做广西首府，至今已五十五年。

纵观历史，南宁从建置至今，一直是桂南的政治中心，是县级和地市级（郡、州、府、地区、市）政府所在地，其间三次上升为全广西的政治中心，先后做过道治、省会和首府。

桂系的发祥地和基地

20 世纪前期，广西崛起了一股在中国政坛举足轻重的军事政治势力——旧桂系和其后的新桂系。

旧桂系领袖陆荣廷（1859—1928），武鸣县人，辛亥革命后，1912 年任广西都督，统治广西并将势力扩展到广东，曾任广东都督和两广巡阅使，叱咤华南风云十年。陆荣廷 1921 年被粤军击败，1922 年复出，1924 年在旧部沈鸿英和新桂系李宗仁、白崇禧的夹击中彻底垮台。

以李宗仁、黄绍竑、白崇禧为首的新桂系，从旧桂系手中取得广西的统治权，随后参加北伐，将势力扩展到长江流域和华北地区。从 20 世纪 20 年代到40 年代，在旧中国军政舞台上驰骋二十余年，南宁是他们重要的后方基地。

邕江河畔拉开起义序幕

一代伟人邓小平同志与广西人民有着深厚的情谊。七十五年前，由邓小平、张云逸、李明瑞等领导的百色起义、龙州起义，是 20 世纪土地革命战争时期，继南昌、秋收、广州三大起义后，在少数民族地区发动的武装起义，其序幕是由发生在邕江河畔的"南宁兵变"拉开的。邕江河畔，曾是邓小平施展雄才大略的沃土，南宁的青山绿水留下了他为中国革命不懈奋斗的足迹，中山路旧时的光昌汽灯店有幸目睹了这位革命家的风采。

反侵略战争的壮烈战场

1939 年，日本侵略者攻占南宁，进据昆仑关。在白崇禧、杜聿明等将军指挥下，中国军队经过半月血战，一举攻克昆仑关，击毙敌方少将旅团长中村正雄及以下官兵四千余人，我军也付出了伤亡一万四千人的代价。昆仑关战役开创了抗日战争中阵地攻坚获胜的光辉战例，震动了全世界。1944 年，在昆仑关建立阵亡将士墓园，包括蒋中正在内的当时中国军政领导人分别题词、撰联和撰文，刻石纪念英灵。墓园在"文革"时被毁，后已基本修复，但至今也只是处于原始状态，包括雄关在内还没有得到应有的整体保护和建设。

地灵人杰，名人辈出

南宁历史上出了许多著名人物。近代除军政界陆荣廷以外，还应该提及教育界的雷沛鸿（1888—1967）。雷沛鸿，南宁津头村人，辛亥革命志士，参加过黄花岗起义。民国时期，他致力于教育，四任广西教育厅厅长，曾任广西大学校长，创办西江学院；他提倡国民基础教育运动，从事教育救国的探讨，并为此奋斗终身。雷沛鸿与马君武，"北马南雷"，同为近代广西最有影响的两位教育家。

吉光片羽，弥足珍贵

南宁历史文化底蕴深厚，但很多遗物已被自然和人为破坏，留下的吉光片羽，弥足珍贵，需要加倍珍惜。南宁市区的会馆、老民居、旧街巷（如金狮巷）、镇宁炮台、名人故居，武鸣县的明秀园、宁武陆荣廷庄园、府城思恩府遗址、起凤山碑刻，宾阳县老县城明清旧街——南街，上林县清水河畔两块唐碑，横县伏波庙，再加上前面提到过的豹子头和顶蛳山贝丘遗址、昆仑关抗日阵亡将士墓、南宁城隍庙残墙等，都是不可再生的历史瑰宝，急需切实保护和妥善利用，它们在现代化进程中的作用将不可估量。

区域中心　近水楼台 *

——南宁在中国—东盟自由贸易区中的地缘优势

地图明显地告诉我们，南宁正处在中国—东盟自由贸易区的中心位置上。如果将中国—东盟自由贸易区比喻为一朵盛开的朱槿，南宁恰好就是它的花蕊。

中国—东盟自由贸易区包括中国和除了东帝汶以外的几乎整个东南亚（东帝汶 2000 年才独立，面积不足二万平方公里，人口不及百万，尚未参加东盟）；双方十一国，总面积一千四百多万平方公里，总人口十七亿，国内生产总值二万多亿美元，外贸总额一万二千亿美元，是当前世界三大自由贸易区之一，人口最多，并全部由发展中国家组成。中国—东盟自由贸易区计划 2000 年提出，2001 年启动，将在 2010 年最终建成。2004 年开始实行的"早期收获"计划，以农产品为主的五百多种产品，到 2006 年将首先实现零关税。中国—东盟自由贸易区将促进 10+1 各国的合作与发展，互利双赢，前景广阔。

在中国—东盟自由贸易区带来的大好机遇中，南宁由于处在得天独厚的中心位置，位于近水楼台和交往前沿，因而占了先机并独领风骚，直接导致花落南宁——中国东盟双方一致选中南宁作为从 2004 年开始举办的一年一度的中国—东盟博览会的永久性会址。

中国—东盟自由贸易区是山水相连的广阔区域，最北端是中国的黑龙江省，最南端是印尼的努沙登加拉群岛，南宁到两者的直线距离，都在三千五百公里左右。如果以南宁为圆心，以三千五百公里为半径，正好把中国—东盟自由贸易区的地域完整地包括在圆圈之内。如果从北京到新加坡划一条直线，南宁大致上位于这条直线的中点。南宁距越南首都河内，直

* 载《南宁社会科学》2004 年第 6 期。

线只有三百多公里，飞行只需半个小时，公路距离四百公里，铁路距离四百一十八公里，乘汽车或火车，目前也只需半天多即可抵达。距一个邻国首都如此之近，在中国沿边省会和自治区首府中，只有辽宁省会沈阳到朝鲜首都平壤的距离可以相比。

为了发挥近水楼台的前沿优势，广西近年致力于构建以南宁为枢纽的走向东盟的陆上大通道。全长近一百八十公里的南宁—友谊关高等级公路 2002 年动工，将在 2005 年竣工；在友谊关接上越南的河内—友谊关公路，将大大缩短南宁到河内的汽车运行时间。从南友高等级公路上的崇左，将建通往龙州和水口关的高等级公路支线，从水口关可以通往越南高平和西北部各省以至老挝、缅甸。沿着南宁—防城港高速公路和防城港—东兴一级公路，可以通往越南芒街、海防和北部沿海各地。

经过十年建设，大西南出海通道已经基本建成。来自各个方向的出海通道首先汇集南宁，再由南宁出边出海，通往东盟各国和世界各地。南宁距广西沿海三大港口——防城港、钦州、北海只有一百至二百公里，铁路、高速公路、二级公路三路并肩南下，齐奔大海，车程只需要一至三小时。北钦防共同组成南宁的外港，是中国距离东盟国家最近的港口群，防城港到越南北方最大海港海防只有一百五十一海里。

正因为如此，南宁正逐渐成为中国—东盟自由贸易区的物流中心。从广西沿边口岸和沿海港口进出的双方货物，大部分都经南宁转运。实行"早期收获"计划以后，来自越南、泰国等东盟国家的水果越来越多地现身南宁市场。

中国—东盟自由贸易区正在筹划的重大工程项目——泛亚铁路，从新加坡经吉隆坡、曼谷、金边、胡志明市、河内到昆明，在河内接上到南宁的铁路。从河内到南宁比到昆明近四百公里，而从南宁到北京，以及中国中部东部各地，更比昆明至同样地方近很多，泛亚铁路及其南宁支线将是中国东盟双方最重要的陆上通道，南宁将是泛亚铁路进入中国后的第一大站。

南宁正充分发挥中国—东盟自由贸易区中心位置的地缘优势，凭借中国—东盟博览会的东风，扬帆远航，驶向东盟，驶向世界，驶向国际性现代化城市。

以特色强势推动西林崛起 *

特色，往往就是优势和强项。在谋划经济文化发展的时候，上至国家，下至乡镇，都十分重视制定特色发展战略，力求以特取胜。

西林拥有丰富的特色资源。无论区位和自然条件，还是历史文化积淀，都闪耀着强烈的奇光异彩。这是构建特色西林、推动西林崛起的坚实基础。

西林的区位强势：绾结三省，沟通海陆

西林位于广西最西端，距百色二百六十五公里，距南宁五百二十八公里，距 20 世纪 50 年代以前广西省会桂林就更远了。在公路刚刚修通到西林县城八达镇的 1964 年，乘客运班车到百色也还需要一天半时间。

打开 20 世纪 50 年代以前的广西地图，广西犹如一位坐在南疆向两侧平伸双手的壮士，最东端的怀集是伸向广东的左手，最西端的西林是伸向云贵的右手，同云贵两省紧握在一起。西林是广西离云南省会昆明最近的县份，其直线距离大约只有西林至南宁直线距离的一半。西林深深地伸进云贵之间，"一声鸡鸣闻三省"，具有绾结三省的独特区位和通道优势。

---

* 本文提交"桂滇（西林）首届句町国与壮族土司文化"学术研讨会（2008 年 11 月 9 日至 13 日在广西西林举行）并在会上宣读。载《广西文史》2009 年第 2 期。该刊改题为《了不起的西林》。主编刘硕良先生在卷首语《十步之内，必有芳草》首段说："在广西几十个县份里，西林也许很不起眼。可是，读点历史，人们就会惊异于这个'绾结三省，沟通海陆'，诞生过句町古国，贡献过'一门三总督'，还是第二次鸦片战争导火线所在地的西林，实在是如周中坚先生所说，十分的'了不起'！"

本文所用基本素材主要来自《西林县志》，2006 年广西人民出版社出版。文中未注明出处的资料，基本上来自此书。

尽管西林以僻远著称，但通海达陆，同海陆都有密切联系。西林处于云贵高原向广西盆地下降的过渡地带，西高东低，南北两侧有山脉夹峙，中间是一条西北—东南走向的谷地，形成了一条沟通滇黔桂三省区特别是滇桂两省区的天然陆道。其次，作为右江的源流，驮娘江沿西林谷地、从西北向东南贯穿西林全境，到今田林县境内汇合西洋江后称剥隘河，到百色后称右江，一路奔向大海，成为西林以及云南邻近地区的出海水道。

以桂西的百色为中心，有三条通向云南的陆道：北道经隆林和贵州兴义到云南罗平，中道经田林、西林到云南罗平，南道经剥隘到云南富宁。如果以昆明为共同的终点，最便捷的当数中道，历史上滇桂两省交往多取此道。民国二十七年（1938）《田西县志》列举了当时路经田西的三条省道，其中"由县城通西林及滇省之罗平广西之省县道"①，即上述的中道，为书中所列的通云南的唯一省道。在汽车运输出现之前，马驮是陆路运输的主力，除了本地马帮以外，还有滇黔大马帮过境。通道沿途兴起了很多热闹的市镇，例如位于西林和云南广南交界处、今日已成废墟的八柴街，清至民国初年，繁荣的省际贸易曾使它有"小香港"之誉。②

驮娘江是西林的母亲河。她得名自美丽的古老传说，其名其义都引起人不尽回味和想象。驮娘江不仅有灌溉之利，而且有舟楫之便。虽然水量已不能满足现代轮船通航的要求，但在通航木帆船的漫长年代里，它却是一条繁忙的河流。据上引《田西县志》记载，航行于驮娘江上的木帆船，每只船"大约可载二十余担"，"每担数量五十斤至六十斤"，③运量比陆路马驮大得多。云贵商人主要以马驮东下，粤桂商人则沿江上溯，陆运水运交汇于西林。两股相对的商流或在此驻足贸易，或在这里水陆转运，或继续背向而行，前往更远的目的地。驮娘江的支流西洋江，也是一条繁忙的通航河流。依托水运和并肩而行的陆运，商埠雨后春笋般沿江兴起。驮娘江畔，从下而上分布着定安、那劳、普合、八达、者夯、古障等繁荣商埠，西洋江畔则以达下最有名。《西林县志》有如下关于达下的记载：这里聚集着许多广东商人，他们修

---

① 《田西县志》，1938 年，陆路交通·省县道，第 156 页。
② 《西林县志》，广西人民出版社，2006 年，古建筑·八柴古街，第 972 页。
③ 《田西县志》，运输·水道运输，第 161 页。

了商馆、公馆、旅馆、学堂等粤式建筑，江边建有码头、盐场、货仓、佛寺、龙王庙、关帝庙，还有清政府的税关。从江边码头拾石级而上，市街位于山腰，纵横排列，全以石条铺砌，纵向道路则从上到下，修成石级路。街上有店铺民房一百多间。①

西林的历史文化强势：跃虎腾龙，声震中外

西林这么一个僻处内陆的深山区，历史上曾是声震中外的藏龙卧虎之地。从古代到近代，西林创建的业绩、爆发的事件和出现的人物，足以惊天动地，光烁古今。

句町古国

早在两千多年前，大约从战国末期到西晋初年，前后约六个世纪，以今日西林为核心的滇黔桂比邻地区，形成了一个古国——句町国（后为句町县）。句町国与西南地区另外两个古国——滇国和夜郎国，同时存在，鼎足而立；句町国居南，滇国居西北，夜郎居东北，分处今日桂滇黔三省区。1969 年，在西林普驮屯发现汉墓，出土净重四百公斤的金铜棺。1972 年，在同一地点（仅相距二十一米）再次发现汉墓，出土四面铜鼓和其他珍贵文物。这两次发现部分拨开了长期笼罩在句町国上的历史迷雾，研究者据此判断：句町国的核心地区在西林，墓葬所在地普驮屯就是句町国的首府和句町县的治所，句町有灿烂的青铜文化，其社会经济文化整体已达到很高的水平。②

一个县份能和公元前后的一个古国联系在一起，正如人们熟知的绍兴与越国、苏州与吴国、新郑与郑国、商丘与宋国等一样，是西林历史的瑰宝，更何况句町古国至今还闪着神奇之光，蒙着神秘之雾，吸引着世人的目光和学者的研究，其对西林的意义更是不可估量。

---

① 《西林县志》，古建筑·达下古商埠，第 971 页。
② 张世铨：《汉句町四题》；蒋廷瑜：《西林县铜鼓墓与汉代句町国》，《西林县志》转载。

西林教案

句町古国从历史的视野上消失以后，西林似乎沦入了漫长的沉寂。近代忽又电闪雷鸣，石破天惊，声震天下，那就是发生在 1856 年的西林教案。

鸦片战争以后，西方天主教传教士接踵而至中国，他们特别活跃，敢于冒险，深入内地，无远弗届。法国天主教神父马赖深入西林活动，违反了当地民众的观念、触犯了他们的利益，1856 年 2 月被西林知县张鸣凤处死。正企图扩大侵略的法国政府立即以此为借口，同正在以"亚罗号事件"为借口策划新侵华战争的英国勾结在一起，组织英法联军，同年发动第二次鸦片战争。"西林教案"和"亚罗号事件"是这次战争的两根导火线。

"西林教案"和西林人民反侵略的大无畏气概震动了世界，西林因与中国近代史上这一重大事件直接相关而被载入史册。古今中外重大历史事件的发生地，例如抗日战争爆发地卢沟桥，抗战胜利受降地芷江，第一次世界大战导火线所在地萨拉热窝，太平洋战争爆发地珍珠港等等，都同事件一起闻名于世，传之永恒。作为第二次鸦片战争导火线所在地，历史同样给西林树立了永恒的纪念碑。

岑氏家族和西林历史著名人物

岑氏家族世袭西林土司，清末民初出现了"一门三总督"：岑毓英（1829—1889）和弟弟岑毓宝（1841—1901）先后任云贵总督，岑毓英之子岑春煊（1861—1933）任两广总督。岑毓英在中法战争中率军入越南北部抗法，战功赫赫；岑毓宝随兄征战，虽然总督一职旋任旋免，但总督之名已成历史存在；岑春煊官历两朝，在西南举足轻重。除一门三总督以外，清末民初西林还出了很多著名的军政官员，如抗法名将岑毓光（1847—1930），岑毓英第五子、先后任贵州、湖南巡抚的岑春冥（1886—1943），提督衔总兵覃修纲（1893—1905）等。1875 年，覃修纲率部在云南盈江边境阻击入侵英军，打死英国翻译官马嘉理，这就是近代史上有名的"马嘉理事件"。西林还出了不少特立独行之士，如孝母绝命的岑德固（1882—1902），孝道事迹感人，光绪帝应湖北巡抚端方、两广总督张之洞联合上奏所请，下谕旌表，列入国史馆，并拨款分别在武昌、桂林和西林那劳三地建"孝子坊"褒扬。又如1900年西林知县、柳州人罗廷祯，不愿"杀民而悦夷狄"，抗命不交"乐里教案凶犯"，被龙济光缉拿问罪，幸得滇军提督方辅劝解获免。罗廷祯在西林知县任内，廉洁奉公，1904年离任时，县城定安民众沿街上香燃烛送行并赠黄绸布"万民伞"。西林还出了大批民间能人，如唢呐高手罗卜凤昌，大力士陆抱采等，他们的本领和事迹一直为人所乐道，至今仍在民间广泛流传。

人们不禁要问，西林这么一个僻远之地，为什么清末民初约半个世纪的时间里，出现了岑氏家族一门三总督和那么多军政要员，还出了那么多特异之士？除了岑氏家族长期世袭土司、拥有官场优势，除了"亲亲提携"这一古老传统，我们还应从中国的天地人传统思维出发，转向广阔视野寻求解释。"天时"即时势：清末民初，民族危机深重，社会矛盾加剧，生活动荡不安，渊动现潜龙，风生闻虎啸，动荡的时代往往也是群雄蜂起、人才涌现的时代。"地利"即地埋优势：西林有高山之雄，有江河之远，有密林之深，绾结三省，人员往来，四方杂处，易于应时而生时代需要的人才。"人和"即人文优势：西林深居内陆，民性淳朴，但民风剽悍，"善"和"强"融合在一起，共同体现在西林历史人物身上并成就了他们的事业。

"一门多杰""一地多杰"，一直是人们热议的话题和人才学研究的对象，更是当地珍贵的人文资源。伊川因宋代二程，眉山因宋代三苏，绍兴因近代周氏兄弟而骄傲；在近代广西军政界，临桂因"李白"，容县因"二黄"而引人注目；尽管情况不同，不宜并论，但西林"一门三总督"作为西林的宝贵历史文化遗产，必将在西林经济文化发展中发挥重要作用。

欧贵婚姻

除了句町古国、西林教案、岑氏故居三大项以外，西林还有其他历史文化瑰宝，例如古老的"欧贵"婚姻制度，女娶男嫁，女主家政，形成驮娘江畔的"女人国"秘境。作为古代母权制社会遗存的"活化石"，西林驮娘江畔壮族"欧贵"婚姻同云南宁蒗泸沽湖畔摩梭人"阿夏"婚姻一样，都是非常有吸引力的历史文化资源。[①]

西林的资源强势：绿色宝库，潮流所钟

西林是典型的山地县。境内无平原地貌，只有零星分散于沿河及山谷间的平地，其面积仅占全县总面积0.86%。全县最高点为县境西南的王子山，海拔1883.3米；最低点在东南西洋江河谷的达下村，海拔仅390米，两者相差1493.3米，反映了西林地形的陡峻。西林的山主要是土山，土层深厚，植被茂密，森林覆盖率高达71%。[②]虽然天然林曾遭严重破坏，原始森林已经极少，多数为砍伐后再生的次生林，但2000年全县天然林仍占森林面积75%。

西林广阔茂密的山林为动植物提供了美好的家园，蕴藏着丰富的动植物资源。以前，江河溪涧的鱼几乎俯拾即获，过河踩到鱼，煮饭架上锅才到河里捉鱼，洪水退后，田里蹦跳着白花花的鱼，这些都是西林当今老一辈目睹和经历过的事。直至20世纪五六十年代，西林山林还是华南虎的乐园，不但虎影常见，虎啸常闻，甚至虎多为患，经常传来人虎相争的消息。狼、野猪、黄猄、大蟒等频频在村边出没。笔者读《西林县志》关于西林珍稀野生动植物的记载，兴奋得仿佛亲身进入绿色宝库；如果生物学家和生态学家看到这份不完全的名录，可能要高兴得彻夜不眠。

西林丰富的森林提供了丰富的产品。松、杉、竹等用材林，油桐、油茶、八角等经济林，云木耳、板栗、核桃、八角、松脂等林副产品，构成了全县经济财源大项。

西林有很多著名的经济作物。火姜、薏谷、茶叶、烟叶等畅销国内外市

---

① 李甫春：《驮娘江畔女人国》，民族出版社，2008年。
② 《广西年鉴》，2007年，市县概况·西林县，第537页。

场。西林有"火姜之乡"的美誉。

西林的杂粮特别可圈可点。盛产玉米、荞麦、高粱、小米、黄豆、豌豆、蚕豆、红薯、芋头等杂粮。据清康熙《西林县志》记载，荞麦、黄豆当时就是西林的主要物产之一。民国时期的《广西年鉴》和《广西统计年报》都提到了上列各种杂粮的种植。[①]

西林畜牧业素负盛名。西林水牛和西林麻鸭是西林畜牧业的两大品牌。西林水牛是中国优良水牛品种，每年远销广西区内和云南、贵州、广东等地。西林黄牛、西林马、西林山羊也是著名物产。西林麻鸭快长易肥，肉质优良，早已名传遐迩。

西林是一座绿色宝库，其丰富多彩的农林牧产品正符合当前国内外市场对绿色食品日益旺盛的需求。

门外刍言：发挥优势，构建特色西林

西林富有发展潜力，但目前还属贫困县。发挥所长，突显特色，这是西林的振兴之路。

开辟沟通桂滇黔的现代化西林通道

西林是历史上沟通滇桂的首要通道，"为商旅往来必出之途"[②]，但几十年来，这条古道已经式微。一方面，这条古道至今还没有更新为一条全线贯通的高等级公路；另一方面，两条现代化通道已经分别在西林古道南北两侧出现，北边一条由百色经隆林，到贵州兴义，入云南，终于昆明，由南昆铁路和二级公路组成，目前正建高速公路；南边一条由百色入云南富宁，也终于昆明，南昆高速沿此道延伸，其广西段已全线贯通。夹在南北两条现代化通道之间的西林早已丧失了桂滇间主通道地位；连从西林往昆明，也得向北或

---

① 《西林县志》，粮食作物种植·其他杂粮，第200页。
② 《田西县志》，杂事·田西新县成立记，第200页。

向南绕道。可以说，西林在干线交通上已被边缘化，沦为"通衢大道"间的死角。

着眼未来，随着西南经济的增长和出海通道的扩大，具有传统和潜在优势的西林通道将会复兴。百色—西林—云南罗平—昆明高速公路以至铁路将会出现在西林古道上，与现有的南北两道并肩西进。形势发展之快往往超过人们的预料，君不见南昆铁路通车不久运量即趋饱和，不断增加的过往车辆的压力迫使南北两道兴建高速公路。天生我材必有用。作为滇桂间最便捷的天然通道和最重要的历史通道，西林古道实现高程度现代化是发展的必然，并且为期不会太远。

与此同时，中经西林，将滇黔桂三省区贯串起来的南北向高等级公路也会出现，因为这是连接三省区最短的通道。

那时，西林的区位强势将转化成真正的交通强势，处于十字形现代化交通干线中心的西林，将因此平添腾飞的双翼。

构建西林历史文化基地

西林深厚的历史文化积淀应该得到认真保护。"皮之不存，毛将焉附"，有东西存在才谈得上开发利用。需要对全县文物进行地毯式普查，特别注意那些过去往往被忽视的历史遗存，例如古码头、古城墙、古街、古路、古树，将之列入保护名录。按照国家文物保护法，对重要文物划出保护范围，建立相应的历史文化基地。首先是句町古国、西林教案、岑氏故居三大项目，再逐步扩及其他。在历史文化基地范围内，有文物保护区，建相应的博物馆和绿化风景区，将人文和自然景观交融在一起。对已毁的文物遗址，一一立碑标志。选其价值较高者，按原样重建修复，例如光绪帝为旌表岑氏孝子岑德固而建的"孝子坊"。"孝子坊"不但有文物价值，而且有教育意义，不幸1971年修路时被毁。

历史文化资源就是宝贵的旅游资源，让旅游者来到西林后，既有故事可听，又有实物可看，从听觉和视觉两方面满足来访者的需要，让大家慕名而来，满载而归。

保护和科学开发绿色资源

西林的绿色资源，直接或间接来自山地和森林，森林本身就是最大的绿色资源。绿色资源是西林的衣食之源和发展之基，理应做到永续利用，可持续发展。

保护生态环境。过去对生态环境的破坏留下十分惨痛的教训。打开《西林县志》野生植物动物一章，始则为西林野生动植物资源丰富而高兴，后则为惨遭破坏而伤感。谨随手抄来数例：麻栎又名青钢树，"随着云木耳收购量增多，青钢树被成片砍伐，面积逐渐减少，凡公路通过的地方，青钢树几乎被砍光，致使许多溪河断流，生态遭受到严重破坏"；栓皮栎，"一些群众为了剥采栓皮，大量砍伐树木，有的甚至采取'杀鸡取蛋'方式，把树砍倒剥树皮，致使栓皮栎树越来越少；泡桐，"由于大量砍伐，现数量已不多"；檫树，"保护区山林内仅保存有少量"；榉树，"由于不法分子乱砍滥伐，现只余下八百立方米左右"；木桂，"由于长期得不到保护，遭受过度砍伐，仅存活少量"。至于珍稀野生动物，境遇更加触目惊心："华南虎于1973年以后已绝踪，狼于1956年以后已绝迹"；小灵猫、穿山甲等，"数量已极少"；果子狸、獾子等，"数量剧减"。这些接续传来的"讣告"或"病危通知"式的不祥信息，密集地敲响了生态危机的警钟。

绝不能让大自然对人类的恩赐从我们手中继续消失！需要"软硬兼施"保护绿色资源。通过广泛、深入、持久的宣传教育，让全社会牢牢树立人天和谐的意识；运用法律手段，制止破坏行为；采取行政措施，切断市场伸向保护性资源之手；扩大现有和建立新的自然保护区，让动植物有足够的避难所和生息繁衍的家园。

畜牧业是西林极富潜力的产业。发挥西林水牛和西林麻鸭的名牌效应，扩大国内外市场。综合利用西林水牛的价值，除役用肉用处，奶用也大有开发效益；建立水牛养殖和乳业基地，建立麻鸭养殖加工基地；培育新的品牌，例如黄牛和山羊品牌。畜牧业及畜产品加工业有条件成为西林的支柱产业。

发展杂粮种植业。西林杂粮种类众多，品质优良。当今是杂粮大行其道的时代。随着人民生活水平提高，对粮食要求趋于多样化和保健化，过去居于次席的玉米、小米、荞麦、高粱、红薯、芋头、饭豆等杂粮地位迅速上升，在市场上成为抢手货，市场需求方兴未艾，具有品种和质量优势的西林杂粮正躬逢其盛。需要在发展稻谷生产同时，着力扩大杂粮生产，力创名牌，打进广阔市场。

充分发挥强势，构建以绿色为基调的特色西林，这颗镶嵌在滇黔桂之间的深山明珠必将更加亮丽，必将重新引起中外的注目。

广西交通

开发西南的壮举 振兴中华的伟业 *

——大西南出海通道建设的战略意义及其发展态势

西南作为中国经济发展的一块大战略区，深居内陆，山多路险，闭塞落后，急需开辟便捷而宽畅的出海通道，而广西是其中的最佳选择。开辟出海通道不但是振兴西南的战略措施，而且是当务之急，它将缓解当前西南地区运力与运量之间的尖锐矛盾。

铁路和港口建设是大西南出海通道建设的主体，其中包括建设以铁路干线为主干的大西南的西南部、中部和东部出海交通系统，建设钦州湾区港口群，发挥南宁、钦州前后两个通道枢纽的作用。

1992年，国家作出把广西建设成为西南地区出海通道的战略决策。

1992年以来，中央领导人多次到广西考察，对建设广西出海通道问题发表了很多意见；各省区和国务院有关部委的负责人也相继来广西，表达了对建设广西出海通道的关注和支持。

广西和西南其余省区从这项战略决策中得到巨大的鼓舞，大西南出海通道建设进入了合力共建的新阶段，形成了蓬勃发展的新局面，展现出更加辉煌的前景。

----

* 1993年5月29日应邀在南宁"西南五省区工商联第四次协作会议——加快大西南出海通道建设速度战略研讨会"上宣读并获研讨会论文三等奖。载（郑州）《中国东南亚研究会通讯》1994年第2—3期。简缩稿载《当代广西》1994年第1期。入选《亚洲大陆桥发展协作系统研究文集》，云南人民出版社1994年出版。

一、建设广西出海通道是振兴西南的战略措施

同西北、东北等区域一样，在自然条件、历史文化、经济发展等方面，西南都是一块具有相对独立性的区域，尤其是作为其核心部分的云、贵、川三省，其内部联系和共同特点更加明显。这是把广西建成西南出海通道总的战略依据。

（一）西南作为中国经济发展的一块大战略区，需要建设走向世界的出海通道

大西南拥有广袤的土地、众多的人口和丰富的资源。大西南的云、贵、川、桂四省区，面积 137.3 万平方公里，占全国面积 1/7；人口二亿，占全国人口 1/5；资源在全国所占的比重，水力为 55%，森林占 25%，铁占 20%，煤占 10.5%，钒、钛、锰、锡、汞、芒硝占 70% 以上，铝、锌、铜、锑、硫铁矿占 30% 以上。[①] 20 世纪 60 年代的"三线"建设，在西南兴建了很多军工企业，西南有了相当的经济实力，在某些部门还拥有质和量的优势。但由于地理和历史的原因，总体看来，西南的经济仍然比较落后。1990 年，它的国民生产总值只有 1821.58 亿元、社会总产值 3398.68 亿元，仅分别占全国的 10.29% 和 8.76%[②]。这么一块潜力巨大而又相对落后的区域，需要通过建设出海通道、扩大对外开放来加速发展。

（二）大西南深居内陆的区位特点需要寻求便捷的出海通道

大西南云贵川三省距海遥远。其距国内海港的距离一般在两千公里左右，最近的也超过一千公里。

宝成铁路是西南出海的北道。从成都沿此线到连云港一千九百二十五公里，到上海二千三百五十一公里。

襄渝铁路、长江和湘黔铁路是西南出海的三条东道。从重庆沿长江到上

---

① 《中国西南经济区总体发展战略研究报告》（1988 年 10 月）。
② 转引自凌国星《大西南人民的企盼》，载《广西日报》，1993 年 4 月 10 日。

海二千五百公里,从贵阳沿湘黔线到上海二千零五十三公里。

黔桂铁路是西南出海的南道。从贵阳经此线到湛江一千零六十三公里。

云南是西南地区距国内沿海最远的省份,不管走上列的哪条通道,都要加上云南至该线的距离。目前,贵昆铁路是它出海的近道,从昆明经此线到广州二千二百一十六公里,到上海则远达三千零六十九公里。

大西南渴望在国内寻求一条比现有的通道都要近的新出海通道!

(三)大西南山多路险的地形特点需要开辟宽畅的出海通道

大西南的云贵川三省位于中国地形的第二台阶之上,其东部边缘恰与第二台阶的东缘齐一,两级台阶之间形成巨大的地形落差,为西南通海造成了巨大的障壁。

西南内部,云贵高原层峦叠嶂,河谷深切。贵州自古流行"地无三里平"的民谣。四川盆地丘陵起伏,边缘高山耸峙,唐代大诗人李白曾有"蜀道难,难于上青天"之叹。

高原和多山地形,是大西南长期闭塞落后的自然原因。克服地形障碍,改变闭塞落后状态,必须开辟宽畅的现代化的出海通道。

(四)广西是大西南出海通道的最佳选择

广西是大西南唯一靠海的省区。云贵川三省,以从广西出海最近。即使以西南大城市中离广西最远最靠北的成都为起点,其至其他沿海港口,除连云港略近以外,都比到广西沿海港口要远。从对外来说,广西沿海港口又是中国距离东南亚、南亚、西亚、非洲以至欧洲最近的口岸。广西通道的建设,将使西南在中国对上述海外地区的交往中,从昔日的远者一跃而成明日的近者,破天荒地享受到"近水楼台"之利。

广西出海通道,是上天赐给大西南的无可估量的宝贵财富。七十多年前,孙中山先生就论述过这条通道的价值并提出兴建这条通道的具体计划。他在《实业计划》中说,大西南的对外贸易,"以钦州为最省俭之积载地"。他计划在钦州建港,建为仅次于广州的南方第二大港;计划兴建以钦州为端点的通往内地的铁路干线,一是株钦铁路(株洲—钦州),一是钦渝铁路(钦州—昆明—宜宾—重庆），为大西南开出最便捷的出海通道。孙中山先生的构想，像一道闪光，光彩夺目，但很快就在漫漫长夜中消失。直到 20 世纪 80 年代改革开放以后，才重新被人们提起。可以说，今天钦州港和南昆、内昆铁路的兴建，就是孙中山先生钦州港和钦渝铁路计划的实践。这位伟大革命先行者七十年前洞穿历史风云的慧眼，激励着我们加快兴建西南出海通道的步伐。

二、建设广西出海通道是振兴西南的当务之急

建设广西出海通道，既是振兴西南的战略需要，也是解决西南当前交通紧张局面的当务之急。

（一）缓解西南铁路运力与运量之间日益尖锐的矛盾

西南铁路穿行于万山丛中，设计通过能力本来就比较低，随着运输量的不断增长，早已超负荷运转，运力与运量的差距越拉越大。其中还有很多"卡脖子"路段，如黔桂线上的河池—都匀段，年通过能力只有五百万吨，造成了影响全局的运输阻塞。为了解决矛盾，国家对西南铁路干线逐线实行电气化，宝成、成渝、川黔三线的电气化工程已先后竣工，但还有更多干线的电气化建设有待推进，运输依然十分紧张。由于铁路的"先天不足"，虽然电气化可使运力提高一倍左右，但年输送量也只能达到一千多万吨，过不了多久又将饱和。

（二）扭转 80 年代西南新线建设严重滞后所造成的被动局面

从 1950 年代到 1980 年代，大西南建设了总长 6945.4 公里的铁路干线，其中 1950 年代 2515 公里，占 36.2%；1960 年代 1102 公里，占 15.8%；1970 年代 2899 公里，占 41.7%；而 1980 年代只建了 429.4 公里，仅占 6.1%，是西南铁路线增加最少的时期[①]，同开放开发蓬勃发展的形势很不适应。这是西

---

① 笔者根据有关铁路长度统计。详见拙作《为大西南开辟通向北部湾的广阔通道——建设最便捷的大西南出海铁路系统》，载《中国西南与东南亚经贸合作研究》，成都科技大学出版社，1992 年。

南运输紧张的根本原因。

（三）缓解西南进出物资大量积压的燃眉之急

旧线饱和，新线缺少，造成了西南进出物资的大量积压。云南每年需要外运的物资一千五百万吨，运出的只有九百万吨，积压六百万吨[①]；贵州每年积压七百万吨，四川一千万吨。[②]很多企业只能以运定产，严重制约了经济的发展。像四川这么一个拥有五十六万平方公里面积、一亿多人口、物产丰富、号称"天府之国"的大省，1990年的外贸出口额才有十一亿美元，只分别相当于在沿海省份中居中等发展水平的浙江、福建两省的1/2，在国民生产总值中的比重，甚至低于落后但靠海的广西，四川是5.85%，而广西是9.50%[③]。运不出去是造成这种落后状态的重要原因。

三、建设完整而畅达的大西南出海通道的交通系统

（一）建设以南昆铁路为主干的西南部出海通道

南昆铁路是大西南出海通道建设中的关键工程，是大西南出海的主干道之一。从南宁溯右江河谷，爬上云贵高原，经贵州西南角，进入云南，抵达昆明，全长八百六十三公里，一次建成电气化铁路。年通过能力近期为二千万吨，远期为四千万吨，将成为西南运力最大的铁路干线。南昆铁路是继成昆铁路之后，一条工程艰巨、技术复杂的铁路。这里有全长九千三百八十三米的全国最长的单轨铁路隧道——广西米花岭隧道，有高达百米我国最高桥墩——八渡南盘江大桥。1990年广西段率先动工，1991年云南段、1992年贵州段相继动工，南宁—平果段已经开始铺轨，计划1997年全线建成通车。那时，大西南将有一条出海捷径，其作用范围将包括云南全省、贵州西部和四川的西南部，成为这些地区最近的国内出海通道。从昆明经南

---

① 云南省省长和志强接见十二省区党报记者的讲话，载《广西日报》，1991年10月15日。
② 转引自凌国星《大西南人民的企盼》，载《广西日报》，1993年4月10日。
③ 《中国对外经济贸易年鉴》（1991年）。

昆线从防城港和钦州出海，将比原来经贵昆线到湛江出海近七百公里。

南昆铁路效益的充分发挥，需要下列铁路的配合，其中有的属新线建设，有的属旧线改造：

（1）成昆铁路电气化工程：成昆线所经的川西南地区，以南昆线为出海捷径。成昆线急需实现电气化以提高其已经饱和的输送能力。

（2）续建内昆铁路：四川正准备续建内昆铁路剩下的安边—树舍段，争取与南昆铁路同时通车，使川南、黔西北和滇东北能够及时利用南昆线就近出海。

（3）建设滇西铁路：从昆明向西通到中缅边境的滇西铁路，其东段（广通—大理）已经动工。滇西铁路与南昆铁路连接，将组成横贯西南地区南部的东西大通道，使滇西广大地区和西藏能充分利用南昆铁路从广西出海。这条东西大通道同缅甸和印度境内的铁路连接以后，将形成一座沟通北部湾和孟加拉湾、连接太平洋和印度洋的亚洲大陆桥。

（二）强化以川黔、黔桂铁路为主干的中部出海通道

川黔、黔桂线纵穿四川、贵州、广西三省区，是西南地区中部的出海捷径。川黔线已实现电气化，黔桂线的技术改造也势在必行。有关部门正考虑在黔桂线都匀河池间增建新线，根治那里长期的"卡脖子"难题。未来还需要从河池修新线直达南宁，以缩短路程并避开湘桂、焦柳、黔桂三线在柳州并合南下所造成的拥挤局面。

（三）充分利用以焦柳线为主干的东部出海通道

焦柳铁路纵穿河南、湖北、湖南三省西部，贴近西南地区东侧南下广西柳州，目前还有剩余运力。贵州现有湘黔线与之沟通，四川需要兴建重庆至湘西的川湘铁路同它连接，让西南地区东部通过焦柳线南下出海。

（四）增强西南出海通道近海段的通过能力

上述西南和中、东三线都先汇合南宁，然后通过南防铁路出海。南防线的设计年运力为六百六十万吨，显然满足不了未来运量增长的需要，未来不

但要实现电气化，而且要建设复线。为了分担南防线的压力，可以考虑从湘桂线转弯处、黎塘以南的六景修筑直通钦州的新线，实行货物分流，把南北通道径直引向北部湾。

通向北海的钦北铁路正在加紧修建，计划 1994 年建成。通向铁山港并继续向东与黎湛铁路相接的合（浦）河（唇）铁路正在筹建中。这两条铁路的建成将初步形成钦州湾区的铁路框架，并使北海港和铁山港充分发挥出海通道的作用。

（五）建设大西南出海通道的公路网络

南防铁路和南北公路从南宁并行向南，到钦州后分向西东，共同组成连接内地和沿海的主干道。1990 年建成通车的南北二级公路，已经出现堵车现象，目前正在筹建南钦高速公路和钦北、南防一级公路。

从南宁向东至梧州的南梧二级公路将在今年建成。从南宁向西经百色通向昆明、向北经柳州、桂林通向衡阳的高等级公路正在筹建。

正在筹建的还有合浦至山口、玉林至公馆的二级公路。

（六）建设西江航运工程，充分利用西江黄金水道

西江是通向广东和港澳的黄金水道。西江航运建设第一期工程已经完成，桂平航运枢纽船闸已正式启用，年通过能力一千万吨，仅次于长江葛洲坝船闸。第二期工程将要兴建贵港航运枢纽，建成后西江南宁以下可以通航一千吨的船只，西江年运输能力将达到一千万吨。大西南的货物可以经铁路运到百色、南宁或贵港，转船径直输往港澳和海外。

开凿从西江支流平塘江至钦江中游陆屋的平陆运河，也在计划中。这条只需开挖 6.6 公里人工河道的运河，将使西江的货物直接经钦州出海，西江中上游的出海距离将缩短七百多公里。

（七）建设四通八达的空中交通网

北海机场、南宁机场正在筹备扩建。

1986 年北海机场正式开航，当时只开辟南宁—北海—广州一条航线。

1992 年随着"北海热"的掀起，北海的空中航线在一年中增加了六条。目前，北海已拥有通往香港、北京、上海、广州、深圳、汕头、桂林、成都、重庆、贵阳的航线;最近将增辟北海至昆明、北海至长沙航线，争取开辟北海至河内、胡志明市、新加坡、曼谷等东南亚城市的国际航线。

四、建设密集而强大的大西南出海通道的港口群落

广西沿海地区——钦州湾区海岸的直线距离只有一百八十五公里，岸线却长达一千五百九十五公里，其比例为 1∶8，是中国海岸线最曲折的岸段之一。港湾众多，拥有大小港口二十一个，总吞吐潜力在二亿吨以上，其中防城、北海、钦州、铁山、珍珠等五个港口是可建万吨级泊位的深水港，钦州、防城、铁山各自拥有六千万吨的年吞吐潜力。

防城港是大西南出海通道的主港，目前在钦州湾区诸港中处于领先地位——已建成深水泊位最多，设备最齐全，有铁路通往内地，因而吞吐能力和实际吞吐量最大。在华南沿海，防城港是仅次于黄埔和湛江的第三大港。目前有万吨级泊位八个，万吨级以下泊位五个，年吞吐能力五百九十五万吨，1991 年吞吐量二百六十八万吨。计划到 20 世纪末，将吞吐能力提高到二千万吨①。

北海港在钦州湾区诸港中具有最好的城市依托。北海市是钦州湾区目前发育最成熟、功能最全、设施最好的城市，第三产业尤占优势。但北海港深水岸线较短，可供开发的吞吐潜力约二千万吨。北海港现有万吨级泊位两个，还有两个在建。目前年吞吐能力二百万吨，1991 年吞吐量一百二十万吨②。预计 20 世纪末，北海港的年吞吐能力将达到五百万吨。③

钦州港位于钦州湾的顶端，在钦州湾区诸港中是距离内地最近的深水港，港湾优良，潜力巨大。由于种种历史原因，钦州港一直没有得到开发。改革

---

① 《广西年鉴》(1992)；吴文贾、严守智《防城港，乘风扬帆向明天》，载《广西日报》，1993 年 5 月 20 日。

② 《广西年鉴》(1992)。

③ 《北海港总体布局规划》(交通部水运规划设计院，1992 年 12 月 16 日)。

开放以来，也迟迟未能启动。钦州人民等不及了，他们依靠自己的力量，硬是顶着困难，毅然于1991年底开始建港。经过两年艰苦奋斗，27.5公里长的进港一级公路和年总吞吐能力为一百万吨的两座万吨级码头，将在1993年底竣工。根据计划，20世纪末，钦州港的年吞吐能力将达到一千五百万吨[①]。屡次错过历史机遇的钦州港即将以壮观的面貌出现在昔日的荒滩野岭之间。

铁山港是钦州湾区又一座深水大港。几年前随合浦县划归北海市管辖，为北海市扩大了发展空间，为"大北海"发展战略提供了前提。反过来，"大北海"战略和1992年以来以"北海热"为表征的北海超常规发展，又把原来预计可能晚至21世纪才启动的铁山港，迅速推上建设日程。现在，港口规划已经完成，有关项目已经落实，大事俱备，动工在即。至今只有几个地方性小码头零落其间的铁山湾；预计20世纪末将成为年吞吐能力达到三百万吨的现代化海港。[②]

钦州湾区的第五个深水港——珍珠港，也正在规划之中。

除此以外，钦州湾区中小港口的开发也在同时进行。东兴开发区建设的位于北仑河口的竹山港已经竣工。京岛港五千吨泊位正在建设，预计1994年建成。

作为大西南出海通道的大门，钦州湾区的港口建设需要超前和高标准进行，才能吞吐大西南不断增长的货流。从长远来看，钦州湾区所有港口潜能都要利用。要充分发挥各自所长，在此基础上形成整体优势。防城港港口条件优越，基础最好，理应继续发展，保持大西南出海通道主港地位。钦州港具有发展为大西南出海通道第一主港的潜力，应该与南昆铁路同步，加速建设步伐。北海港城市条件超群，港口潜力稍逊，港口似应以较高的比重服务于城市本身的需要。铁山港的吞吐潜力可以比肩于甚或超过防城港和钦州港，但距大西南腹地较远，除担负大西南的吞吐任务以外，还要鼎力支持港口工业——特别是已经规划的运量巨大的石化、钢铁和电力工业的发展，成为多功能的综合性大港。总之，钦州湾区所有港口将各显神通，陆续加入大西南

---

① 《钦州地区基本情况》（钦州地区专员公署，1992年12月）。
② 《北海铁山港总体布局规划》（交通部第四航务工程勘察设计院，1993年2月）。

出海口岸行列，组成密集而强大的中国南部港口群。

五、把钦州和南宁建成大西南出海通道的前后枢纽

打开地图，我们一眼就看到，大西南出海通道的网络先后在南宁和钦州汇合。

钦州不但是大西南最近的出海口，而且是大西南出海通道的前方总站。它处在南宁、防城、北海之间人字形交通框架的交接点上，北离南宁、西南距东兴、东南抵北海，各一百公里左右。现有的南防铁路、南北公路、钦防公路、钦灵（山）公路，在建的钦北铁路，计划中的南钦高速公路，构想中的六景—钦州铁路，加上钦江，以及规划中连接钦江和西江的平陆运河，都在钦州交汇。平陆运河开通以后，钦州又将成为西江的新出海口。因此，加快钦州的港口、交通和城市建设，是大通道建设的关键工程之一。

如果说，钦州是大西南出海通道的前方总站，那么，南宁就是大西南出海通道的后方枢纽，而且是这条通道的总枢纽。

第一，南宁是联结沿海和内地的交通环节。内地通往钦州湾区的铁路——湘桂线和未来的南昆线，公路——南百（色）线、南梧（州）线、南金（城江）线、南柳（州）线，都先在南宁汇集并合，然后沿南防铁路和南北公路，到钦州湾港口出海。为了扩大南宁、钦州间多线并合后形成的咽喉通道，独立于原有南北二级公路之外的南钦高速公路正在筹建。

第二，南宁是广西的政治、经济、文化中心，有很强的经济辐射能力，能够成为钦州湾区的基地和后盾。

第三，南宁距钦州一百零四公里，距防城一百七十三公里，距北海二百零四公里。南宁到钦州，汽车只需一个多小时。陆海联合，港城互补，是南宁和钦州湾诸港的共同要求。其中距离最近、启用在即的钦州港完全可以成为南宁最理想的外港。

第四，南钦公路是架在钦州湾区"金三角"（北海—钦州—防城）和南宁之间的"金桥"，公路两旁是配置工业带的黄金地段。广西正在规划这条工业

带的建设。南钦工业带将使南宁和"金三角"更加紧密地联系在一起。我国著名的江西省昌九工业走廊，就是通过南浔铁路将省城南昌和港埠九江的优势结合起来而形成的。未来的南钦工业带或南钦工业走廊，也必将结合首府南宁与钦州湾港口的优势，崛起于祖国南疆。

南宁认识到自身在大西南出海通道中的重要地位和光荣任务，正在进行大规模的基础设施建设，不但要成为大西南出海通道的强大枢纽，而且要成为繁荣的经济中心，成为现代化的国际城市。

无数历史事实说明，出海通道关系到一个国家、一个民族、一个地区的兴衰存亡，开辟出海通道是人类历史活动一项永恒的主题。大自然既然造就了钦州湾这一块宝地，作为辽阔而闭塞的大西南最近的出海通道，我们就有责任把这个宝贵的潜能开发出来，使之变成活生生的现实。这是开发大西南的壮举，振兴中华的伟业。我们深信，大西南将和这条出海通道并肩同步，跨进繁荣的 21 世纪。

努力使广西跻身于航运强省之林 *

——利用香港回归和南昆铁路通车机遇振兴广西航运刍议

一、利用香港回归机遇，开展桂港航运合作

香港是国际贸易中心和国际航运中心。建立在贸易繁荣基础上的发达航运业，是香港繁荣的重要支柱和明显标志。香港位于珠江内河航线、中国沿海航线和远东国际航线的汇集点上，区位优越，腹地广阔；香港维多利亚港是世界三大良港之一，港内可同时停泊一百五十艘万吨轮；1996 年，香港港口总吞吐量 1.56 亿吨；香港是世界最大的集装箱港，1996 年吞吐量达一千三百二十万标准箱；目前，在香港有三百多家轮船公司，有一百五十多个国家和地区的轮船进出。香港回归祖国，为广西同香港的航运合作带来了新的机遇。首先，回归后的香港保持稳定，继续繁荣，随着内地改革开放的深入扩大和经济的迅速发展，在内地推动下，香港的繁荣必将提到新的高度；其次，回归后的香港，作为中央人民政府领导下的一个特别行政区和祖国大家庭的一员，同内地的经贸关系必将更加密切，经贸往来必将更加方便，彼此了解和互相依赖必将进一步加深。广西应该利用这个机遇，采取以下推进桂港航运合作的措施:（1）进一步发展对香港的贸易，带动对港航运的发展。（2）引进香港资金，从事港口和航运设施的建设，合资经营航运企业。（3）研究借鉴香港航运业的成功实践和宝贵经验，结合实际加以运用。这方面可以采取多种形式，例如成立研究机构从事研究，派人到香港实地考察，请香港航运专家来传授，联合举办研讨会等等。（4）同香港航运部门合作，培养高层次航运人才。

  ＊ 本文为 1997 年广西社会科学院课题研究报告 "香港回归与广西经济发展" 由作者撰写的部分。载（南宁）《东南亚纵横》1997 年第 4 期。整个研究报告获 1997 年度广西社会科学院优秀科研成果二等奖。

二、创造条件，让广西沿海港口成为香港中转货物的分流港

香港是国际转口贸易中心，转口贸易在香港对外贸易中占有重要地位。中国改革开放和内地经济快速发展，使香港转口贸易大幅度上升。转口贸易占贸易总额的比例，从 20 世纪 80 年代的 1/3，上升到 90 年代的 2/3。内地已成为香港进口货物和转口货物最大的来源地。1993 年香港 90% 以上的出口货物来自内地。目前从香港运出的集装箱有 65% 运往内地，而进口的集装箱也有 65% 来自内地。

作为国际贸易和国际航运中心，香港港口十分繁忙，仓储等费用很高，因而紧邻香港的广东，除了黄埔港等老港口以外，改革开放以来又兴起了很多分流港，其中分流作用最显著的是深圳的盐田港和蛇口港。包括广西在内的很多内地省区，正越来越多地将自己的货物运到黄埔、盐田、蛇口直接输往海外，进口货物也径直从这些港口输入。在这样的形势面前，我们也应该有所作为，积极创造条件，让广西和西南各省市往昔通过香港和广东中转的进出口货物，逐渐改从广西沿海港口分流。要做到这一点，关键是改善广西的港口和交通条件，使之具备比香港和广东港口更大的吸引力。为此建议：（1）营造广西港口优越的硬软环境，力求设施完善，服务一流，费用较低。（2）集装箱运输是当代海运发展的方向，集装箱码头是衡量当代海港发展水平的重要标志。广西港口集装箱泊位建设起步较晚，集装箱运输能力还很小，很不适应现代海运的需求，需要加大集装箱泊位建设的力度，使集装箱运输以更快的速度发展。（3）在港口设立保税区和保税仓。

三、抓住南昆铁路通车时机，为广西航运增辟货源

南昆铁路今年已正式通车运营。这条横跨云黔桂三省区、辐射范围及于四川、全长近九百公里的电气化铁路干线，远期年运力二千万吨，近期年运量预计一千万吨。其下行货物运到南宁后，有三条出海通道可供选择：

（1）经南防铁路和钦北铁路，从北部湾的防城港、北海港和钦州港出海；这条通道运距最短，只要港口和接续铁路的相关条件跟得上，应该成为西南货物的最佳流向。（2）从南宁转船，或续经铁路运到贵港转船，经西江东运广东和港澳。上述两条通道都对广西航运有利。（3）从南宁转湘桂、黎湛铁路运到湛江出海。这一条通道虽然运距较远，但湛江港拥有多方面的优势，具有很强的竞争力。湛江50年代就开始建港，是新中国成立后最早兴建的港口之一，设施完善，装备先进，是目前全国八大枢纽港之一。大西南是湛江港的主要货物来源地，双方形成了传统的固定联系。1995年，湛江港吞吐量一千七百二十八万吨，超过广西沿海三港吞吐量的总和。湛江港是广西港口的竞争对手，广西如果不采取有效对策，很可能在市场竞争中败北。建议采取以下措施：（1）继续加强港口和交通建设，提高船队运输质量和运输能力。（2）主动走向西南和中南腹地，加强同货主的联系，组织充足货源。（3）改善港口和运输的软环境，清除有碍货畅其流的关卡和陈规陋习，以优惠的政策、周到的安排和热情的服务把货源引向广西通道。

防城港近年的成功经验值得推广。通过调查研究，找出港口管理中存在的问题，进行内部整顿，改善经营管理，营造一个全新的完善的软环境。过去货主摇头，避而远之；如今货主满意，纷至沓来。最近由市委市政府主要领导带队，深入西南各省市，同当地领导和有关部门以及厂矿企业广泛接触，建立了良好关系，为防城港开辟了大宗货源，仅贵州省化工部门就计划二至三年内从防城港进出二百至三百万吨货物，四川攀枝花钢铁公司计划每年从防城港运进八十万吨铁矿石。

四、加大政府对航运业的扶持力度，让广西航运业尽早走出低谷，开创新局

广西航运业的发展，1993年达到高点以后，连续数年跌入低谷，至今仍在低谷挣扎。1996年，全区水路运输完成客运量八百零五万人，比上年下降9.75%；货运量一千八百八十七万吨，比上年下降4.6%；其中对港澳货运量159.26万吨，

比上年下降 4.21%，只利用了对港澳运力的 45%。1996 年防城港、北海、贵港、梧州等四个主要港口，除防城港吞吐量 508.5 万吨，比上年增长 9.59% 以外，其余均比上年下降，其中北海吞吐量一百九十九万吨，下降 0.99%；贵港 308.5 万吨，下降 14.7%；梧州一百三十四万吨，下降 16.25%。梧州港曾在 1983 年创下吞吐量五百二十四万吨的历史记录，1996 年吞吐量只及当年的 25.5%。

水路运输不景气的根本原因是货源不足，而货源不足除了由于公路运输快速发展、多种运输形式激烈竞争导致货物分流以外，还由于在国内外航运业的激烈竞争中，广西航运业的阵地不断丧失，区外甚至国外的船队越来越多地进入广西港口，揽走了份额越来越大的货源。这种情况，既出现于港口吞吐量下降的内河航运，也出现于港口吞吐量上升的海上航运。随着广西海港吞吐量的增长，广西海上运输所占的比例却在下降，形成了令人深思的强烈反差。目前，每年通过广西沿海港口进出的几百万吨货物当中，属广西船籍承运的只占十分之一左右。

要扭转这种局面，最根本的措施是练好航运业的"内功"，改善航运业的硬软条件，降低成本，提高质量，加强竞争能力。市场竞争是市场经济的基本规律，在竞争中优胜劣败，航运业也不例外，货主有选择船主的自由，广西货主也不一定选择广西船主。在当前国内外航运业普遍不景气的背景下，航运市场属买方市场。航运部门必须从内部做起，以优质低价和热情周到服务来赢得顾客，才能保持、夺回并且扩大自己的市场份额。

与此同时，我们也应该看到，航运是交通运输总体中的一个部门，它同铁路、公路、航空等交通部门一样，具有投资大、牵连面广、社会效益高等共同点，需要全社会的关注和国家的特别支持。应该说，广西对港口建设、航道开发等基础建设是十分重视的，投入了大量的物力人力，取得了令人瞩目的成就。当前，需要政府对航运本身也给予有力的扶持，建议：（1）给予资金扶持：增加对航运业的投资，改善航运条件。（2）给予政策扶持：针对区内货源外流、水运能力闲置的情况，由政府出面，在货主和船队之间进行必要的协调，直至制定必要的政策，通过行政手段进行适当的干预，在条件相等的前提下，使区内货源，特别是大型国有企业的货源，尽可能优先用区内船队承运。这种保护措施，在国内外都不乏先例。如广东虎门大型火电厂所需北煤，就规定由广东省自己的航运公司负责运输。经济发达如广东还这样做，广西应该更有理由这样做。

五、组织近海船队，开拓大有潜力的近海航运市场

对广西来说，近海具体所指包括两个主要部分：（1）包括港澳台在内的中国沿海；（2）东南亚沿海。港澳台是广西外贸的主要对象，1995 年，港澳台在广西进出口总额中占 46.5%，其中香港占 44.3%；港澳台又是广西最大的境外投资者，1995 年在广西协议外资中的比重为 60.22%，其中香港占 52.33%。改革开放以来，广西对港澳航运有了很大的发展，1992 年，广西专营港澳航线的船舶只有一百八十艘，载重量约八万吨；1996 年增到三百艘和十三万吨，占全区总运力一百一十三万吨的 12.3%；其中内河 8.8 万吨，占对港澳运力的 2/3；沿海 4.2 万吨，占 1/3。中国台湾同大陆的经贸关系日益密切，目前双方之间已实现定点直航；广西、台湾之间的经贸往来也在不断增进。中国沿海是经济最发达的地区，发展势头长盛不衰。诸如北煤南运、北粮南运、南矿北运等大宗货物的运输，主要通过沿海运输实现。东南亚十国除老挝外，都直接濒海，海上运输是其对外贸易的主要载体。东南亚是世界上经济发展最快的地区之一，经济实力不断增强，已经成为中国重要的外贸对象和外资来源。1994 年，广西对东南亚出口总额 1.36 亿美元，占广西出口总额 8.48%；从东南亚进口 2.39 亿美元，占广西进口总额的 31%。到 1993 年底止，东南亚对广西的实际投资约 1.48 亿美元，占广西外资总额 6%。这三个比例还在继续提高。广西同上述近海地区的航运大有可为，必将随经贸关系的扩大而扩大，建议采取下列措施：（1）着力发展近海航运，组织近海船队。（2）近海船队以广西海洋运输公司为基础组建，由该公司统一领导。广西海洋运输公司成立于 1989 年，从无到有，艰苦创业，已经粗具规模，目前拥有万吨轮四艘，总吨位八万吨，基本上从事远洋航运。截至 1996 年，累计完成货物运输量一百三十八万吨，运输收入二千六百万美元，为广西经济和远洋航运的发展作出了贡献。1993 年以后，虽然陷入国际航运界周期性低谷，价低货少，1996 年亏损七百多万元，但这只是暂时现象，公司毕竟为广西海运事业打下了基础，搭起了架子，培养了人才，

积累了经验，理应成为广西航运业进一步发展的起点。（3）近海船队立足广西，开拓近海近洋航运市场，和原有的远洋船队紧密配合，共谋全方位发展。（4）开拓东南亚航运市场宜从近及远，先开拓最近且又富于潜力的越南和柬埔寨市场，开辟广西沿海港口到越南鸿基、海防、岘港、胡志明市等港口和柬埔寨磅逊港的航线，争取在上述以及其他东南亚港口设立航运点。最近，航运部门已派人到磅逊港进行为建立航运点做准备的考察。（5）近海船队以中小型海轮为主，以适应近海货运批量小、航次多、时间快的特点。

六、推动西南航运合作，组建西南联合海运公司

广西曾倡议创建西南联合海运公司，但未得到足够的积极响应，其原因是：（1）南昆铁路未通车，西南各省市到北部湾交通仍属不便，对北部湾利用率仍然不高。（2）资金一时难以筹集。（3）能否带来相应回报，一时难以预测。（4）广西作为倡议者也未能担当起决定性的支柱作用。总之，时机尚未成熟。随着形势的发展，目前条件正逐渐具备：第一，南昆铁路1997年正式投入营运，缩短了西南内地到北部湾的距离，西南各省市同海洋的关系更加密切。第二，西南经济的发展，实力的增强，对外开放的扩大，提出了对海运业的迫切需要。第三，西南各省区市开展多年的区域经济协作，密切了相互间的联系，奠定了进一步合作的基础。因此，只要作为倡导者的广西真正发挥主导作用，舍得投入必要的力量，西南各方在投资和利益、责任和权利的分配上达成合理的协议，西南联合海运公司计划将来终会重新启动。广西沿海港口将是公司的理想基地。

七、理顺航运企业间的关系，形成合力，共谋发展

广西航运市场企业众多，国有、集体、个体企业同时存在，国有企业内部又分属不同部门，相互竞争激烈，在货源不足的情况下，甚至压价竞争，

结果造成航运秩序混乱，使各方都遭受损失；另一方面，区外企业趁机而入，抢占我方阵地。建议由政府出面进行协调，推动各方合作，成立像航运协会这样的由企业按自愿原则加入的组织，其任务是代表航运企业的共同利益，沟通信息，协调运价，分配货源，在萧条时同舟共济，协力走出困境；在顺利时各扬所长，共同推进航运业的繁荣。

八、加强航运人才培养，满足航运业发展对人才的需要

航运需要多种不同层次人才，其中海洋航运特别需要高层次的技术和管理人才。海运在外时间长，条件比较艰苦，要留住人才，需要较好的后方生活基地和较好的生活待遇。广西条件较差，人才流失严重。今后除注意解决航运人员的生活待遇问题、继续引进和留住人才以外，还要加强人才培养：（1）办好交通学校的水运专业，培养中级航运人才。（2）在广西大学或在筹建中的北海大学，开办航运学院或航运系，培养高级航运人才。（3）在广西沿海港口建立培训基地，加强人员培训，坚持不懈地提高人员素质。

九、继续构建通向港口的陆上交通系统，不断加强航运的集疏能力

水运必须依靠陆运来集散货源，建设通向港口的陆路通道是发展航运的前提。港口越大，其对内的陆路交通就越发达，河港及位于河口的海港亦不例外。一个港口，一条通航河流，如果没有相应的陆路与之相连接，那是不可思议的。西南出海通道建设主要就是建设将西南内陆同北部湾和西江连接起来的铁路公路系统，让西南货流经北部湾和西江运往海外。经过多年努力，西南出海通道建设已取得巨大成就，近期需要加紧续建或尽快动工兴建下列工程：（1）南北高速公路（南宁—北海）；（2）柳南高速公路（柳州—南宁）；（3）南丹—河池—宜州—柳州高等级公路；（4）南百高等级公路（南

宁—百色）；（5）桂梧高速公路（桂林—梧州）；（6）黎钦铁路（黎塘—钦州）；（7）梧州—玉林—北海铁路；（8）南防铁路电气化复线。

十、建设西江工业走廊和北部湾沿海工业带，让工业和航运业互相促进，共同繁荣

现代工业特别是资源加工业，原料、燃料和产品运量大，运程远，交通是选址时首先要考虑的问题。在诸种交通形式中，水运具有运量大、运费低、投资少的明显优势，因此沿江沿海就成为工业配置的理想地带。航运业作为沿江沿海工业不可或缺的伙伴，必将随之发展起来。例如上海宝钢需要大量的巴西和澳大利亚的铁矿石，上海金山石化厂需要大量的华北和海外的原油，防城港金海油脂厂需要马来西亚的棕榈油，柳州钢铁厂需要澳大利亚和印度的铁矿石等等，都带动了为之服务的港口和航运业的发展。可以肯定，广西沿海和沿江工业的发展，必然直接推动广西航运业的繁荣。为此建议：（1）运输量大的工业首先考虑沿江沿海配置；（2）特大型企业、两头在外型企业首先考虑临海配置；（3）将沿江沿海工业建设和相应的航运业发展统一进行规划。

十一、充分认识发展航运的重大意义，迎头赶上，争取跻身航运强省之林

航运是国民经济的重要组成部分，是衡量一个国家和地区发展水平的重要标志之一。一些海运发达国家，其外汇收入的25%靠海运取得。濒海和沿河国家，无不重视和利用自己的水运资源，发展内河和海洋航运事业。世界上没有一个发达的濒海国家没有发达的航运，也没有一个航运发达的国家经济落后。我国是最大的发展中国家，航运事业发展迅速，沿海港口吞吐能力已达到七亿吨，其中集装箱吞吐能力达五百五十万标准箱，从事国际航运的船舶总量已达二千三百五十万载重吨，中国远洋运输集团所拥有的船舶总量

已达一千六百零九万载重吨，已成为世界最大的航运企业之一。我国外贸出口物资的 90% 是靠海运来完成的。我国沿海沿江各省市，包括处于内陆的湖南、湖北、四川、黑龙江、吉林等省，都极力发展自己的航运事业，一些大企业如首钢、锦江集团等也建立了自己的海运船队。

广西是沿海省区，内有西江黄金水道和梧州、贵港、南宁、柳州等著名河港，外有一千五百九十五公里长的海岸线和防城港、北海、钦州三大海港；后有辽阔富饶的大西南腹地，前有生机勃勃的东南亚、经济发达的粤港澳和最大特区海南岛。广西拥有如此优越的区位和丰富的水运资源，十分有必要也完全有可能建立发达的航运业。但是在发展航运业的竞赛中，广西显然是落后了。广西人口占全国的 4%，海岸线占全国的 8%。但目前海港吞吐量只及全国的 1%。广西航运业不仅落后于经济发达的广东，也落后于面积和人口都远远少于广西的原来基础不比广西好、起步不比广西早的海南。1995 年以前，广西的船舶载重吨位为一百一十二万吨，既少于广东的三百五十七万吨，也少于海南的一百四十二万吨；广西的海上运力为八万吨，更远远少于广东的一百九十八万吨和海南的一百四十二万吨，只相当于广东的 4% 和海南的5.6%。

鉴于航运业在国民经济中的重要地位及其在全国范围内蓬勃发展的形势，鉴于广西拥有发展航运业的优越条件和广西航运业目前的落后状况，广西首先需要从思想上真正重视航运业的发展，将之提到同公路、铁路、航空一样的高度，在此基础上，加强对航运业的领导，从政策、资金等方面给予有力支持，真抓实干，迎头赶上，争取用十年左右时间赶上全国水平并跻身于海运强省之林。

西部大开发对广西的召唤 *

广西兼有东西部区位，按历史传统和经济发展水平，广西应属西部地区。改革开放以来，广西面临过一次独有的机遇，那就是 1992 年国家将广西确定为大西南出海通道。广西利用这次机遇，不失时机地进行大西南出海通道建设，在国家支持下，建成了沿海三大港口、南昆铁路、桂海高速公路、西江航道整治等重点工程，红水河水电开发也成绩辉煌。当前西部大开发又给广西带来新的发展机遇。除了享受原有的民族、边疆、沿海、贫困地区等四种政策优惠以外，作为西部地区的一员，广西现在又享有西部地区的政策优惠并承接国家的投资倾斜。目前，北海机场扩建已列入西部地区机场建设项目，作为西部今年新开工十大工程之一的西部地区机场建设中的一项，但这仅仅是一个开头。根据国家所规定的西部大开发战略的主要内涵，谨提出下列建议。

一、继续西南出海通道建设，扩大三个外向通道和三个内向通道

三个外向通道：

（1）出海通道。继续建设防城、钦州、北海三大沿海港口，扩大吞吐能力；考虑南防铁路的电气化和复线建设。

---

* 载《广西日报》2000 年 12 月 11 日第五版，《广西社科院通讯》2000 年 6 月 30 日第二版，《广西社联通讯》第 2 期（2000 年 5 月）。

（2）出边通道。建设南宁—凭祥高速公路。

（3）出粤港澳通道。建设南宁—广州高速公路，扩大贵港、梧州等内河港口的吞吐能力。

三个内向通道：

（1）西向云南通道。建设南宁—百色高速公路，随后将之延伸到云南昆明，成为一条完整的南昆高速公路。

（2）北向贵州通道。对黔桂铁路进行技术改造，提高其运力，当务之急是扩大其"瓶颈"段——河池—都匀段的通过能力；高标准建设作为国家"五纵"主干线之一的重庆—湛江高速公路广西段。

（3）东北向湖南通道。将桂海高速公路向湖南延伸，提高湘桂铁路和焦柳铁路运力。

形成以南宁为中心的纵横交叉的高速公路布局，力争数年内建成由纵向的桂海、重湛、南凭高速公路和横向的南广、南百高速公路组成的高速公路框架。

二、加速经济结构调整

根据国内外市场需要，调整产品结构，淘汰落后，发展高新技术产业，并用高新技术改造传统产业。

将产品结构调整同产业布局调整结合，充分发挥地区优势，发展特色经济。"东糖西移"就是这方面的良好开端。

三、保护环境，发展生态经济

广西属珠江流域，位于珠江中上游。珠江是航运大动脉，沿江是广西的主要经济带，其主流红水河是著名的"水电富矿"，其支流漓江是著名的风景线，水源水质保护特别重要。利用西部大开发中国家以粮换林、以粮换草的绝好机遇，将植树造林与退耕还林（草）相结合，将绿化与制止污染相结合，在江河两岸营建绿带，保护广西的秀美山川。

用可持续发展观点来对待资源开发，节约使用资源，尤其要珍惜不可再生资源，给后代留下生机，不能重演"全民动手"、一哄而上、乱挖滥采、竭泽而渔的野蛮戏和愚蠢戏。浪费资源、破坏环境、安全无保障的小矿小厂，特别是小矿井、小化工、小玻璃、小水泥、小造纸、小制糖，应该依法坚决彻底封闭。

四、振兴教育科技

立足广西，扬长避短，突出优势，这是跻身于教育科技强省（区）的途径，提倡并扶持精品、拳头产品和特色产品，广西的路桥技术、甘蔗种植和综合利用技术、乳水牛养育技术等为我们提供了成功的例子，赢得了国内外的声誉。以广西大学领头，高等教育继续走重组扩大之路，将每个地区中心城市的高等学校联合起来，组成以广西大学、广西师范大学、广西民族大学、广西医科大学为"航空母舰"的分布比较合理的高等学校体系，近期可以考虑组合条件比较成熟的柳州大学、梧州大学、百色大学和玉林大学。

在近代世界历史上，美国、苏联等大国在实现工业化的同时或稍后，对国内落后地区进行开发，扩大了经济活动空间，缩小了地区差距，增强了经济实力，从而以主角的姿态登上世界活动舞台。19世纪中叶以修建太平洋铁路为标志的美国对其西部的开发，使它在19世纪末成为世界第一工业大国；20世纪30年代苏联对西伯利亚的开发，使苏联进入世界强国行列，为日后反法西斯战争的胜利准备了雄厚的物质基础和强大后方；南美第一大国巴西为了开发北部的亚马逊河流域，特将首都从沿海的里约热内卢迁往北方，在内地建设新都巴西利亚。国外经验说明，对国内落后地区的开发是一项与国家前途民族命运攸关的伟大事业。国外经验不但给我们提供有益的启示，而且可供我们直接借鉴。在西部大开发的过程中，特别在其启动阶段，我们需要重视对国外经验的研究。

广西生态

让美学更深地走进生活 *

　　我应邀来到风光如画、秋色斑斓的山水明珠、经济重镇和历史文化名城宜州市，参加美学界的盛会——广西第四届民族美学研讨会，聆听来自祖国各地的美学专家的高见，感受宜州市政府和人民的盛情，感到非常高兴和十分荣幸。宜州是我早就向往的胜地，20世纪30年代前期，我父亲治平先生曾在下枧河上游的天河县师范教书，童年时候我经常听到他讲庆远府的神奇故事和美丽风物，留下长大后一定拜访的深深悬念。岁月如流，人世沧桑，一晃就是几十年，今天才得遂初愿，内心着实为这迟到的机遇感慨和激动。我衷心感谢宜州市政府、河池师专、宜州一中和广西美学学会的盛情邀请，感谢他们为研讨会的胜利召开和圆满成功所付出的出色智慧和辛勤劳动。

　　改革开放以来，美学在广西取得了创造性的进展。广西美学学会范阳会长等美学界人士，走出了一条美学同生活和实践紧密结合的道路，创立了美学的重要分支——山水美学和民族美学。在广西这块多民族地区，在以桂林为代表的山水胜地，在这样的沃土之上，民族美学和山水美学已经开出了闪着异彩的花朵，结出了散发异香的果实。我谨借此机会表示由衷的祝贺和敬佩。

　　我是地道的美学外行，姑妄班门弄斧，谈一些旅游美学方面的外行话。

　　第一，运用美学思想，做好旅游资源的保护。山水本身之所以成为旅游资源，在于它有天然的内在美，应该妥加保护。改革开放之前，山水自然景观遭受令人痛心的破坏。1980年代初期传遍神州，直至在海外引起回响的"救

＊　本文为1997年10月24日至26日在宜州举行的广西第四届民族美学研讨会而作并在会上宣读。载《广西美学通讯》(广西第四届民族美学研讨会专辑)总第四期，广西美学学会1997年12月编印。

救桂林"的紧急呼号，深切地反映了人民保护桂林山水的急迫心情。从那以后污染漓江的厂矿被关停了，损害自然景观的某些高层建筑计划被制止了，这颗明珠逐渐恢复昔日的光彩。此乃桂林之福，中国之福，也是全人类之福。城市和旅游景区的水面及其岸边陆地是非常宝贵的旅游资源，应该留给人民共享。上海的外滩、广州的西堤长堤、桂林的滨江路，都是保护利用滨江风光的杰作。长期以来，蚕食、鲸吞城市和景区水面及其岸边陆地的现象很严重，至今仍有发生。请恕我直言，广西区党委南湖新址就不该紧逼水边，把所在地段的滨湖陆地全部占用，以致这一段现在只能填湖取地修环湖路。亡羊补牢，犹未为晚。在南湖长期以来被严重蚕食圈占之后，南宁市不久前发出"把南湖水面及湖滨留给全市人民"的呼吁，作出环湖陆地百米范围内不能侵占的规定，深得群众拥护。

第二，运用美学思想，做好旅游资源的开发。在旅游资源的开发中，资源本身是主体，其余全是附属和陪衬，目的是略加点缀，使之更加光彩照人。如果搞一些同景点及其周围环境不协调的人工建筑，或过高过大，把景点遮住、压低或衬小，或缺乏艺术性，甚至粗俗鄙陋，直接给景点抹黑加丑，所有这些，都会造成开发性的破坏。这方面的例子很多，例如桂林伏波山对面漓江东岸沿江而建的一排高楼，完全挡住了背后的群峰，使漓江大为减色。高层次的漓江饭店同近旁的象鼻山，火柴盒式的住宅楼群同身后的叠彩山，相处得极不和谐，使名山受到间接损害。改革开放以来国内名山出现了兴建登山索道热，很多索道由于选址和设计不当，破坏山体，留下伤疤，引起了国内外的非议。

第三，运用美学思想，突出旅游资源的特色。特色就是个性，个性总是具体的、生动的、千变万化的，没有个性就没有生命，就没有任何吸引力。因此，在旅游资源的开发中，我们一定要同中求异，选准特色，最大限度地突显特色。中国的风景名胜非常重视特色。同是苏州园林，拙政园的疏朗、狮子林的紧凑，沧浪亭的淡远，留园的豪华，各有千秋，各呈异彩。宜州市也做得很成功，在青山绿水中融进刘三姐的美丽传说，水乳交融，相得益彰，使旅游者获得在别处难以获得的独特而美好的印象。

让美学更多地为人民群众所掌握，把我们的世界建成至美的人间乐土！

学习借鉴 继往开来 *

——以人文和自然遗产保护为例

实现中华民族伟大复兴的中国梦，要求我们学习借鉴、继往开来，在人文和自然遗产保护领域，这个要求尤为迫切。

1949 年，入城之初，百忙中的周恩来总理就把眼光投向早成废墟、一片荒芜的圆明园遗址，要求北京保护；20 世纪 60 年代中期，"文革"开始前后，庄严雄伟而又保存完整的北京古城墙被拆除。前者继往开来，创造了正确对待历史文化遗产的范例，今日圆明园遗址已成为著名的爱国主义思想教育基地和举世向往的考察和旅游胜地；后者"破旧立新"，只剩下一两座形影相吊的城门，在城墙原址上建起的宽阔马路和现代高楼掩盖不住巨大的历史创伤，治不了人们的心灵隐痛。

人类全部历史活动，可以概括为持续不断的"继往开来"，而不是同旧物一刀两断的"破旧立新"。人类的创新活动，总是从现有的基地出发，在现实的基础上进行，既受到历史趋势和现实需求的激励和推动，也受到现实条件和历史遗产的制约。离开既有基础去谈创新，借用鲁迅的比喻，就像妄图自拔头发上天一样可笑。世界上没有无源之水、无本之木，任何创新都以历史和现实为依托，都含有或多或少的遗产成分，世界上从来没出现过不含任何旧质的新事物。连马克思主义这么彻底的革命理论，还包含有德国古典哲学、英国古典政治经济学和法国空想社会主义等三个来源，马克思和恩格斯要求革命者努力学习、吸取人类文明创造的一切优秀成果，并且身体力行，率先垂范，他们既是革命导师，又是科学巨人。

---

* 为 2010 年 12 月 3 日在南宁举行的广西老社会科学工作者协会"建设学习型党组织与实施十二五规划"学术研讨会而作，收入该会《学术研究论文选辑》（2010—2011），2012 年 10 月编印。载《社会科学与决策》（广西社会科学院编），2013 年第 4 期（总第 186 期）。

　　继往开来是人类永恒的历史活动。人类社会不断发展，不会永远停滞在一个固定的地方。继往为了开来，开来必须继往，这是历史发展的辩证规律。

　　继往的"往"，宏观来看就是通常讲的包括历史在内的世情、国情、省情以至乡情、村情。纵的从古至今，横的涵盖各个领域。了解"往"是继往和开来的前提，了解的过程，也就是学习的过程。从书本学习，从实践学习，学习成功的经验，也吸取失误的教训。

　　多年来，通过不断的学习和对历史经验教训的总结，历史文化遗产保护成绩斐然，但是"破旧立新"式的破坏和"建设性"的破坏仍时有所闻，有的还令人触目惊心。

　　历史建筑遗产保护利用成功范例众多，谨略举数例——

　　西安、南京、开封、平遥、兴城等大中型古城墙的整体保护。

　　苏州古城的整体保护。

　　广州老街区的整体保护。广州拆除了开放初期建的通往白天鹅宾馆的环沙面岛箍桥，让壮阔的白鹅潭江面得以重新展现在人们眼前。

　　很多历史悠久的著名大学，对校内历史建筑成片保护，立保护牌。如中山大学历史建筑集中连片的校园中区，受到整体保护，其中怀士堂（小礼堂）、马丁堂（原图书馆）、陈寅恪教授故居等著名建筑都挂保护标志。

　　梧州骑楼街的整体保护。

　　北海近代旧街的整体保护。

　　宾阳南街等明清旧街的保护。

　　再从广西境内，试列憾事数则——

　　柳州老街区已改建为清一色的高楼大厦。柳江大桥北桥头东侧在建的一个庞大营利性建筑竟然罩住所在的滨江路段，迫使行人在它的覆盖下通过，剥夺了人民自古以来观天亲水的权利。

　　南宁宋代城隍庙残墙被新建的商厦逼进几乎不见天日的死角，具有历史意义的南宁近代旧街共和路、中山路旧貌不久以后将永远消失。

　　武鸣县府城思恩府石板铺的古街道换成了水泥路。

　　东兴拆旧街建广场。

　　上林县巷贤镇大庙风景区沿江数里的河床巨石近年全部被非法开采盗卖。

　　顺借此文举一当代城建例子，略抒己见。桂林两江四湖工程本来很完美，却在水上克隆了包括伦敦桥在内的国外名桥，又引水上山搞了个人工瀑布。桂林不是深圳，深圳无景，建个"锦绣中华"和"世界之窗"有其价值，但多少也出于无奈。桂林山水甲天下，又是举世闻名的历史文化名城，世人来桂林，是领略纯真的桂林山水和历史文化，并不是来观赏世界名桥和人造山水。往桂林纯天然画幅中掺杂这些克隆和赝品，至少令人产生不协调的感觉。此类事例，也应从学习的视角就如何在城建中继往开来进行探讨。

　　成功或失误的背后，都同决策是否科学和民主相关，而科学和民主则靠学习来培养。举世闻名的古建筑学家梁思成，在新中国建立初期就提出北京古城保护利用的设想和方案，他建议将城墙连同护城河建成环绕北京的风景带。交通问题通过将行政中心迁往城外、多开城墙豁口并建环城道来解决。这个著名的科学建议虽然没被采纳，却深入人心，人们至今仍耳熟能详，每当忆起辄无限感慨。

　　他山之石，可以攻玉。世界各国的做法和经验同样值得学习和借鉴。欧洲的古老城市大多在旧城外另建新城，旧城区几乎见不到现代高层建筑。从意大利佛罗伦萨后山大卫雕像前俯瞰，全城就像一颗静卧在平地上的赭红色宝石，高耸于古城之上的仅是众多的哥特式教堂尖塔。仅存半壁的古罗马斗兽场，是全世界近现代体育场馆师法的两千多年前建筑，不仅留下的残壁得到保护，四周环境也基本保持旧貌。亚太地区成功的例子也到处可见。印度首都新德里，实际上是德里的新城，它让德里免去建新的重负和破坏。在老城之外建新城甚至易地建都，几乎已成为当代新兴国家的新潮，新都不断出现，如缅甸新都内比都，哈萨克斯坦新都阿斯塔纳，巴基斯坦新都伊斯兰堡，巴西新都巴西利亚，韩国也已多年酝酿新都方案。虽然建新都出于多方面的考虑，但利于保护旧城也是原因之一。

　　一位德国历史学家针对北京的旧城改造曾说："我们现有的，你们将来都会有；而你们现在有的，我们永远不会有。"[1] 这句话的意思非常明白，不需解

---

[1] 引自刘维涛《文化印，城市发展的深刻记忆——三委员谈城市文化建设》，载《人民日报》2010 年 5 月 19 日第二十版。

释。外国人都如此珍视我们的历史文化遗产，我们自己又该如何对待祖国的珍宝，值得扪心自问。历史文化遗产特别是有形的历史建筑遗产，一旦失去便不可复得。让我们加强学习，尊重、珍惜和保护我们的一切历史珍宝，在继往的基础上开拓我们祖国的光辉未来，实现我们的"中国梦"。

改善民生与保护环境 *

从外省回南宁工作以后，离家近了，每年总要回去两三次，拜祖扫墓，看望乡亲，重游山水，亲眼看到人民生活逐年改善，农村开始走上富裕之路。

新楼在老村边成片涌现。近年国家对旧房改造每户补助一万多元，拆建也在纷纷进行，农村建筑队一年到头没有闲日。

每天早晨，即使刮风下雨，村头都有肉摊摆卖，人们陆续前来挑肥拣瘦，餐桌上少不了飘香的猪肉。

穿的几乎都是从市场选购的成衣。小孩子穿红戴绿，年轻人穿着时尚，老年人穿着得体。

人们赶圩舍得花钱坐机动三轮，连到田里干活也骑车。农忙季节，田边地头停放着成排单车、电动车和摩托车，组成一道道亮丽的风景线。公共汽车已从县城伸到乡镇圩市，二元一票可以直坐到底。

民生在改善，归功于我们国家改革开放和改善民生的一系列措施。经过三十多年的持续发展，中国成了世界第二经济大国和外汇储备第一大国。沿海早已先富起来，内地贫困人口也在逐年减少。农村贫困人口数量，从2000年底的九千四百二十二万人减少到2010年底的二千六百八十八万人；农村贫困人口占农村人口的比重从2000年的10.2%下降到2010年的2.8%。[1] 水涨船高，全国人民都在分享改革开放的成果。

---

* 为2011年12月2日在南宁举行的广西老社会科学工作者"加强党的执政与改善民生"学术研讨会而作，为非论文的观感直白。收入该会《学术研究论文选辑》(2010—2011)，2012年10月编印。载《读书·调查·思考》(广西社会科学院编)，2014年第1期（总第142期）。

[1] 中华人民共和国国务院新闻办公室：《中国农村扶贫开发的新进展》(2011年11月)，见《人民日报》2011年11月17日第二十三版。

改善民生，首先是物质生活的改善。温饱问题早已解决，当前正在全面建设小康社会。其次是文化生活的改善。成绩很大，但还没有物质生活改善那么显著。党的第十七届六中全会通过的《中共中央关于深化文化体制改革推动社会主义文化大发展大繁荣若干重大问题的决定》，为改善人民的文化生活提供了强大动力。第三是生活环境的改善。成绩不小，但离人意还远，需要引起重视，使之跟上物质和文化生活改善的脚步。

几十年来，我们的生活环境遭到太大的破坏，仍以我的故乡为例。小时候，村前的小溪清澈可数水底沙粒，是小孩玩水和大人洗衣洗菜的好去处，村前大塘则是小孩甚至大人的天然游泳池，每到热天，笑语和水声不断。如今，小溪成了排污沟，大塘变成垃圾和污水池，连洗脚洗手都不敢。小时候，故乡的母亲河透明如镜，游鱼成群快乐嬉戏，如今河浅水浑，鱼虾绝迹，由于挖沙，河道紊乱，旧貌不再。小时候，村边有很多荫翳数亩的老榕树和多人合抱的大松树，后山不算太高，也常见狐狸出没，父祖辈还见过老虎入村伤人。如今这些往事似乎都成了令人难以置信的天方夜谭。如果说，这些失去的某一部分，经过努力将来还可望复原的话，那么，经过亿万斯年大自然鬼斧神工留下的地质遗产，如曾经商旅络绎不绝的宾（阳）上（林）古道旁的风景名胜、惟妙惟肖的虎山金鸡山、宽敞恒温的高浆山岩洞，多年的炸山取石使之永远毁灭了。随着岁月流逝，见过这些奇景的老人越来越少，不消多久恐怕连记忆也要消失。

空气和水是生命之源和生活之本。古代哲人老子说过："上善若水，水善利万物而不争。"① 作为"善利万物"的"上善"之物，水是环保的首要对象，理应得到人类善待。实际并非全都如此。随着人口增加和工农业发展，用水量和排污量急剧增加，加上肆意挥霍和污染，很多地方出现了触目惊心的"水危机"。先举河流干涸的例子。永定河原名无定河（与陕北无定河同名），以水大和河道游移闻名于史，后改名"永定"，寄寓人们对安澜和安定的祈愿。如今，倒是"永定"了，因为河水已经干涸。在干枯的河床上，北京市建成了永定河河道公园。永定河干涸的原因是上游拦水入市，供应北京市区

---

① 《道德经》第八章。

需要。官厅水库就是这么一个水利工程，这无可非议。但官厅水库的水源也急剧减少。作为新中国修建的第一座大型水库，20世纪50年代年平均来水量约二十亿立方米，60年代降到十三亿，70年代剩下八个多亿，80年代不到五亿，进入新世纪后不足一亿 [①]。原因是什么，所引资料没有说明，估计不外乎气候变化引起水源减少、上游用水增加和人类不利于水的活动三方面吧。

再举水污染的例子。曾令中国人自豪的五百里滇池，先遭填湖造地劫难，湖面大大缩小，继受纷纷兴起于湖边的厂矿排污之害，这片有"高原明珠"之誉的一湖清水，曾几何时，变成了令人掩鼻而过的臭水湖。政府下决心治理滇池，关闭沿湖厂矿，投入巨资治理多年，据昆明朋友说，取得了"遏止水质继续恶化"的成果。说得明白一点，那就是"与前比较，面貌依旧，只是没有更加恶化"。可见污染容易治污难。与其事后治理，不如事先预防，特别是在痛定思痛之后。

在科学发展观成为指导思想、环保早已定为国策的今天，某些在国外区外被视为"凶物"而到处被逐的重污产业，仍溜过环评门槛，披上环评合格外衣，神气十足闯进我们的净土立足。尽人皆知，造纸是高耗高污工业，环保标准再高，最后排放的仍是污水，只是污度较轻而已。造纸耗水特大，必需临水建厂。纸厂尤其是大纸厂所在不论临海、临河、临湖，水体都要变质。至于作为原料而广种的速生桉，在满山葱绿背后，水源枯竭，地力耗尽，生物多样性遭到彻底破坏。近年每逢清明回家扫墓，我都从种植速生桉的山区走过，目睹速生桉林密密层层，长得又高又直。以前这个时候，正是耙田插秧的大忙季节，如今田野却悄无声息，河溪无水，田里还裸露着冬翻的干褐土块。乡亲们指着山上的速生桉林告诉我"原因都在这里"。他们说："以前山上是松树林，草深林密，后来上面要我们把山租给公司种速生桉，租金很低但租期很长（一般三十年），公司雇人承包，砍光松树，改种速生桉。速生桉吸水吸肥力特强，生长很快，水分和地力都被吸干耗尽，林下变成寸草不长的干实白地，哪里还有水流出？耙田插秧只能盼天下雨了。"乡亲们虽然没用上"外来入侵物种造成生态灾难"和"保护生物多样性"这样的科学术语，

---

① 《北京三条红线管水》，见《人民日报》2011年4月27日第二版。

但却以眼前的真实作了生动的诠释。

当前大搞的水泥工业也值得质疑。某些地方将水泥工业列为支柱产业，定出以水泥年产量数千万吨为目标的发展规划，在别处难藏身的水泥大鳄闻腥欣然赶来，张开大口要吞下大自然恩赐给人类的净土和美丽的喀斯特地貌景观。其消极后果不用待后人评说，今人就可见到。搞建设，促发展，可引进的产业很多，可由我们选择，特别是国家经济总量已上升到世界第二高度，广西也奠定了现代化基础，更没有必要拾人家唾余，让宝贵的净土变成藏垢纳污之地。

功在当代，利在千秋。发展经济，改善民生，还需要有长远观念，要当代和千秋兼顾。矿物是不可再生资源，应该给子孙后代留下相当部分的大自然遗产，给未来发展留下后续资源，开发时要有节制，留有余地，不能在我们手里挖光掘尽。在日新月异的现代技术条件下，矿区的生命周期很短，资源枯竭很快。从单个矿区到全国乃至全球范围都是这样。不可再生资源的全面枯竭，是十分可怕的前景。为了人类的未来，为了子孙后代的生计和幸福，让我们手下留情吧。不可再生资源的使用和开发，应制定控制性规划。杜绝滥挖滥采、竭泽而渔。以矿炫富，以大为荣起码是短视行为。在同一地区，才建成一个大矿，接着又开发同一矿种的第二个大矿，提出建设"亚洲×都"甚至"世界×都"的大口号，在人们心目中，这与当街大声叫卖祖传家宝无异。

党和国家早已觉察发展中的问题，提出科学发展观，要求转变经济增长方式，建设资源节约型和环境友好型社会。现在急需真正而认真地落实。

当前改善民生、保护环境的重点和难点在广大农村，因为农村人多面广矛盾复杂，环境问题突出。在新农村建设中，宜将环保列为首项，将改善卫生环境列为当务之急，做到人畜分住，污水与清水分流，设垃圾和污水池，建标准的公共厕所，建沼气池，实现村巷路面硬化。在生态保护方面，严禁电鱼毒鱼、捕鸟、捉蛙、捕兽，从市场源头做起，禁止制造销售猎具和毒药，禁止摆卖鸟、蛙等野生动物。植树造林从村边做起，让清洁整齐的新农村被绿树环绕。

将新农村建设、扶贫和城乡清洁工程结合起来，形成强大合力，制定规划，专人负责，定期完成，让设计师、建筑师、园艺师、公共卫生专家等专业人员下农村当顾问指导。

环保意识和卫生观念的培育和养成是保护环境的先导和保证。学校教育、文化宣传都要包含环保内容，建议中小学开环保课，让环境保护深入民心，形成浩大的社会潮流。

生活富裕，文化繁荣，社会和谐，环境美好，这就是我们的不懈追求和殷切期待。

北部湾的后发崛起及其绿色导向 *

北部湾是南海向北深入的一个海湾，面积 12.8 万平方公里，因位于南海北部而得名。北部湾介于中国越南两国之间，北面是中国的广西壮族自治区，东边是中国的广东省和海南省，西边是越南的北部地区。

北部湾地理位置优越，历史地位重要，但当代起步较晚。起步后的北部湾挟其后发优势，昂然崛起，正在蓬勃发展。北部湾的后发崛起引起国内外广泛瞩目，其未来的绿色走向也开始受到关注。

我们首先以广西北部湾区为例说明北部湾的后发崛起，然后扩及北部湾经济圈"两国四方"的发展及共同的绿色未来。

北部湾的后发优势

由于历史原因，北部湾经济发展水平本来就比较低。在中国改革开放和经济发展的进程中，北部湾又是后发地区。从第二次世界大战到 20 世纪 80 年代，在半个多世纪的时间里，北部湾一直受战争和封锁之害。20 世纪 90 年代初中越关系正常化以后，北部湾才真正在改革开放和经济建设中起步，比中国沿海其他地区要晚十多年。

后发有后发的优势。首先，这是一块没有因袭负担和发展障碍的处女地，是一块环境容量很大的广阔空间；其次，这里有迎头赶上的强烈欲望和容纳四方的亲和力。发展的主客观条件在北部湾天衣无缝地结合，产生了无远弗

---

* 2012 年 7 月 25 日完稿，2012 年 8 月 30 日最后一次修改。载（南宁）《东南亚纵横》2012 年第 10 期。

届的吸引力。北部湾起步之初，成千上万的淘金者和探奇者，带着资金和梦想，从四面八方蜂拥而来，掀起了以"北海热""海南热"为代表的"北部湾热"，短时间内铺开了北海等城市的大框架，四川路、云南路等城市大道仿佛一夜之间就从北海平地而起。当北海仍然一枝独秀的时候，在北海近旁，钦州人焕发自力更生精神，靠财政节约和群众捐献（连小学生也踊跃地捐出了自己的零花钱），自力建港，短短两年间竟然在荒凉海滩上建起了两座万吨级起步码头。

当初期的"北部湾热"降温以后，北部湾的固有潜能开始陆续从深层中释放，接踵而来的历史机遇又不断加大其释放速度和释放规模。

北部湾的历史优势重放光辉。北部湾有过非凡的历史辉煌。公元前1世纪，汉武帝时期，中国使节从北部湾的徐闻、合浦启航，前往东南亚和南印度访问，写下了中国海外交通史的第一章①。其后历代都有商旅、僧人、使臣经北部湾往返于中外的记载。近代，孙中山先生在所著《实业计划》中指出北部湾作为西南便捷出海通道的价值，描绘了北部湾港口交通的发展蓝图。这些珍贵的历史篇章，今天正大放异彩，成为推动北部湾发展的"软实力"。

北部湾的地理优势全面发挥。北部湾与渤海湾南北相望，构成中国沿海的南北两翼；北部湾位于中国大陆海岸线的最南端，是中国距离东南亚和印度洋地区以至欧洲最近的海域；北部湾是中国西部直接濒临的海域，是大西南便捷出海通道；北部湾位于中国和东盟的接合部，是中国—东盟自由贸易区的核心区域。这些叠加的区位优势是北部湾发展的地理基础。

接踵而来的历史机遇推动北部湾崛起。除了改革开放这个共同的历史大背景以外，北部湾还从下列重大历史机遇中得到特别丰厚的实惠和特殊强劲的动力。1992年，国家作出把广西建成西南出海通道的战略决策，随后以南昆铁路、沿海铁路、桂海高速、南昆高速等铁路和高速公路为主线的西南出海通道就初步建成。1999年，国家实施西部大开发战略，属于西部的广西特别是其北部湾区，得到国家政策和资金的倾斜支持，南宁机场扩建等工程率

---

① 《汉书》地理志。

先被纳入西部大开发项目而顺利实施。2003 年开始营建、2010 年基本建成的中国—东盟自由贸易区使北部湾迈上国际交流的广阔平台并扮演重要角色。2004 年起，一年一度定期举办的中国—东盟博览会永远定址南宁。北部湾借助这些相继降临的历史机遇乘势而起。

北部湾的后发崛起

改革开放以来，北部湾经历了从初绘蓝图到制定规划、从蓄势待发到千帆竞发的历程。

当北部湾还相对沉寂的时候，20 世纪 80 年代末，学界就开始探讨北部湾的历史和未来，提出北部湾经济圈、北海—钦州—防城港"金三角"、开发钦州港铁山港、扩大防城港地域并将之升级为地级市、开辟西南出海通道和建设连接北部湾与孟加拉湾的亚洲大陆桥、建立广西北部湾区统一的规划和管理机构等等构想和建议，后来陆续变成现实并被实践超过[1]。

2006 年，广西成立北部湾（广西）经济区规划建设管理委员会及其办公室，着手制定广西北部湾经济区发展规划。2008 年，《广西北部湾经济区发展规划》获得国家批准并开始实施[2]。兹略举规划的部分要点：

区域范围。由南宁、北海、钦州、防城港（南北钦防）四市组成，面积 4.25 万平方公里，将邻近的玉林、崇左两市纳入北部湾区的交通与物流规划。

地区分类。划分城市、农村、生态等三类地区，其中城市面积占 9%，农村占 56%，生态地区占 35%。

城镇规划。划分四级城镇，其中一级城镇为南宁，二级城镇为北、钦、防，三级城镇为全部县城加东兴市，四级城镇为吴圩、六景、黎塘、那桐、南康、山口、犀牛角、小董、大寺、张黄、陆屋、企沙、江平等十三个建制镇。将钦州港、企沙、铁山港规划为临海重化工业集中区。

---

[1] 黄信：《广西学者十八年前提出北部湾经济圈构想》，《广西日报》2005 年 1 月 7 日第六版。
[2] 《广西日报》2008 年 2 月 22 日第一、二、三版。

功能组团。形成南宁、钦防、北海、铁山港（龙潭）、东兴（凭祥）等五个功能组团。

发展目标。经过十到十五年努力，建成我国沿海重要增长区域；到2020年，人均地区生产总值超过全国平均水平，经济总量占广西45%左右。

广西北部湾经济区规划建设管理委员会的成立和《广西北部湾经济区发展规划》上升为国家战略，除了得到国家更多的支持以外，还改变了过去按行政区划各自为政、力量分散的局面，形成了推动北部湾加速发展的强大合力。最早采取的重大措施是港口资源整合。在规划开始实施的第一年2008年，广西将北部湾防城、钦州、北海三港整合为北部湾港，由2007年成立的广西北部湾港务集团公司统一管理。

2008年可以作为广西北部湾区从蓄势待发到开始起飞的年份标志。五年来，广西北部湾区向前迈出比过去更大的步伐。

大项目纷纷向北部湾区聚集。中石油钦州港千万吨炼油项目、中石化铁山港炼油项目建成投产，结束了我国西南地区没有大型炼油厂的历史；防城港企沙半岛核电项目和千万吨钢铁项目动工兴建；国内外电子企业陆续入驻北海电子工业园。北部湾畔，初步形成以钦、防、铁山为基地的重化工业集群和以北海为基地的高新技术产业集群。

北部湾港跨进亿吨大港行列。2011年货物吞吐量1.53亿吨，同比增长30.92%，增速列全国规模以上港口前茅。

北部湾区交通正朝高速化立体化继续发展——

高速公路。广西已建成通海、通边、通邻省（云黔湘粤）共六个方向的高速公路，又一条通往北部湾的高速公路崇左—钦州高速正在修建，通海高速柳州—南宁—钦州高速将扩建为八车道。

高速铁路。南广、云桂、湘桂、沿海等四条高铁干线正在建设，几年后将形成以南宁为枢纽，南至海，北至湖南，东至广州，西至昆明，纵穿和横贯广西全境的十字形高铁框架，实现从首府南宁到沿海城市一小时、到区内地级市二小时、到邻省省会三小时的广西"123"交通规划。

流经广西北部湾区北部的西江正朝年运输量亿吨黄金水道的目标继续整治建设。

正在建设新航站的南宁机场正朝年旅客吞吐量超千万的目标迈进。

广西北部湾区经济总量快速增长。2011 年，广西生产总值突破万亿元，达 1.17 万亿元，进入中国生产总值超万亿的省区市行列。北部湾区对此作出了突出贡献。同年广西北部湾经济区生产总值 3862.33 亿元，同比增长 15.9%。钦州、北海、防城港三市分列广西经济增速前三名。北部湾区以不到广西 1/5 的土地、1/4 的人口，创造了超过广西 1/3 的生产总值、近 2/5 的财政收入和近 1/2 的进出口总额。①

北部湾经济圈的蓬勃生机

北部湾经济圈 20 世纪 80 年代提出以后，21 世纪初又相继出现范围更广的"中越两廊一圈"②和"泛北部湾"③构想，反映了北部湾日益提高的区域地位和整体活力。

组成北部湾经济圈的"两国四方"——中国海南省、广东湛江市、广西南北钦防四市和越南北部临湾地区，都在快速发展，趋于共同繁荣。

海南省 2011 年生产总值 2515.29 亿元④，2010 年全省港口吞吐量 9662 万吨，比上年增长 15%；其中海口港 5700 万吨，洋浦港 2825 万吨。环岛铁路和环岛高速已经建成。国内规模最大的炼油和化肥生产基地已经投产⑤。2009 年，海南启动国际旅游岛建设。海南年旅游人次建省初期不足一百万，2011 年突破三千万，美兰机场和凤凰机场双双晋升年千万人次机

---

① 郑盛丰等：《龙腾虎跃北部湾》，《人民日报》2012 年 5 月 22 日第一、十六版。
② "两廊一圈"："两廊"指南宁—河内—海防经济走廊和昆明—河内—海防经济走廊，"一圈"指北部湾经济圈。2004 年 5 月 20 日越南总理潘文凯访华时提出中越共建"两廊一圈"的建议，同年 10 月，中国总理温家宝访越，两国就共建"两廊一圈"达成共识。
③ "泛北部湾"是"泛北部湾经济合作"的简称。2006 年由中共广西壮族自治区党委书记刘奇葆提出。其范围除环北部湾的中国、越南两国以外，还涵盖北部湾以南隔海相邻的马来西亚、新加坡、印尼、菲律宾和文莱。从 2006 年起，每年在广西南宁举行一次"泛北部湾经济合作论坛"。
④ 《海南项目建设快马加鞭》，《人民日报》2012 年 6 月 3 日第一版。
⑤ 《海南年鉴》（2011）第 293、48 页。

场行列。[①]

广东湛江市 2010 年生产总值 1405.06 亿元，比上年增长 14.2%。同年港口货物吞吐量 1.36 亿吨，同比增长 15.2%[②]。目前正在建设两大项目：年产一千万吨的湛江钢铁基地和年产一千五百万吨的中科（科威特）合资炼油加工基地[③]。

越南的北部湾地区与南部沿海地区是越南经济文化的两大基石，越南首都河内、越北最大海港海防、越南最大煤矿鸿基、最著名海上景观下龙湾都分布在北部湾区，这是越南着力发展的精华地区。

北部湾经济圈内部联系与合作日益加强。越南是广西最大的贸易对象国，2010 年广西对越贸易额五十一亿美元，约占广西外贸总额 1/3[④]。穿越广西、广东、海南三省区的中国环北部湾铁路只差合浦—河唇和防城—东兴两段，环北部湾高速公路只剩防城—东兴一段，离全部贯通为时不远。作为环湾铁路组成部分的粤海铁路开通以后，又在筹划宏伟的琼州海峡跨海通道工程。高速公路和铁路正准备从防城向中越边境口岸东兴挺进，期盼与越南未来的相应路段接合，中越双方正合作兴建连接东兴和芒街的北仑河第二大桥。广西北海和海南海口之间早已开通班轮，北海防城港和越南下龙湾之间也早已开通海上旅游航班。

北部湾共同的经济繁荣和区域联系合作的加强，标志着北部湾经济圈已经初步形成并彰显着它的勃勃生机。

北部湾经济圈的绿色导向

保护生态环境，实行绿色发展，发展不应以牺牲环境为代价，任何造成环境破坏的发展都不是真正的发展。这是人类进入工业化时代以来，从无数经验教训中，痛定思痛总结出来的规律，体现了科学发展观的要求。绿色发

---

① 人民日报记者陈伟光《发挥后发优势，实现绿色崛起——访海南省委书记罗保铭》，《人民日报》2012 年 8 月 28 日第九版；《椰风海韵》，同上第十一版。
② 《广东年鉴》（2011），第 599、312 页。
③ 罗艾桦：《湛江，粤西龙头谋崛起》，《人民日报》2012 年 6 月 2 日第一、七版。
④ 《广西年鉴》（2011），第 118 页。

展，已经成为具有普世价值的理念并形成时代潮流。

保护生态环境，遵循绿色导向，是发展题中应有之义，特别是像北部湾这样的方兴未艾的后发地区，更应该超越前人，防患于未然，从一开始就走绿色发展之路。

《广西北部湾经济区发展规划》体现了生态环境保护、实行绿色发展的理念。规划禁止开发的生态地区和限制开发的农村地区，合占土地面积达91%，面积仅占9%的城市地区，工业特别是对环境影响最大的重化工业又限制在其中的部分特定区域。规划对海岸线也作了基于生态环境保护理念的划分。广西海岸线长一千五百公里，规划港口及工业岸线二百二十八公里，占15%；城镇建设岸线一百四十七公里，占10%；生态岸线三百九十公里，占26%，超过港口、工业及城镇建设岸线的总和。剩下的将近一半的岸线，也都直接或间接与生态保护有关。

当前，国内外发达地区正掀起产业转移大潮。发达地区发展空间饱和，急需"腾笼换鸟"，把低端产业转移到后发地区，腾出空间来发展高端产业。一方富余，需要转移；一方不足，需要引进，正好形成"互补"态势。不言而喻，那些在原地不受欢迎，难再立足的"三高"企业（高耗料、高耗能、高污染）势必加入产业转移的"第一梯队"，形成产业转移的"第一冲击波"，乘机进入后发地区，往往还受到凯旋式的欢迎和立功式的嘉奖。诸如此类顶着产业转移光环的污染转移，国内外屡见不鲜，特别需要后发地区清醒和警惕。

以林浆纸一体化产业为例。

众所周知，造纸是重污染工业，造纸厂所在的水域，水体变质，鱼虾绝迹，甚至变成不可接触的毒水。近年频频传出各地关闭纸厂的消息。即使大型纸厂资金技术雄厚，做了环保承诺，但造纸业污染"本性难改"，治污后排放的仍然是污水，只是污度较轻而已。这种号称合格排放的水，长年累月注入天然水域，造成的祸害已有太多前例可鉴。

还应该看到林浆纸产业链中的"林"。作为造纸原料的速生桉，是从澳大利亚引进的外来树种，适应性强，生长快速，经济效益好，但却是水和肥的巨耗者以及生态环境和生物多样性的破坏者。民间流传着这样的说法：速生桉林区"天上鸟不飞，地下水不流"，"连草和蚊子都不活"。改种速生桉前的山区，山上树草和飞禽走兽种类繁多，人和自然和谐相处；改种速生桉后，山山是清一色的速生桉林，林下是干白的实地，其余生物大大减少甚至近乎绝迹。尤为严重的是，原来山水常年渗流、溪流水满、从不愁水的山区，广种速生桉后，水被吸干，溪流干涸，无水灌田。承包商用低租金、长租期承包农民的山地广种速生桉而大获其利，农民所得微乎其微，租期未满收回又不可能。①

经过多年推广种植，速生桉对生态环境的负面影响正被越来越多的人所认识。很多地方林农开始砍桉，回种传统树种和果林。《人民日报》2012年4月22日第七版刊登记者顾仲阳写的长篇报道《桉树到底该不该种》，开篇写道：

> 春回大地，正是植树造林的好时光。近日，记者在广东省林业生态示范县河源市和平县采访，却不时听到咚咚的砍树声。林农们砍倒的是速生桉，因为他们陆续发现，种桉树带来了一些生态副作用，经济效益也不太好，砍掉桉树林后，大部分林农改种油茶、橘柚等。

不光是和平县，在南方部分地区，经过自1990年来的快速发展，规范、限制甚至禁止桉树种植成了主旋律。

我们面对的现实是，造纸业巨头争先恐后大步跨进北部湾，林浆纸一体化已成为北部湾的支柱产业。其中金光集团入驻广西钦州，斯道拉恩索入驻广西北海，晨鸣集团入驻广东湛江。入驻海南洋浦的金海集团，其年产一百六十万吨的一期工程已于2010年建成，同样年产一百六十万吨规模的第二期工程又在同年紧接启动。②海南目前已拥有亚洲第一的浆纸生产能力。③

---

① 此处速生桉材料，来自笔者每年清明回乡扫墓，在宾阳上林两县毗邻处速生桉林区六耀村（宾阳）、东叶村（上林）所见所闻。该地速生桉山地租期三十年，年租金初时每亩五元，近年已增至二十五元。

② 《海南年鉴》（2011），第273页。

③ 人民日报记者黄晓慧：《绿色轨迹，闪亮十年》（海南），《人民日报》2012年8月28日第6版。

再以海岸线的保护和利用为例。

海岸线是一个国家、一个地区最为宝贵的自然资源，具有难以估量的价值。它是人类通向大海的门户和桥梁，高品位的海疆自然景观和历史文化遗存通常都分布在海岸线上，几乎每一寸都得珍惜。除了港口码头等设施必需占用海岸以外，即使临海工业也不应将海岸圈为己有。但实际情况并非如此。面对海岸被肆意圈占的事实，从小生活在海边的防城港籍作家邓加农先生在纪实作品《草根呼吁：保护海岸，保护浅海》[①]中表达了深切的忧患意识，他写道：

> 海岸、海滩、浅海被占、被圈日甚，但凡大项目都大量地圈占海洋、海滩和浅海（邓先生在另一处写道：连金川这样甘肃内地金属冶炼公司都来防城港占浅海）。"临海工业"就一定是"占海工业"吗……"临海工业"，只能是"靠近""面对"大海，而不是动不动就圈占、强占海滩和浅海！

邓先生满怀深情急切呼吁：

> 所有的开发项目（港口码头、堆场、码头仓储、船坞建设除外）占地都必须离开海岸至少一千米（高潮线与陆地之间）。

正如邓先生所说，在沿海地区兴建的工业只能是"临海工业"而非"占海工业"。海岸是全民的财产，人民世世代代观海、亲海、下海的天赋权利不容剥夺。港口码头等必须占海设施以外的海岸线，只能用来营造环海林带和开辟环海大道。用绿色给大海镶边，以环道将海岸串联，本身就是一个大开发项目，是一项功在当代、利在千秋的大工程，更是一座为建设者而树的功德碑和为主政者而立的政绩碑！

北部湾的开发方兴未艾，面貌日新月异，同时也面临着生态环境破坏的

[①] 《防城港文学作品集》第三卷，百花文艺出版社，2011年。

威胁。我们殷切期盼，北部湾将坚持科学发展观，遵循绿色导向，杜绝污染，防止毁损，既不断发展繁荣，也永远天蓝海碧，沙净岸绿，让这一方净土的天生丽质，地久天长！

推进区域生态保护合作时不我待 *

——访广西社会科学院研究员周中坚

我们对区域经济合作并不陌生，但在经济合作中如何加强生态环保合作，提的不多。其实，区域生态环保合作是区域经济合作得以持续发展的重要现实基础。就此，记者采访了在这方面颇有研究的广西社会科学院研究员周中坚。

生态环境是重要的投资环境

记者： 从区域生态环境保护比较出发，请你谈谈生态环境保护与区域发展的关系。

周中坚： 过去我们讲生产力，只从物的因素和人的因素来谈，而忽视了生态环境因素。生态环境是生产的前提条件和基本要素，因为任何生产都必须在一定的空间环境中进行。环境好坏直接影响到区域生产的布局和发展。一个区域有蓝天碧水的好环境，就像巨大的磁场，能吸引四面八方的投资者踊跃前来。同时，好的区域生态环境能够生产出高质量高品位的产品，特别是食品、药品、高科技产品，对环境的要求尤为严格。贵州茅台镇精心呵护特有的原生态水源，苏州新加坡工业园芳草如茵，北海高科技工业园天蓝水碧，如此等等，都是投资者的向往之地，大概没有谁愿意到污染严重的地方投资。因此，一个区域应该以胸怀全局的大无畏气概，将污染严重的转移产业坚决拒之于门外。应该树立这样的理念，即保护生态环境就是保护区域投资环境。

---

* 载《广西日报》2012 年 3 月 23 日第八版，作者为该报记者黄信。

区域经济合作的可持续动力

记者： 广西生态建设取得了一定的成绩，据报道，目前广西森林覆盖率已突破 60%，居全国第四，首府南宁也因生态环境明显改善而连连获得好评。这些为广西开展区域合作提供了有利条件。

周中坚： 我想，你提到的广西生态环境的改善意义有多方面，其中最重要的是为我们自己的发展和对外合作创造了重要的可持续因素，前面我们说过生态环境是重要的投资环境，其本质体现就在于良好的生态环境为区域经济社会的全面、健康和协调发展提供了可持续动力。

广西发展起步较晚，但广西正在快速前进，与此同时，广西在不断关注生态环境保护。除了你刚才提到广西森林覆盖率提高及南宁生态环境改善外，还可补充很多事例，如第一工业大市柳州被评为国家园林城市，桂林漓江生态建设成就斐然，等等，都令人感到鼓舞。

至于教训，最近龙江镉污染事件引起广泛关切，亟须引以为戒。在科学发展观指导下，建设资源节约型和环境友好型社会，需要我们通过民主科学论证，界定哪些产业宜引进宜发展，哪些不宜引进不宜发展或不宜大引进大发展。在工业发展的道路上，广西已经超越温饱阶段，没有必要饥不择食和来者不拒，不能再让在别处难找容身之地的重污染和破坏生态环境产业闯进自己的净土。至于矿产开发也应有所节制，实行可持续发展战略，让后代也能分享一份有限的不可再生资源。以矿炫富、以大为荣并不足取。

沿海生态保护是当务之急

记者： 北部湾广西沿海既是广西开展区域合作的重要地区，也是生态环境保护的一大关注点。今年 2 月 16 日，在南宁召开的全区国土资源工作会议，提出要严格控制项目用地用海规模。2 月 17 日，郭声琨在北海涠洲岛旅游区开发建设工作推进会上强调，必须把生态环境保护摆在优先的位置来贯彻落实。最近广西颁发的关于开展以环境倒逼机制推动产业转型升级攻坚战的决定提出：开展近海、海洋生产作业和船舶污染风险及安全隐患排查。沿海生态保护已经迫在眉睫。你早就关注广西沿海生态保护，请谈谈这方面的问题。

周中坚：据相关报道，近年来广西沿海经济在快速发展的同时，近岸海洋污染也在加剧，部分生物资源衰退，沿海湿地减少，生物多样性下降，整体生态功能正在减弱。正如你所说，目前广西对沿海生态保护非常重视。2008年广西已经颁布实施《海洋环境保护规划》，要求全面提升广西沿海海洋环境保护能力。但愿《海洋环境保护规划》得到认真贯彻实行，开创广西沿海生态环境保护的新局面。

记者：民众对沿海生态环境保护呼声日高，你对这方面的情况有何了解？

周中坚：我注意到，近些年来，关于沿海生态保护方面的文章常见诸报端。最近读了作家邓加农的报告文学《草根呼吁：保护海岸，保护浅海》，深为作品所披露的霸占海岸的事实所震惊。他说，你要建厂，可建在离海岸稍远一点的地方，让海岸保留下来全民共享，为此他反复向政府呼吁。可见，作者对沿海生态保护非常着急。

由此，我联想到多年前南宁市领导针对南湖岸被严重侵占的事实，提出"把湖岸还给全市人民"，于是有了后来的环湖路和环湖景带等临湖美景。海岸、湖岸和河岸属于全体人民，在离水一百至二百米的范围内，除了港口码头等必须临水的设施以外，任何人或单位部门都无权圈占垄断据为己有，已圈的要拆除，已占的要退还。让海岸（湖岸、河岸）保持同全民的零距离接触，发挥其固有的生态功能，在此前提下开辟无障碍的海滨通道和海滨风景带，为人民造福。

健全区域生态补偿机制

记者：既然生态合作是一个区域性问题，那么就要从区域合作的视角来思考生态环境保护。加强区域生态环保合作的途径或方法多种多样，在思想上应如何认识这一问题？

周中坚：推进区域生态保护合作要坚持平等开放、互惠互利原则，需要科学规划，建立区域环保联动和信息共享制度，提高区域间环保管理能力和水平。要探索建立区域环境安全预警预报和协调制度，建立区域环保合作组织并发挥作用。同时，需要广开渠道，建立区域环保合作的投入机制。

记者： 今年北京两会期间，有代表谈到建立和推行生态补偿机制问题。其实，早在 2006 年，在探讨泛珠合作时，就有专家就珠江流域的生态环境保护提出生态补偿问题。那么，在区域生态环境保护合作中，如何进行生态补偿？

周中坚： 是否可以这么说，全面推行生态补偿机制是区域生态建设可持续的关键。生态补偿机制是以保护生态环境、促进人与自然和谐为目的，根据生态系统服务价值、生态保护成本、发展机会成本，综合运用行政和市场手段，调整生态环境保护和建设相关各方之间利益关系的环境经济政策。

我认为，建立和完善生态补偿机制，必须坚持"谁开发谁保护、谁受益谁补偿"的原则，因地制宜选择生态补偿模式，不断完善政府对生态补偿的调控手段，充分发挥市场机制作用，动员全社会积极参与，逐步建立公平公正、积极有效的生态补偿机制，逐步加大补偿力度，努力实现生态补偿的法制化、规范化，推动各个区域走上生产发展、生活富裕、生态良好的文明发展道路。

广西开放

东盟市场——广西外贸的开拓方向 *

改革开放以来，广西对东盟出口有了很大的增长，从 1978 年的九百一十七万美元提高到 1988 年的二千二百九十一万美元，十年中提高 1.5 倍，略高于同期广西总出口额增长 1.2 倍的幅度。但是应当承认，这个出口额还不大，在广西总出口额中的比例也很低，长期以来只占百分之四左右。广西对东盟出口额在全国对东盟出口总额中的比重很小，而且由于增长速度低于全国的总速度，比重还有下降趋势，例如 1978 年是 1.6%，1987 年下降到 0.97%。这种状态与东盟市场的内在潜力、与广西与东盟贸易所具有的优越条件很不相称。当前，充分认识这种潜力与有利条件，积极开拓东盟市场，是发展广西外贸的重要方向，具有长远的战略意义。

潜力巨大的东盟市场

东盟面积广大，人口众多。东盟包括泰国、马来西亚、新加坡、印尼、菲律宾、文莱等六个国家，除了印支三国和缅甸以外，东南亚其余部分基本上都属东盟范围。东盟土地面积 305.3 万平方公里，约占东南亚土地总面积 2/3；人口约三亿，约占东南亚人口总数 3/4。

东盟资源丰富。东盟国家属热带气候，高温多雨，土地肥沃，生物资源丰富，橡胶、木材、稻米、棕榈油、烟草、椰产品、蔗糖、麻等，是东盟重要的物产和出口物资，其中橡胶、柚木、棕油的产量和出口量占世界首位。

---

*　载《广西日报》1990 年 5 月 3 日第三版。

东盟地区蕴藏着丰富的有色金属和石油，其中锡产量占世界总产量的一半。具体说到每个国家，马来西亚的橡胶、棕油、锡的产量占世界第一；印尼是世界上最大的液化天然气出口国，是著名的木材出口国，橡胶、棕油、椰子的产量居世界第二；泰国是著名的稻米出口国；菲律宾以椰子、甘蔗、烟草和马尼拉麻为四大经济作物，铜和铬是它最重要的矿产；文莱是盛产石油的富国。

东盟是经济发展迅速的地区。从 20 世纪 60 年代开始，东盟国家逐渐从农业国转变为农业—工业国。新加坡利用优越地理位置，率先向前，从单纯的转口贸易港转变为东南亚的综合经济中心，人均国民收入已达七千美元。马来西亚和泰国的经济也充满活力，被视为即将出笼的新的亚洲经济"小龙"。1988 年，马来西亚人均国民生产值一千八百美元，泰国一千美元。经济发展相应地扩大了东盟的市场容量，东盟各国的对外贸易迅速增长，泰国、马来西亚各自的对外贸易总额已超过四百亿美元。东盟国家不仅进口大量的工业制成品，而且进口大量的原料、燃料以及粮食等生活必需品。例如，东盟国家工业和建筑业的发展，扩大了对水泥、大理石、花岗石、钢材、机电产品的需要；农业发展增加了对农业机械的需求；居民生活水平的提高，对轻工、纺织、食品、医药保健等类商品的需求也在不断增加，这就为广西的商品出口提供了越来越大的机会和市场。

广西对东盟贸易的优越条件

广西是中国距离东盟国家最近的省区之一。从北海到新加坡，航程一千二百海里，比广州要近三百三十海里。除了海南和广东西南部沿海以外，广西北部湾沿岸是中国通往东盟国家最近的海上大门。1980 年代在这里建起了防城港、北海两个现代化的深水海港，建成了连接内地的南防铁路，连接内地的南北二级公路即将竣工。在传统的广西外贸航道、被誉为"黄金水道"的西江航道上，梧州港和贵港扩大了吞吐能力，桂平航运枢纽工程正在加紧进行，西江航运能力正在提高。较近的距离和良好的航运条件，使广西对东盟贸易具有运费省、运期短、交货快的优势，这种优势即使在南方各省中也是很突出的，更不用说比之内地和北方的省区了。

其次，东盟有很多广西籍华人华侨，他们是沟通双方贸易的桥梁。广西是中国第三大侨乡，海外华人华侨总数约二百万，其中居住在东南亚的约一百五十万，又以住在马来西亚和泰国最多。他们迫切希望增进广西与东盟的贸易往来，尤其希望建立和发展双方的直接贸易。广西各外贸公司在东盟各国的客户，很多是当地的华人华侨。发展广西对东盟的贸易，他们是可以并且是必须借助的宝贵力量。

开拓东盟市场的大好机遇

第一，东盟国家的"中国热"方兴未艾。东盟各国政府和企业界普遍认为中国是一个潜力巨大的市场。中国实行对外开放以后，他们纷纷把眼光投向中国，到中国寻求贸易与投资机会，掀起了场面空前壮观的"中国热"。西方实行限制进口的贸易保护主义，更促使他们到中国寻求新的出路。东盟国家相继同中国签订贸易协定，建立直接贸易关系，双方贸易额增加很快。从1978年的11.8亿美元增加到1985年的42.16亿美元，七年中增加2.62倍，年均增长率20%。双方的相互投资也在迅速发展。这种形势势必推动广西对东盟贸易的前进步伐。

第二，中国、印尼即将实现关系正常化，为开拓印尼市场提供了良机。印尼是东南亚最大国家，面积一百九十多万平方公里，几乎占东南亚总面积50%；人口一亿一千多万，占东南亚总人口53%；资源丰富，政治稳定，经济正在迅速发展。在东盟六国中，印尼算是潜力最大的市场。1985年中国、印尼恢复直接贸易以后，双方贸易迅速发展。双方贸易额1984年是五千六百一十五万美元，1987年增至四万三千二百二十二万美元，三年中增长七倍，年均增长率高达97%；其中中国出口从三千五百九十万美元增至一万四千二百一十五万美元，增长三倍，年均增长率58%。即使这样，印尼市场的潜力还远远没有充分利用。广西对印尼的出口额很小，1984年是四十九万美元，1987年九十七万美元，三年中增长一倍，年均增长率26%，增长速度比全国低得多。在广西对东盟的出口总额中，对印尼出口一般只占百分之四点多，位置排在新加坡、马来西亚、泰国之后，只比菲律宾略前，跟印尼市场的潜力不成比例。现在，中国、印尼经过谈判，已经扫除了关系正常化的障碍。两国一旦复交，双方经贸关系必将得到新的推动，跃上新的台阶，对广西来说，这将是一个极好的历史机遇，需要做好准备。

扬长避短，积极开拓东盟市场

广西对东盟出口，有利条件与不利因素同时存在。不利因素是双方资源种类近似，缺乏互补性，例如双方都富有热带生物资源，都富有有色金属；其次，整个说来，双方都属发展中地区，经济水平目前仍然较低，与发达地区相比，市场容量与工业品出口能力还有很大差距。需要从实际出发，扬长避短，逐步开拓。

（1）首先要充分估计东盟市场的潜力，既把握现在，又着眼未来，从战略高度来认识开拓东盟市场的意义。积极开展对东盟市场的调查研究，扩大销售网络，增辟出口货源；同时通过展销会等途径，将推销与宣传介绍结合起来，增进东盟市场对广西商品与经济能力的了解。

（2）切实解决外贸出口中目前存在的比较突出的共性问题，认真提高商品质量，改进商品包装，严格遵守合同，按质按量按时供货，提高商品声誉，加强开拓市场的能力。

（3）大力发展机电产品出口，逐步提高机电产品在出口中的比重。机电产品创汇价值高，市场前景广阔，是发展外贸出口的希望所在。1985 年，国家作出扩大机电产品出口并重点扶植的决策。几年来，我国机电产品出口增长很快。1989 年全国机电产品出口 83.1 亿美元，是 1985 年 16.8 亿美元的 4.9 倍，占全国出口的比重也由 1985 年的 6.1% 上升到 1989 年的 15.8%。广西机械工业近年来也有了很大发展，1988 年总产值 20.6 亿美元，比 1987 年增长 20%，增长速度在工业部门中处于领先地位，出口能力有了很大提高。1988 年广西机电产品出口一千九百六十万美元，在广西出口总额中的比重只有

3.6%，仍大大低于全国水平。需要继续调整工业的产品结构，把扩大机电产品的生产和出口列为经济发展的战略任务。一般来说，机电产品出口的主要方向是发展中地区，地广人众而又邻近广西的东盟国家又是其中的首要市场。东盟经济的迅速发展，对机电产品的需要量日益增加。东盟地区的自然环境和经济发展水平同广西接近，广西的机电产品容易适销对路。例如手扶拖拉机、插秧机、小农具、柴油机、榨糖机、榨油机、提灌机械、小型发电设备、自行车、微型汽车等产品都很适合东盟广大农村特别是丘陵山区的需要，并适合当地居民的购买力水平。南宁手扶拖拉机已经打入印尼市场，销售情况良好。

（4）到东盟投资建厂，带动出口。这方面已有不少成功经验，如柳州电扇厂在泰国合资办厂，组装电扇在当地销售，其零部件由柳州电扇厂提供，实际上扩大了电扇出口。

（5）利用广西邻近东盟的位置优势，开展直接的贸易运输。到目前为止，广西对东盟贸易主要是通过中国香港和新加坡转口，既费时，又多花运费，增大外贸成本，很不合算。与此同时，防城港、北海二港和南防铁路却有大量的闲置运输能力等待利用。例如防城港是仅次于黄埔和湛江的华南第三大港，拥有七个万吨级以上泊位，五个万吨级以下泊位，年吞吐能力三百六十三万吨，稍加改善可达四百七十万吨，而目前年吞吐量还只有一百多万吨。如果利用本区的港口，同东盟各国建立直接的海上运输，较之通过中国香港转运，既省时省钱，又能保持某些出口商品的鲜活性。需要考虑组建广西的远洋船队，来往于广西与东盟之间；发展集装箱运输，让诸如平板玻璃一类的产品能够大量外运；尽快解决南防铁路运费偏高问题，让更多的货物经防城港直接出口。

广西与东盟贸易前景广阔。可以预计，在不太远的将来，东盟以至整个东南亚，将在广西外贸出口中占有十分重要的地位。

印尼市场——广西对东盟贸易的新突破口 *

东盟六国是中国也是广西外贸的重要市场。东盟广大的面积、众多的人口、丰富的资源，加上迅速崛起的经济，使它拥有巨大的市场潜力，广西和东盟国家之间还具有距离近的地理优势。改革开放以来，广西对东盟贸易有了很大的发展，从 1978 年到 1988 年，广西对东盟出口从九百一十七万美元增到二千二百九十一万美元，十年中增长 1.5 倍，年均增长 9.6%。但同东盟市场的潜力相比，这点数额还很小，在广西出口总额中的比重也只有 4% 左右，在全国对东盟出口中的比重还不到 1%，增长速度比全国低，比重还有下降趋势。因此，当进入 20 世纪 90 年代，开始实现国民经济发展第二个战略目标的时候，开拓东盟市场，已成为提高广西外贸水平的当务之急和希望所在。

如果说，1980 年代广西发展对东盟贸易以新加坡为主要突破口，以马来西亚、泰国为扩展的第一层次，取得了显著成绩；那么，要扭转当前广西对东盟贸易的落后状态，开创 1990 年代的新局面，根据变化了的情况，需要采取新的战略方针，拓展新的领域。从市场潜力、开拓余地以及历史机遇等方面综合考察，应该说印尼市场是广西对东盟贸易中有开拓发展前景的新领域。

首先，印尼是东盟以至整个东南亚最大国家，面积一百九十多万平方公里，占东盟六国总面积的 62%；人口 1.7 亿，占东盟总人口 56%，在世界上仅次于中国、印度、苏联、美国，居第五位。印尼资源丰富而且多样，胡椒、木棉、藤、金鸡纳霜产量居世界第一，橡胶、椰子、棕榈油占世界第二，木

---

* 载（南宁）《广西经济研究》1990 年第 12 期，（南宁）《国际产业经济技术》1991 年第 1 期（总第 15 期），（南宁）《东南亚经济贸易信息》1990 年第 9 期（纪念本刊创刊一周年特大号）。

材、锡、糖等也处于世界前列，石油和天然气产量占东南亚第一，在世界上亦有重要地位，印尼是世界最大的液化天然气出口国，曾占世界液化天然气贸易的 2/5。

第二，印尼经济正在稳步发展，市场容量正在扩大。1980 年代中期，印尼进行了更加深入的经济改革，制定了更加优惠的吸引外资政策，积极吸引外资，进一步对外开放，对产业结构进行调整，积极发展加工工业，使出口产品多样化，非油气产品出口额占总出口的比例已从 1981 年的 19%，增到 1989 年的 61%。改革推动了印尼经济越过 1980 年代初期由于石油跌价而造成的低谷，重新稳步前进。1989—1990 年财政年度，印尼经济增长率为 7%，接近历史最高水平。经济学家预言，印尼经济如在 1990 年代保持 5% 的年均增长速度，21 世纪初可望成为亚洲又一个新兴工业国。[①]

第三，中国、印尼 1985 年恢复直接贸易以来，双边贸易额直线上升，从 1984 年的 0.56 亿美元增到 1988 年的 5.22 亿美元，四年中增长 8.3 倍，年均增长 74.6%，1989 年又增到 8.04 亿美元，增长势头越来越旺，增长幅度越来越大。其中中国对印尼出口从 1984 年的三千五百九十万美元增到 1988 年的一万七千零四十五万美元，增长 3.7 倍，年均增长 47.6%。同期广西对印尼出口从四十九万美元增到一百零一万美元，只增长一倍，年均增长 20%。同全国相比，广西对印尼贸易处在相当落后的局面，同时也说明扩展余地很大，只要跟上全国速度，广西对印尼贸易的状况就将显著改观。

第四，中国、印尼已经恢复外交关系，两国之间长达二十三年的不正常关系已经结束，为今后双方经贸合作创造了良好条件。双方决定从贸易着手发展两国关系，在复交的同时签订新的贸易协定，相互给予最惠国待遇。印尼最大企业家之一林绍良最近接受《印度尼西亚新闻报》采访时预测，印尼同中国的双边贸易额可能会从去年的八亿美元增到今年的十六亿美元[②]。中国、印尼复交后，双方贸易前景更加光明，已经成为国内外的普遍看法。

广西对印尼贸易面临大好机遇，机不可失，事不宜迟，广西应当充分利

① 鲍世绍：《引人注目的变化——印尼经济改革成绩显著》，见《人民日报》1990 年 8 月 4 日第六版。
② 《广西侨报》1990 年 9 月 7 日第 3 版。

用两国复交带来的政治上、经济上的有利条件，采取有效措施，积极开拓东南亚这个最富潜力的市场，作为打开对东盟贸易新局面的战略性步骤。南宁手扶拖拉机已经输往印尼，销售情况良好，柳钢也打算向印尼出口钢坯，这些都是双方贸易前景广阔的先兆。需要加强对印尼市场的研究，了解其需求，组织适销对路产品的生产和出口；在印尼建立贸易机构，发展客户，广布销售网络；在雅加达等地举办广西出口商品展销会，推销和宣传广西商品，扩大广西商品对印尼市场的影响；发挥广西接近印尼的地理优势，利用防城港和北海港开展直达运输，改变过去主要通过中国香港和新加坡转口的间接途径，更多地直接进入印尼市场。

广西面临东南亚国家争取外资竞赛的新挑战 *

有资料表明，今年广西实际利用外资与去年相比持平或略增，与前几年每年利用外资均大幅度增长的情况相比，反差较大，其原因是多方面的，既有内部原因，也有外部原因。其中主要的外部原因是作为广西近邻的东南亚国家为争取国际资本所展开的日益激烈的新竞赛，导致国际资本向东南亚的倾斜和多道分流。

第一，东南亚各国通过制定并不断修改自己的外资法，扩大开放程度，增加优惠条件，力争在吸引外资方面先发制人或者后来居上。

按经济发展水平，东南亚十国大致上可以分为两个层次，第一个层次是东盟六国，第二个层次是印支三国和缅甸。东盟国家经济早在 20 世纪 60 年代就开始启动，已经奠下工业化的基础，目前仍以 7% 左右的年增长率继续迅速发展，初期发展起来的劳动密集型产业正向资本技术密集型产业转变。产业结构的调整需要更多的资金投入，于是各国相继修改以前制定的外资法，给外资提供更多的优惠。例如印尼，1993 年 10 月修改外资法，废除外资在印尼公司不能拥有多数股份的规定，开放像电力、电信、航空等曾经是外资禁区的部门，放宽进口限制，提供税收优惠等。印支三国和缅甸开放较迟，至今还比较落后，对外资的需求更加迫切，其外资法后来居上，条件更加优惠。例如越南，1990 年和 1992 年先后两次对 1987 年颁布的外资法进行大幅度修改。原规定外资企业从盈利之日起，免征所得税不得超过两年，现在除了免税两年之外，随后两年还减征所得税 50%；外资企业活动期限从过去规定的二十年延长到五十年，必要时还可以延长到七十年。1991 年 10 月才恢复和平的

---

* 载（南宁）《广西经济》1994 年第 3 期，广西电视台 1994 年 10 月 18 日晚节目播讲。

柬埔寨，也在今年颁布了被外界称为最有吸引力的外资法，规定了亚洲最低的税率，外资企业首次获利后八年免缴利润税，八年之后税率也只有9%。总之，东南亚各国竞相在降低税率、简化手续、开放外资禁区、延长经营年限、提高占股比重等方面迈出更大的步子，给外资提供更多的优惠，展开吸引外资的新竞赛。

其次，东南亚国家千方百计改善投资环境，投巨资建设交通、通讯、能源等基础设施。

马来西亚"六五"计划拨款二百亿美元用于这方面的建设，比"五五"期间增加一倍。其中，耗资二十三亿美元、总长九百公里的南北高速公路将于明年通车；耗资七十八亿美元的现代化机场，不久也将上马。越南、老挝正在筹建纵穿南北的高等级公路；老挝、泰国之间建成了横跨湄公河的第一座大桥；越南正在扩建海防、岘港、胡志明港等海港。与此同时，东南亚国家十分重视改善投资的软环境。今年6月14日，新加坡《联合早报》刊登了全世界二十个最有效能的国家和地区政府排名榜，新加坡位列第一，马来西亚、泰国、印尼也榜上有名。新加坡樟宜国际机场每小时可起落六十六架次飞机，具有二千四百万的年旅客运输能力，一般情况下旅客办理登机和行李托运手续不超过十五分钟。抵境旅游客只需三十分钟就可办完海关入境手续乘的士飞驰而去。1988年起英国《商业旅行家》杂志连续四年将其评为"世界最佳机场"，英国《旅行》杂志连续三年将其评为"世界第一"。但新加坡并不以此为满足，仍然不断扩充和更新自己的机场和港口，使之始终保持世界领先地位。

第三，东南亚国家具备吸引外资的良好外部条件。

东南亚区位优越，空间辽阔，人口和自然资源丰富，加上政局稳定，经济迅速增长以及投资环境日益改善，已经成为国际投资的热点。日本、韩国和中国台湾、中国香港等东亚资本输出国家和地区近年对东南亚情有独钟，对东南亚投资大幅度增加，欧美国家的资本也更多地流向东南亚，东南亚内部相互投资也增长很快。以越南为例，目前对越投资最多的是中国台湾，为十六亿美元；第二是中国香港，十二亿美元；第三是澳大利亚；第四是新加坡，六亿美元；第五是马来西亚，五亿美元；第六是日本。美国今年2月取消了对越南长达十九年的贸易禁运。据美国估计，在未来五年里，美国对越南的贸易和投资额可达八十亿美元。

作为经济发展的重要杠杆，东南亚引进外资的数量可观，增长迅速。印尼到 1993 年年底，共引进外资四百六十亿美元。1993 年外资额虽比 1992 年有所减少，但仍高达八十亿美元。通过新的外资法以后，今年不但要扭转下降局面，还要达到创纪录的一百二十亿美元。马来西亚外商投资 1987 年不到一亿美元，1988 年猛增到四十九亿美元，1990 年又增到六十五亿美元。越南从 1987 年通过外资法到今年 6 月 17 日，共吸收外资九十四亿美元，其中今年上半年吸收十八亿美元，相当于去年全年总额的 64%。老挝作为东南亚落后的内陆国家，从 1988 年到 1993 年也吸收了五亿美元外资。柬埔寨今年 8 月颁布外资法以后，前来申请投资的外国公司达一百多家，比过去增加了两倍多。

综上所述，目前广西在吸引外资方面，面临着来自东南亚的严峻挑战。我们要继续扩大开放，深化改革，加速推进交通、通讯、能源等基础设施建设，在进一步改善投资硬环境的同时，切实改善投资软环境，迎接挑战，奋起直追，千方百计打开利用外资的新局面。

20世纪90年代初期东南亚贸易市场发展态势的回顾*

总述

1. 1990 年，东盟国家进出口总额 2911 亿美元，其中出口 1420 亿美元，进口 1491 亿美元。

1990 年东盟国家对外贸易额（单位：亿美元）

国别	新加坡	马来西亚	印尼	泰国	菲律宾	文莱	合计
出口	532	296	257	231	81	23	1420
进口	611	293	218	230	122	17	1491
进出口总额	1143	589	475	461	203	40	2911

（资料来源：日本《产经新闻》1993.11.7）

加上同年印支三国和缅甸的数字，估计 1990 年东南亚进出口总额接近三千亿美元。同年中国进出口总额为 1155 亿美元，加拿大为 2916 亿美元，日本为 5217 亿美元。就是说，1990 年，东南亚的进出口总额与加拿大大致相等，比中国多一倍半，相当于日本的 57%（日本《产经新闻》1993.11.7）。

2. 东南亚国家的对外贸易正以比国民生产总值年增长率更高的速度向前发展（前者为两位数，后者为一位数）。举例如下：

马来西亚 1993 年出口 470 亿美元，与 1990 年的 296 亿美元相比，年

---

* 1995 年完稿。为作者独自完成的广西社会经济发展战略课题"近中期东南亚市场态势及广西同东南亚贸易及经济技术合作研究"国别部分的单独成篇。载（南宁）《东南亚探索》1996 年第 2 期。

均增长 16.66%；进口 456 亿美元，与 1990 年的 293 亿美元相比，年均增长 15.88%；进出口总额 926 亿美元，与 1990 年 589 亿美元相比，年均增长 16.28%（《国际商报》1994.8.28）。

印尼 1993 年出口 340 亿美元，比上年增长 18%；进口 290 亿美元，增长 14%（《亚太经济时报》1994.9.6）。

越南从 1990 年以来，出口贸易以年均 20% 的速度递增（《广西日报》1994.1.21）。

3. 东南亚出口商品的构成。东盟大部分国家程度不同地先后完成从以出口原料和初级产品为主向以出口工业制成品为主的转变，如马来西亚 1970 年农矿产品，主要是橡胶和锡，占其出口的绝大部分；1993 年，工业品已经占出口的 70% 以上（英国《金融时报》1994.8.30）；印尼油气以外的产品出口约占总出口 63%，其中工业品约占 90%（中国香港《经济导报》1994.1.31）。印支三国和缅甸的出口仍处在以原料和初级产品为主的阶段。

4. 东南亚进口贸易的构成。东盟国家的进口正从以机械设备等生产资料为主，转变到生产资料与生活消费品并重、工业制成品与初级产品并重的阶段。东南亚食品市场购买力 1992 年比 1980 年翻了一番，增加到 190 亿美元（《人民日报》1994.8.21）。东南亚一年需要大约三百万吨玉米，其市场主要是工业比较发达的东盟国家，进口最多的是马来西亚，年进口二百万吨。其次是印尼和泰国（《国际经贸消息》1994.5.6）。

印支三国和缅甸的进口仍处在以生产资料、工业制造品占优势的阶段。例如越南今年钢材需求量在六十万吨以上，但其钢铁工业才起步，1994 年粗钢生产能力还不够二十万吨。据此计算，1994 年越南需要进口的钢材将达四十五万吨左右（《国际商报》1994.8.19）。

5. 东南亚贸易市场仍以发达国家和地区为主，但东盟内部贸易的比重正在增加。目前，东盟内部贸易已占东盟国家贸易总额 20% 左右，比起欧洲联盟内部贸易占 55% 的比率要低很多，但已比过去有很大增长，并且随着东盟自由贸易区的逐渐形成，还将继续提高（英国《外事报道》周刊 1994.9.15，转引自《参考资料》1994.9.27）。印支三国和缅甸的进出口市场中，发达国家和"四小龙"占有最大的比重。中国与东盟国家的贸易近年来有了长足发展，1993 年双边贸易额创历史最高纪录，达 106.8 亿美元，占中国对外贸易总额 5.4%；其中，中国同新加坡贸易增长最快，贸易额为 48.9 亿美元，比上年增长 49.7%，居我国对外贸易国别和地区的第七位（《国际商报》1994.10.20）。

6. 东南亚市场前景广阔。国外预测，在今后数年里，东南亚将成为世界上钢铁和化学工业、电子计算机和建筑材料、电气、电子和电子计算机工业以及造船、载重汽车和飞机制造业的巨大市场。由于经济发展和人口增长，东南亚地区不仅增加了对稻米等传统主食的消费量，而且扩大了对作为替代主食的小麦以及牛肉、乳品以及温带果蔬的需要。1981—1992 年间，东南亚占世界小麦进口比率已从 3.8% 上升到 5.4%，年进口量也从三百六十万吨增到六百万吨。国外预测，到 2010 年以前，东南亚食品及农产品市场将扩大二倍，从目前的二百亿美元左右增到六百亿美元左右（《大西南经济导报》1994.9.14）。

新加坡

1. 新加坡虽小，但市场潜力很大。它的人均国内生产总值在日本之后，位居东亚国家第二（不计石油富国文莱）。目前有四百亿美元的外汇储备和六百亿美元的公积金存款。1983—1993 年通胀率均控制在 1.2%~1.6%，而工资增长为 4%~6%（《亚太经济时报》1994.5.3）。

2. 新加坡市场的需要是全面的，从农产品、原料到工业品都需要。新加坡是小国，没有什么资源，因此原料和农产品几乎全部来自国外。

3. 新加坡由于拥有自由贸易环境和良好的基础设施、发达的通信网络和快速的交通运输服务体系，目前已成为亚太地区最大的国际采购中心。据 1994 年初统计，新加坡共有一百零六家国际采购办事处，其中三十三家来自美国，二十四家来自欧洲，三十四家来自日本，其余十五家来自其他国家。美国是主要的买家，其次是日本，由这些公司采购的商品涉及三百多个大类近万个品种（《广西日报》1994.1.8）。因此，新加坡市场容量不只是新加坡本身的需求，还包括国际市场的需求。

马来西亚

1. 马来西亚是除中国以外，亚洲近年经济增长最快的国家。1993 年国民生产总值连续六年取得 8.3% 的年均增长率。而通胀率低于 4%，失业率仅 3%，外汇储备二百七十四亿美元（《国际商报》1994.7.30）。马来西亚制造范围广泛的产品，从汽车、电子产品到高级时装和家具，种类繁多。马来西亚已经成为全球电子工业蓬勃发展的地方之一。马来西亚的人均收入从 1970 年的三百五十美元增加到 1993 年的三千一百四十美元（《国际商报》1994.7.26）。

2. 人口不到二千万的马来西亚 1993 年是世界第十九大贸易国。而 1980 年，马来西亚在世界贸易中仅排名第四十位。1992 年，马来西亚出口占全球出口的份额是 1%，1993 年出口总值四百七十亿美元，比 1992 年增长 16.9%，占世界出口总额的比例提高到 1.3%。1993 年，马来西亚的进口也随着国内经济的持续发展和强劲需求而进一步增长，进口总值为四百五十六亿美元，比上年增长 15.8%，占世界总进口量的份额也从 1992 年的 1.1% 上升到 1.2%（《国际商报》1994.7.30）。

3. 马来西亚已变成一个以出口工业制成品为主的出口国。1970 年，农矿产品，主要是橡胶和锡，占马来西亚出口的 70% 以上。二十多年来，马来西亚不断改变产业结构和出口产品结构，1992 年制造业产品在马来西亚出口总值中占 69%，1993 年进一步提高到 74%。其中电子产品占马来西亚总出口额 40% 左右，马来西亚半导体生产仅次于美国和日本，居世界第三位（《国际商报》1994.8.28）。

4. 马来西亚橡胶和锡的产量和出口量曾长期占世界第一位。在橡胶发展的鼎盛时期，橡胶年产量达一百六十多万吨，占世界总产量 40%，年出口创汇二十亿美元左右。近年因国内油棕种植的扩大和泰国、印尼的竞争，马来西亚橡胶产量有所下降，1993 年产量下降到 107 万吨，退居泰国（150 万吨）、印尼（130 万吨）之后，列世界第三。与此同时，橡胶出口量从 1992 年的 103 万吨下降到 1993 年的 93.7 万吨，出口额 8.17 亿美元，主要销往韩国、美国、德国、意大利、英国和日本。马来西亚正计划依靠科技提高单位面积产量的办法，重振橡胶业的昔日雄风（《人民日报》1994.8.28）。

5. 马来西亚锡的出口量 1992 年为 4.52 万吨，2.68 亿美元，由于价格疲软和需求下跌，1993 年马来西亚锡出口下降到 3.57 万吨，金额下降到 1.85 亿美元。与同年马来西亚出口总值 470 亿美元相比，历史上曾经辉煌一时的传统大宗出口商品橡胶和锡，今日所占的份额已经很小了（《国际经贸消息》1994.4.6）。

6. 与橡胶业下降同时，马来西亚油棕业异军突起。马来西亚油棕业起步于 60 年代，当时种植面积只有 5.5 万公顷，棕油产量只有九万多吨。到 1992 年，油棕种植面积已达 210 多万公顷，占全国耕地的 1/3；棕油产量 637 万吨，占世界产量的 55%；棕油已成为马来西亚最大的出口和创汇的主要商品之一，1992 年出口创汇约 23 亿美元；全国有一百多万人直接或间接从事棕油业工作，棕油产值占马来西亚全国生产总值 10%，因而马来西亚除了传统的"橡胶王国"以外，又增加了"棕油王国"的美誉。1993 年，马来西亚棕油产量又比 1992 年增长 16%，达 740 万吨；同年出口 597 万吨，金额 25 亿美元。马来西亚是世界上最大的棕油生产国和出口国，主要出口市场是巴基斯坦，其次是中国、欧共体和新加坡；其中对巴基斯坦的年出口量为一百万吨。马来西亚计划到 2000 年，棕油产量达到 830 万吨，出口 740 万吨（《人民日报》1994.1.14）。

7. 木材仍是马来西亚最大的出口商品。1992 年木材出口 39 亿美元，1993 年增加到 45 亿美元，增长 16%，木材板、胶合板和三合板等木材制品已成为木材出口的主要部分，原木出口已下降到 940 万立方米（《国际经贸消息》1994.4.6）。

8. 马来西亚出口的主要对象从 1970 年代起就没有多大变化，它们是东盟国家、美国、欧洲共同体和日本，1993 年，这些市场占马来西亚出口总额 75.6%；其中东盟国家第一，占 27.9%，美国占 20.3%，欧共体占 14.5%，日本占 13%。进口方面，日本、东盟国家（特别是新加坡）、美国和欧共体（特别是德国和英国）占马来西亚总进口额 71%（新加坡《联合早报》1994.7.13）。

9. 中国同马来西亚的经贸关系近年发展迅速，但在各自经贸中所占比例仍很小。两国贸易总额不到中国年进出口总额的 1%，也不到马来西亚年进出口总额的 2%，因此潜力很大。今后随着中国经济的进一步发展，马来西亚的棕油、橡胶、木材、胶合板、石油仍是中国需要进口的大宗商品。在对马出口方面，除马来西亚喜爱的中国传统商品以外，中国还有许多新产品为马来西亚所需要，例如柴油机、船用齿轮机、塔吊、农业机械、机车、车辆、运输设备、分离机、森林机械、电机、输变电设备和石油化工设备等机电产品，不少是中国改革开放后引进先进技术和购买专利生产的，质量好，价格有竞争性，适合马来西亚市场需要，深受马来西亚用户欢迎（《国际商报》1994.7.30）。

泰国

1. 泰国对外贸易额占国民生产总值的比率，1960 年为 33%，1992 年已上升到 70%。1990 年，泰国进出口总额为 461 亿美元，其中进口 230 亿美元，出口 231 亿美元。1991 年，工业品出口占出口总值 76.2%（日本《产经新闻》1993.11.7）。

2. 泰国主要出口品为纺织品、稻米、珠宝、橡胶、木薯、糖、海产罐头、集成线路、皮鞋、虾。出口对象主要是日本、美国、荷兰、新加坡、马来西亚、中国大陆、英国、中国香港、德国、意大利。日本长期以来一直是泰国出口的最大客户，尤其是农产品和鱼类。

3. 泰国主要进口工业品、燃料和消费品。进口主要来自日本、美国、沙特阿拉伯、意大利、新加坡、马来西亚、中国大陆、英国、法国和中国台湾等。

4. 泰国目前是世界最大的橡胶生产国和出口国，1993 年出口天然橡胶 153 万吨，价值 11.67 亿美元，出口市场有日本、中国大陆、美国、德国、新加坡、韩国、法国及中国台湾等国家和地区（《国际商报》1994.9.24）。

5. 泰国长期以来是亚洲地区主要的食品生产国，是世界第五大食品出口国。大米、木薯粉、水产品食品出口额居世界第一，食糖输出居世界第二（《亚太经济时报》1994.9.20）。

6. 泰国 1991 年出口大米 399 万吨，1995 年可达五百万吨。今后十年，泰国仍将保持世界最大的大米出口国地位，每年出口五百至六百万吨（《经济参考报》1994.7.10）。

7. 泰国是世界最大的海产品出口国，海产品已成为泰国十大创汇项目之一，每年创汇三十多亿美元，争取未来数年突破四十亿美元（《广西日报》1994.10.25）。泰国是世界最大的金枪鱼罐头出口国，每年出口创汇八亿多美元（《经济参考报》1994.10.8）。

印度尼西亚

1. 近年来，印尼对外贸易发展迅速。1993 年进出口总额 630 亿美元，出口 340 亿美元，比上年增长 18%，其中非石油产品包括农产品出口增长 28%；进口 290 亿美元，比上年增长 14%（《亚太经济时报》1994.9.6）。1994 年印尼计划出口 427 亿美元，其中非油气产品出口 335 亿美元，石油天然气出口 92 亿美元。（《国际商报》1994.5.12）。

2. 近年印尼成功地实现了经济多元化，大大减少了对石油和天然气出口的依赖。1980 年代初期，石油和天然气出口占总出口 70% 以上，现在已降至大约 30%。今天，石油和天然气以外产品的出口已占出口的 70%，其中工业品约占 90%。工业产品出口近几年平均每年增长 20%（中国香港《经济导报》1994 年第 6 期）。

3. 印尼主要出口产品有石油、天然气、纺织品、木材制品、加工食品、纸和纸浆、皮革制品、电子产品、化工产品、铝制品、玻璃及陶瓷制品、化妆品，还包括钢铁、机械和远洋轮船，甚至工厂的成套设备。

4. 印尼能源丰富，除了有丰富的石油天然气以外，还生产并出口煤炭。印尼是世界最大的液化天然气出口国，其年产量 2600 万吨，大部分供出口（《国际经贸消息》1994.11.14）。虽然油气及其产品在出口总额中的比率已经下降，但仍是印尼最大的出口创汇产品。1994 年上半年，印尼出口煤炭 647.5 万吨，比上年同期增加 40%（《国际商报》1994.11.10）。据欧洲能源经济学家预测，2010 年，印尼煤的出口将达到 3200 万吨（《国际经贸消息》1995.8.3）。

5.1993 年，印尼纺织品出口 54 亿美元，是仅次于石油天然气的印尼第二大出口商品（《国际经贸消息》1994.3.28）。

6. 印尼是世界上木材产品的一个重要供应国。印尼禁止原木出口使新的胶合板和木制品工业应运而生并迅速发展，胶合板已成为仅次于石油产品、天然气和纺织品的印尼第三大出口商品。1993 年，印尼胶合板出口比上年增长 35.59%，达 51.6 亿美元（《国际经贸消息》1994.3.28）。

7. 1993 年，印尼电子产品出口增长 49.76%，达 10.8 亿美元；皮革制品出口增长 26.8%，达 11.2 亿美元；钢材和机械产品出口增长 7.47%，为 14 亿美元（《国际经贸消息》1994.3.28）。

8. 印尼是世界最大的锡生产国。

9. 印尼是仅次于马来西亚的世界第二大棕油生产国。1993 年印尼棕油产量 350 万吨，出口 160 万吨；1994 年预计产量 389 万吨，比上年增长 11%；出口 185 万吨，增长 15.6%（《国际经贸消息》1994.10.21）。

10. 印尼国内市场形势很好，潜力很大。印尼的外汇储备至 1993 年底达 120 亿美元，可支付五个月的进口（《国际商报》1994.5.12）。印尼进口的主要产品为棉纱、棉布、工业原料、机械设备、交通工具、粮食食品、化工产品等。

11. 主要贸易对象为日本、美国、新加坡、韩国、欧洲共同体。

12. 中国、印尼 1990 年复交以来，两国经贸关系发展迅速。1992 年双方贸易额 20.26 亿美元，其中中方进口 15.54 亿美元。双方贸易额在各自的对外贸易额中所占比重还很小，只有 1% 至 4%，但两国经贸合作潜力很大。双方不但在工业原料方面有很大的互补性，在工业制成品方面也有互补性。印尼制成品出口半数以上属资源密集型产品，同中国的出口优势即劳动密集型产品的出口并不冲突。此外，印尼的工业基础较薄弱，现有的机电产品多数是散件组装。印尼对国内目前还不能生产的散件进口不课税，或只课 1%~5% 的低税率，因此中国制造散件对印尼出口，或在印尼建立这类合资企业及这类技术合作均有十分广阔前景。中国这方面有优势的出口产品有：矿山机械（煤和金矿采掘设备），农用机械（农用汽车、小型拖拉机、抽水泵、柴油机），运输机械（铁路设备、船舶、重型汽车），工程机械产品（塔吊、挖掘机、搅拌机、推土机、铺路机），各种加工设备（纺织机械、轻工机械、机床等），电力设备（发电机、输变电设备）等。印尼由于建筑业繁荣已引起水泥严重短缺，价格螺旋形上涨，1994 年首次从中国进口二十万吨水泥。印尼计划 1995 年进口一百万吨水泥，其中将包括从中国进口（《国际经贸消息》1995.4.6）。

菲律宾

1. 1993 年，菲律宾对外贸易总额 279 亿美元，其中出口 109 亿美元，比 1992 年增长 22%；进口 170 亿美元，逆差 61 亿美元（《国际商报》1995.2.4）。

2. 菲律宾传统主要出口商品为椰产品、糖、矿产品、木材等，随着经济的发展所带来的出口商品的多样化以及外贸市场的多边化，近年进出口商品结构发生了显著变化，非传统出口商品如成衣、电子产品、工艺品、家具、化肥等的出口额已超过传统商品出口额。现在主要出口产品为电子集成电路及半导体、服装、椰油、冻虾、木制品及家具、铜锭、糖、化肥等。

3. 椰子、甘蔗、蕉麻、烟草是菲律宾的四大传统经济作物，第二次世界大战前占菲律宾出口总额 90%，目前在对外出口中仍占有重要地位。菲律宾是世界最大的椰子生产国和出口国，素有"椰子王国"之誉。椰油至今仍处于菲律宾出口商品的前列，1993 年仅次于电子集成电路及半导体、服装而居于第三位。

4. 菲律宾能源短缺，最大宗的进口商品是石油；另外还进口机械、化工产品、金属材料、棉纱、合成纤维、交通运输设备等。近年生活消费品进口比重下降，生产资料进口比重增加。

5. 菲律宾主要贸易对象为美国、日本、中国香港、英国、德国、新加坡、中国台湾和韩国等。

6. 1993 年，中国与菲律宾双边贸易额为 4.93 亿美元，较 1992 年的 3.64 亿美元增长 35.4%；其中对菲出口 2.8 亿美元，较上年增长 33.3%；从菲进口 2.13 亿美元，中国有 0.67 亿美元的顺差（《国际商报》1995.2.4）。在中国同东盟国家的贸易中，除文莱外，中菲贸易额是最小的。中国对菲出口的商品主要是石油、机械、五金建材、化工产品、食品、纺织品；在机械类中，工作母机和发电机组是对菲出口的大宗商品。菲律宾对中国出口椰油、糖、矿砂、木材等。

文莱

1. 文莱的对外贸易额在东盟国家中是最小的。1990 年，进出口总额为 40 亿美元，其中出口 23 亿美元，进口 17 亿美元。

2. 文莱主要出口石油和天然气。1991 年，石油和天然气出口约占出口总额 97%。早期出口原油比天然气多，随着石油减产政策的推行，液化天然气的出口值开始超过原油。其他出口商品可说微不足道（《国际商报》1994.8.3）。主要出口对象是日本，占其总出口 51%。英国和新加坡分别占其总进口 32% 和 34%（1993、1994《世界知识年鉴》）。

3. 文莱是产业单一的国家，除了油气以外，从工业品到农产品，全面需要进口。主要进口机械和运输工具及其配件，用来供应油田公司、天然气液化厂扩建和维修之用，同时也为国家基础建设提供各种用途，其次是各类制成品，第三是粮食和牲畜。

4. 文莱进口商品来源地，比出口来得分散，长期以来新加坡作为转口贸易国，和文莱的贸易关系至为密切。至今文莱进口货物大多数由新加坡转口输入，大约占文莱进口的 1/3。从日本、美国、英国、德国主要进口机械、运输工具、配件及各种制成品，从马来西亚、泰国主要进口粮食和制成品，以上七国占了文莱进口值的 80%（《国际商报》1994.8.3）。

5.1990 年，中国同文莱贸易额为 1200 万美元，1992 年增至 1539 万美元，其中中国出口 1027 万美元，进口 513 万美元，在文莱进出口中的比重都不大（1993、1994《世界知识年鉴》）。

6. 文莱拥有三百亿美元外汇储备，又无国债，人均年国民收入接近两万美元，具有雄厚的市场潜力和对外投资能力（《国际商报》1994.8.3）。

缅甸

1. 1992 年缅甸进出口额为 17.6 亿美元，其中出口 6.07 亿美元，进口 10.09 亿美元，连年处于逆差状态（《国际经贸消息》1994.1.28）。

2. 缅甸主要出口农、矿、土特产等初级产品，其中有大米、玉米、豆类、饲料、橡胶、矿产品、木材、珍珠、宝石和水产品等。1991 年农产品出口额为 1.601 亿美元，林产品为 1.494 亿美元，动物和海产品为 2470 万美元，矿物和宝石为 1800 万美元（《国际经贸消息》1994.1.28）。近年来由于外资流入，纺织品等制成品出口比重有所提高。

3. 缅甸曾被称为亚洲的谷仓，伊洛瓦底江的肥沃三角洲，是缅甸稻米的主要产区，稻米产量占整体农业生产的 3/4，成为缅甸的主要产业（台湾《经济日报》1995.5.29）。第二次世界大战以前，缅甸是次于泰国和越南的世界第三大米出口国。近年稻谷产量虽保持在 1400 万吨左右，但因种种原因出口锐减。为换取外汇，缅甸正大力恢复出口，1994 年计划出口 75 万吨（《国际经贸消息》1995.2.23）。缅甸稻谷生产潜力很大，国外预计，目前主要大米供应国泰国和越南已不可能再增产很多大米，缅甸和柬埔寨将成为主要大米供应国，未来十年里亚洲大米需求增长的一千万吨中，将有一半来自缅甸和柬埔寨。目前亚洲大米贸易量为一年 1400 万吨（《国际经贸消息》1995.3.9）。

4. 林业产值只占缅甸国内生产总值 2%，但林木产品占外销比率达 30%，是缅甸的重要外汇来源。闻名世界的缅甸柚木，其产量占全球产量的 3/4（台湾《经济日报》1995.5.29）。

5. 缅甸主要进口工业原料和工业制成品。1991 年，进口的原料材料为 1.642 亿美元，运输设备为 1.011 亿美元，工具及其部件为 7750 万美元，机器为 7450 万美元，建筑材料为 6530 万美元（《国际经贸消息》1994.1.28）。

6. 缅甸对外贸易的主要对象为发达国家和东南亚地区。1992 年，在缅甸的出口对象中，美国列第一，占 22%；日本为第二，占 17%；新加坡占 9%，中国香港占 5%，德国占 4%。1992 年在进口来源地中，日本列第一，占 29%；美国列第二，占 12%；新加坡占 7%，中国台湾占 6%，德国占 5%

（《国际经贸消息》1994.1.28）。

7. 中缅经贸关系近年发展较快。在发展大宗贸易的同时，边境贸易异军突起。1992 年中缅贸易额为 3.89 亿美元，其中中国从缅甸进口额为 1.31 亿美元，向缅甸出口 2.59 亿美元，中国有较大的顺差（《国际贸易消息》1994.1.28）。1993 年中缅两国边境贸易总额达到 25 亿元人民币。

8. 中缅双方贸易产品的种类和金额都在不断扩大。中国对缅甸出口主要是工业制成品，其中通过边贸渠道进入缅甸的中国商品多达五百余种，大致可分三大类：一是消费品，包括纺织品、食品、药品、文化用品、炊具、餐具和儿童玩具等；二是诸如机器设备和建筑材料等资本货物；三是工业原料和机器零配件。中国铁路机车、内河船舶、解放牌和东风牌卡车、运 –8 飞机等已经打入缅甸市场，市场前景看好。中国农机产品如水泵、柴油机和手扶拖拉机等已经批量进入。据估计，中国手扶拖拉机在缅甸已达一万台之多，行家们预测，未来几年内，缅甸对手扶拖拉机的需求是二万至三万台（《经济参考报》1994.8.16）。缅甸对中国的出口集中在农副土特产品、林产品、水产品、矿产品、畜产品等资源性产品上。

老挝

1.1992 年，老挝对外贸易额 4.54 亿美元，其中出口 1.7 亿美元，进口 2.84 亿美元。

2. 近年，老挝减少原材料出口，增加成品、半成品出口。重要出口商品由国家统一控制。1991 年主要出口产品为：电力（6.6 亿度）、原木（1.2 万立方米）、胶合板（65 万张）、咖啡（611 吨）、石膏（8.4 万吨）。

3.1991 年主要进口产品有：各种车辆（533 辆）、自行车（28890 辆）、燃料油（14.7 万吨）、水泥（11 万吨）、钢材（5~6 万吨）、纸张（1052 吨）、布匹（200 万米）、食糖（1.1 万吨）、粮食（2.6 万吨）（1993、1994《世界知识年鉴》）。

4. 老挝主要贸易对象有泰国、越南和中国。同泰国的贸易占老挝外贸总额 70%。

5. 中国同老挝的贸易发展迅速。1991 年双方贸易额 1260 万美元，其中中国出口 1083 万美元，老挝出口 177 万美元。1992 年双方贸易额增加到 3200 万美元，比 1991 年增长 154%；其中中国出口 2700 万美元，增长 149%；老挝出口 500 万美元，增长 182%。1993 年两国贸易额增至 4063 万美元，比 1992 年增长 27%。尽管如此，中老贸易额在老挝进出口额中所占的比重仍然很低。在中老贸易中，老挝连年处于大幅度逆差状态。中国出口到老挝的商品已从一般的日用品和小型机械等上升到轻型客机和零配件、汽车和小水电设备等。中国从老挝进口的产品主要是土特产。

6. 中老之间在政府贸易发展的同时，边境贸易也在迅速发展。1988 年两国边贸额为 1700 万元人民币（单位下同），1990 年增到 3000 万元，1992 年增至 4000 万元，1993 年又增到 5120 万元。从 1988 年到 1993 年，年均增长 24.67%。通过边境贸易，我方从老挝进口的主要是农副土特产品、山货药材、优质木材、有色金属矿砂、橡胶、藤条等原料和初级产品；我方对老挝出口的主要是日用消费品，如轻工、纺织、日用化工、百货、医药等类产品，农机、柴油机、电动机、化肥、化工原料等生产资料的边贸出口也呈扩大趋势。

柬埔寨

1.1992 年，柬埔寨进出口总额 4.3 亿美元，其中出口 0.7 亿美元，进口 3.6 亿美元，逆差 2.9 亿美元，逆差所占比例极大（《东南亚纵横》1994 年第 2 期，第 48 页）。

2. 柬埔寨恢复和平之前主要的出口产品是鱼和农产品，如大米、玉米、胡椒、花生、芝麻和麻等。近年努力恢复橡胶、木材、烟叶、木棉、海虾等产品的出口。

1992 年柬埔寨出口情况

货物名称	木材	橡胶（未加工）	橡胶（加工）	鱼及鱼制品	大豆	玉米	合计
数量	347050 立方米	14000 吨	9300 吨	2907 吨	5000 吨	7400 吨	
金额（万美元）	3532	926	237	336	115	66	7000

（《东南亚纵横》，1994 年第 2 期，第 49 页）

3. 柬埔寨主要的进口商品有燃料、机器、物资设备、汽车和摩托车等。1992 年柬埔寨进口情况如下：高档货物 19300 万美元，燃料 7600 万美元，建筑材料 2600 万美元，基本物品 1500 万美元，药物及医疗器材 700 万美元，农用物资设备 400 万美元，工业原料 100 万美元，其他物品 3800 万美元，合计 36000 万美元（《东南亚纵横》，1994 年第 2 期，第 49 页）。

4. 新加坡是柬埔寨最大的贸易对象。从新加坡进口的商品总额，占目前柬埔寨进口总额的 40%。柬埔寨每年从新加坡进口燃料大约 3500 万美元，建筑材料超过 2000 万美元。越南是柬埔寨第二大贸易伙伴，占进口总额的 20%。其次是泰国、日本、中国香港、中国大陆、中国台湾、马来西亚和法国等（《东南亚纵横》，1995 年第 1 期，第 19 页）。

5. 柬埔寨是传统的大米出口国，20 世纪 70 年代以前每年出口大米 50 万吨，后来由于战争破坏，粮食不能自给，每年需进口大米 20 万吨左右。柬埔寨正努力恢复和发展稻米生产，争取若干年后恢复每年出口 50 万吨大米的水平。国外预计，缅甸、柬埔寨将随泰国、越南之后，成为亚洲未来大米主要供应国。

6. 1992 年，中国同柬埔寨贸易额为一百万美元。

越南

1. 越南 1993 年进出口总额 63 亿美元，其中出口 30 亿美元，比上年增长 20%；进口 33 亿美元，比上年增长 31%（《广西日报》1994.1.21）。1994年进出口总额增至 81 亿美元，比上年增长 28%；其中出口 36 亿美元，增长 20%，进口 45 亿美元，增长 37%（中国香港《亚洲周刊》1995.2.5）。

2. 越南 1994 年主要出口商品有：原油占第一位，出口额 9 亿美元；纺织品居第二位，5.5 亿美元；水产品占第三位，4.8 亿美元；大米占第四位，4.5亿美元；其余是橡胶、咖啡、茶叶、煤炭、锡、服装等。

3. 越南是仅次于泰国和美国的世界第三大米出口国，1993 年出口大米180 万吨，1994 年出口 200 万吨，增长 11%。越南大米传统的出口市场是马来西亚、印度和东欧国家，新开拓的市场是西欧、非洲和中东。

4. 越南 1993 年生产咖啡 13 万吨，出口 12.82 万吨，创汇 1.04 亿美元，成为亚太地区仅次于印尼和印度的主要咖啡生产国（《经济参考报》1994.4.20）。

5. 越南市场需求极大，从消费品到大型的基础设施材料和设备都要进口。主要进口商品有工业设备、工业原料、运输工具、汽油、化肥、轮胎、原棉、布匹、药品、食糖等。据分析家说，越南今后五六年需要进口价值达四百亿美元的商品（《国际经贸消息》1994.7.8）。

6. 过去，苏联和东欧国家是越南最大的贸易伙伴，越南与它们的贸易额占越南外贸总额的 70%。苏联解体和东欧剧变以后，越南开始多方开拓国外市场。1992 年排在前六名的贸易伙伴是日本、新加坡、中国香港、俄罗斯、欧共体与中国台湾。1994 年美国取消对越南的贸易禁运，越美贸易也在起步和发展。

7. 近年越南对外贸易对象方面最引人注目的变化是越南与东盟成员国之间的双向贸易发展迅速，从 1989 年越南从柬埔寨撤军时的 1.63 亿美元上升到1992 年的 16 亿美元，增加了九倍多，约占 1992 年越南对外贸易额的 1/3（美国《国际先驱论坛报》1994.8.3）。1994 年越南与东盟贸易额又增到 24.41 亿美元，约占同年越南外贸总额 30%。其中新加坡是至今越南最大的东盟贸易伙伴，1994 年两国贸易额 16.71 亿美元；同年双方贸易额依次为：越南—马来西亚 2.6 亿美元，越南—印尼 2.5 亿美元，越南—泰国 2.2 亿美元，越南—菲律宾 0.4 亿美元（《参考消息》1995.7.29）。

8. 中国、越南1991年11月实现关系正常化以后，双方贸易发展很快。两国贸易额从1991年的3200万美元增加到1992年的1.79亿美元。在关系正常化之前，两国从1988年就开始恢复边境贸易，广西同越南的边贸金额，1989年为4.7亿元人民币（单位下同），1990年增至7.2亿，1991年增到22.35亿，1992年增至26亿，1993年维持1992年的水平。广西现有十二个边境贸易口岸（其中四个为国家级口岸，八个为省级口岸），共有二十五处边民互市点。

9. 中越贸易商品，中国主要输出生产机械（如手扶拖拉机、小型柴油机）、日用工业品（如自行车、电扇、布匹、陶瓷、电池、玩具）、中西成药、食品（如啤酒）；越南向中国输出海产品、木材、藤条、橡胶、煤炭、矿产品、芒果、椰子等。

壮大外向型绿色产业 *

——以中越"两廊一圈"广西地区为例

正在研究构建的中越"两廊一圈"是经济一体化潮流中区域经济合作的一种具体形式，其核心区域是中越两国相接的环北部湾地区和滇越、桂越铁路沿线地区，包括广西环北部湾北海、钦州、防城港三市，沿桂越铁路的崇左市以及兼具两者区位的南宁市。

绿色产业由大农业（农林牧渔）及其产品加工业组成，换个概念，亦即包括第一产业以及第二产业中的农副产品加工工业。这是国民经济的主体组成部分，也是中国—东盟自由贸易区和中越"两廊一圈"经济合作的主要参与者和受益者。

外向：绿色产业的努力方向

在历史上，中国一向"以农立国"并一直是农业大国，丝绸、茶叶等特产自古就是外向型产品，远销海外，蜚声于世。当代，由于工业和服务业迅速发展，农业在国民经济中的比重相应降低，但仍占重要地位，这一点在广西尤其明显。2004年，第一产业在国民生产总值中的比例，全国是15%[①]，广西是24%，作为中越"两廊一圈"核心地区的广西五市占25%。其中南宁市最低，占17%；钦州市最高，占42%；崇左市次之，占38%[②]。如果加上农

* 参加广西"两廊一圈"课题组考察完成的阶段性成果之一。2005年完稿。载《广西日报》2006年1月24日第六版。《社会科学与决策》（广西社会科学院编）第6期（总第54期），2006年3月10日。

[①] 《中国—东盟年鉴》（2005），第3页。
[②] 《广西年鉴》（2005），市县概况。其中五市总的第一产业比重，由作者据各市数字统计。

产品加工业，绿色产业的比重还要高一些。绿色产业在国民经济中举足轻重，更同八亿农村人口的生计直接关联。解决国家已将之提到战略高度的"三农"问题，实现国家的全面现代化，离不开农业及农产品加工业的迅速发展。

加快绿色产业发展的关键是商品化，开拓国内国外两个市场。中国已成为"世界工厂"，成为工业品出口大国，也应力争成为"世界农场"，成为农产品出口大国。改革开放以来，广西农业商品率有了很大提高，但总体上还未完全摆脱传统的自然经济状态，农业商品化仍然任重道远。所开拓的也主要限于国内市场，出口数量仍然微乎其微。需要在继续扩大国内市场同时，积极开拓国外市场，通过国内国外两个市场"两轮"同时驱动，迅速提高农业商品率，当前尤应利用中国—东盟自由贸易区和中越"两廊一圈"构建的有利时机，着重于仍然处于薄弱状态的国外市场的开拓。

贸易和投资是区域经济合作两个主要领域，通常是贸易先行，通过逐步减税，最终达到零关税目标。在由发展中国家组成的自由贸易区中，农产品又是自由贸易的先行者。根据中国—东盟自由贸易区"早期收获"计划，以农产品为主的五百多种产品（其中包括活动物、肉、鱼、乳品、活树、蔬菜、水果、坚果等）首先从 2004 年 1 月 1 日起降税，到 2006 年这些产品的关税将首先降到零。在"早期收获"计划的框架内，根据泰国提议，泰中两国又提前从 2003 年 10 月 1 日起实现果蔬的零关税贸易。随后越南也提出同样建议。估计待未来中越"两廊一圈"建成之时，双方农产品已先实现无关税通关。中泰果蔬零关税实现以后，像打开闸门的潮水，两国果蔬贸易会立刻迅速增长。以 2004 年第一季度为例，中泰两国果蔬贸易额共 1.14 亿美元，其中中国对泰国出口 1389 万美元，同比增长 87.84%；泰国对中国出口 9963 万美元，同比增长 143.42%[①]。无论是出口量还是增长率，泰国都大大超过中国，其中出口量超过六倍多。这说明自由贸易既带来绝佳机遇，也带来严峻挑战。不管是机遇还是挑战，都要求我们大力推动外向型产业的发展，不断提高产品出口率，你进我出，大进大出，才能实现互利共赢。位于中国—东盟自由贸易区和"两廊一圈"前沿的广西，更应率先实施绿色产业的外向战略。

---

① 杨讴：《东盟中国合作加快》，《人民日报》2004 年 5 月 25 日第七版。

前沿：诸多优势中的突出优势

中越"两廊一圈"广西地区拥有发展外向型绿色产业的待挖潜力。这里位于北回归线以南的广西南部，属亚热带向热带过渡的地带，高温多雨，阳光充足，发展农业条件得天独厚，北部湾拥有丰富的海洋资源，十万大山、大明山是森林宝库，石山区是发展畜牧业的广阔空间。

这里具有较好的绿色产业基础，农业素称发达。灵山、合浦、武鸣、横县、宾阳、扶绥、江州都是农业生产大县，在西部经济百强县中，灵山榜上有名，上思、龙州以林业闻名，马山以牧业著称，沿海北钦防三市的渔业在全国占有重要地位。

这里的绿色产业逐渐凸显了特色，为开拓市场提供了前提。桑蚕、蔗糖和沿海渔业是上了规模的共同特色产业。在特色资源的基础上，很多地方还培育出各自的特色产品，横县的茉莉花、灵山的荔枝和奶水牛、防城的八角和桂皮、扶绥和江州的剑麻、马山的黑山羊、上林的优质米、武鸣的木薯、宾阳的制革和编织、大新的龙眼、隆安的板栗、浦北的香蕉、龙州的桄榔、天等的指天椒和苦丁茶、合浦的鹅、钦州的海鸭蛋，等等，已经成为品牌或准品牌。创出这些特色产品的县，大多数赢得了名特产之乡的光荣称号或市场赞誉。如横县"茉莉花之乡"、灵山"荔枝之乡"、防城"金花茶之乡"和"八角之乡"，等等。这些荣誉称号在市场上产生了广泛的影响，成为引领市场开拓的一面面哗啦啦响的旗帜。

中越"两廊一圈"广西地区位于对外开放的前沿，是中国—东盟自由贸易区的接合部和中越"两廊一圈"的核心环节，同越南海陆毗邻，即使以最靠北的南宁为起点，同河内的直线距离也只有三百多公里，公路距离四百公里，铁路距离四百一十八公里。这是不可多得的区位优势。经过多年的建设，目前已经拥有堪称发达的通海达边海陆空交通网络。来自内地各个方向的通道首先汇集南宁，然后铁路、高速公路和二级公路三路靠拢齐奔大海和边境。从南宁到沿海三港，车程只需一至三小时；到边境凭祥，只需二小时。前沿优势加上交通优势，相得益彰，如虎添翼，强劲推动外贸物流和外向型产业的发展。

绿色产业的产品在广西外贸中已占有相当份额。松香及树脂酸、水果及坚果是广西传统大宗出口商品，在边境贸易中，农副产品 2004 年占边贸出口 28.8%[①]。2004 年首届中国—东盟博览会上，广西参展农产品令外商青睐。韩国、印尼、菲律宾、尼日利亚等国客商要求全权代理经营广西的蔗糖、蚕茧、特色时令水果等特色产品，希望引进广西蔗糖循环经济技术、"猪＋沼气＋果＋菜"生态有机生产技术、香蕉采后处理和保鲜技术等，说明广西外向型绿色产业具有良好的发展势头。

市场：诸多问题中的关键问题

与有利条件并存，广西外向型绿色产业也面临着诸多问题。

首先，绿色产业目前外向程度还不高，出口种类和数量少，在经济发展中的作用和影响还很有限。

第二，外向型绿色产业未形成规模，加工能力不强，科技含量不高，尚未形成国际品牌。

第三，对国外市场状况不熟悉，甚至不了解，出口渠道少且不顺畅。

第四，广西与越南山水相连，自然条件相似，农产品种类大体相同，广西与其余东盟国家也属近邻，农业资源也没有太大的差异，互补性不强，势必在一定程度上制约外向型绿色产业的发展。

这些问题都与市场有关。国外市场的状况决定着外向型绿色产业的大小兴衰，开拓国外市场是外向型绿色产业发展的关键和前提。

乘风扬帆，让产品走向国外

充分认识发展外向型绿色产业的重要意义。利用构建中国—东盟自由贸

---

① 《广西年鉴》（2005），第 178 页。

易区和中越"两廊一圈"的机遇，乘风扬帆，到国外去寻找市场，壮大外向型绿色产业。即使在相邻的越南，仍存在广西农产品的销售余地，例如广西的牛和皮革就是重要的边贸出口品，广西的优良水稻、水果、鱼虾、蚕桑种苗在越、老、柬等国市场上都有需求，北海公馆的鸡嘴荔和马铃薯等名优土特产在东盟就有销路。我们还需要把眼光放得更远，看向欧美日等发达国家和亚非拉等发展中地区，广阔的全球市场正等待我们去发现、去开拓。

建立信息和促销系统。发现和了解市场是开拓市场的前提。国外市场广阔而分散，可控性低，变动性大，认识和利用的难度远远超过国内市场。有必要组建强有力的信息和促销机构，负责搜集和研究国外产业情况和市场动态，在此基础上采取促销措施。这样的机构最好采取政府商务部门牵头的半官方形式，吸收龙头企业和有关专家参加。

建立产业化体系。培育和壮大龙头企业，建立产业基地，将分散的土地和农户集中起来统一经营，提高生产效率，增强产品的出口能力。产业化成功的关键是龙头企业，近年广西频频出现带动出口、带动一方富裕的绿色产业龙头企业，如合浦丝绸和鹅肥肝生产、防城八角深加工、隆安香蕉种植等领域的龙头企业正在成长起来。这些企业既是开拓国内市场的主体，也是或将是进军国外市场的主体。

加大科技投入。开发新产品，增加产品的科技含量以提高附加值，以新品和优质经受国外市场的风浪考验，在国际市场激烈竞争中取胜。这方面的榜样也很多，如钦州的珍珠深加工，北海的海产品制药等海洋生物科技开发，都显示了科技化的威力。

加强标准化建设。国际市场对出口产品规格，特别是对产品的卫生和生态标准，规定越来越严，要求越来越高，标准达不到而出口受挫事件屡有所闻，教训值得记取。需要将标准分解落实到生产的每个环节，层层把关，将高标准的产品输往国外市场。产品赢得国外消费者放心和青睐，才能站稳脚跟进而不断扩大国际市场份额。

外向型绿色产业刚刚起步，在经济一体化时代，它代表着希望和未来，前景无限美好。

在中国—东盟自由贸易区的广阔空间乘势直上 *

——访广西社会科学院研究员周中坚

周中坚对东盟问题及与其相关的海港史和海外交通史、北部湾经济圈、柬埔寨史与中柬关系史、中国东南亚关系史、北部湾与大西南的开发与开放等领域都颇有研究。早在 1988 年，周中坚就在《从历史走向未来：北部湾经济圈构想及其依据》一文中探讨了"北部湾经济圈构想"的相关问题，在国内外引起强烈反响。最近，记者就中国—东盟自由贸易区建成后，中国与东盟合作问题采访了周中坚先生。

自贸区建成是水到渠成

周中坚认为，自由贸易区是目前区域经济合作的高级形式，是当今区域经济一体化的重要表现。中国—东盟自由贸易区从提出到现在已经整整十年。2000 年在新加坡举行的东盟与中国领导人第四次会晤上，中国领导人提出建立中国—东盟自由贸易区的建议，得到东盟国家的赞同；2001 年双方专家组研究了建立中国—东盟自由贸易区的可行性，提议十年内建成中国—东盟自由贸易区；2002 年启动中国—东盟自由贸易区建设进程；2003 年中国与泰国正式实施两国间一百八十八个蔬菜及水果产品贸易的零关税；2004 年中国与东盟签署了《货物贸易协议》；2005 年实现全面降税；2007 年中国与东盟签署了《服务贸易协议》；2009 年中国与东盟十国签署了《投资协议》。中国—东盟自由贸易区的建设经历了十年的准备期，实现了自贸区的逐步发展、逐步建设

---

* 载《广西日报》2010 年 1 月 5 日第六版，作者为该报记者黄信，实习生洙玉、廖成萍。

和逐步成熟。自 1991 年中国与东盟开始正式对话以来，尤其是自贸区建设启动以来，双方在政治、经济、社会、文化等多个领域合作不断增进。这期间，中国与东盟的贸易实现了前所未有的大幅度增长，双方都从推进自由贸易区建设中得到了实实在在的好处。从这一过程来说，中国—东盟自由贸易区建成是水到渠成的事。

机遇和挑战：推动更快更好发展

中国—东盟自由贸易区以最终实现零关税和贸易自由化为核心，涵盖整个经济领域并扩展到经济外领域的全面合作。自贸区建成后，机遇与挑战并存，怎样正确对待和处理好这一对矛盾是值得注意和思考的。周中坚认为，把握机遇，迎接挑战，在中国—东盟自贸区的广阔空间乘势而上，这应该成为我们的共识。

周中坚说，中国—东盟自由贸易区建成后，将形成一个巨大的跨国市场，"10+1"个国家，将产生 6 万亿美元的生产总值，4.5 万亿美元的贸易总额。自贸区合作涵盖三大领域：货物、服务、投资。从人口数量来说，可以算是世界上最大的自由贸易区。所有这些充分显示了中国—东盟市场的巨大潜力。对中国来说，把国内市场延伸到国外，是实现更好更快发展的先机。这一过程的实现重要的是把握好零关税的突破，使国内外两个市场连为一体。中国与东盟国家以平等的身份站在同一起跑线上，机会均等，互利共赢，共同繁荣。

挑战的作用在于促进经济更快地发展。市场竞争的进一步深入，零关税的实施，对某些产品的出口是一种挑战，国内外同类产品的竞争性将会加大。在开拓市场的过程中，中国与东盟国家互相开放市场，这对于双方也是一个巨大的挑战，双方的目的都是实现自由贸易。在自贸区实行零关税的竞争中，可以说国家之间的竞争就是一种全凭真正实力的"无盾甲比武"，成为激励国家间不断发展生产和创新产品的大舞台。

机遇青睐有备者，挑战垂青开拓者

周中坚具体谈了如何应对挑战的问题。自贸区建成后，中国企业在同东盟国家进行贸易遭遇阻力时可以通过协议进行具体应对。同时，自贸区建成后，我国的机电产品、成套设备等一系列高新技术产品的关税将逐步减少乃至取消，这对中国企业产品扩大在东盟国家的市场份额更为有利。就农业合作而言，自贸区的建成将进一步促进中国与东盟的农业合作和农产品贸易的发展。就北部湾合作而言，自贸区的建成，将进一步推进北部湾经济合作，跨境经济合作区建设和次区域合作将成为中国—东盟自由贸易区的新亮点。就产业升级而言，自贸区的建成将有助于推动中国产业结构的优化升级，提高产业在东盟市场的竞争力。

周中坚认为，在零关税的自由贸易关系中，应该做好几方面的准备。

首先，要增强自身的实力，特别是要增强参与国际竞争的实力。数据显示，2001 年，刚刚提出建立自由贸易区时，我国的国内生产总值为 2.16 万亿美元，对外贸易进出口总额刚突破五千亿美元，为 5097 亿美元；而到了 2009 年，我国的国内生产总值预计为四万亿美元，全年对外贸易进出口总额预计为 2.2 万亿美元。从以上数据对比可以看出，我国的经济实力在不断增强。2009 年中国可能超过德国成为最大的出口国，可能超过日本成为世界第二大经济体。需要借助自贸区建成之机乘势而上，不断增强参与国际竞争的实力。

其次，利用广西地缘优势，不断完善与扩大出海出边出省通道。加强对广西交通网络的投资，发挥广西沿江、沿海、沿边和毗邻东南亚的区位优势，为广西具有竞争力的食品、饮料、化工、建筑设备、纺织原料、车辆等产业带来新的市场拓展机遇，加强与东盟各国间的联系，使双方的交易更便利。

再次，要提高产品质量。受零关税影响，自贸区建成将对我国部分农产品销售造成压力。外国商品能够免税进入国内市场，同国内产品竞争，优胜劣汰规律的作用会更加明显，因此，我们应该增强危机意识，应对挑战。一是提高产品质量，以质量为产品的生命。二是降低成本，适应国际市场，更多地运用适销对路的营销策略。三是培植与壮大外销产品，形成外向型产业模式。

　　周中坚说，中国—东盟自贸区发展前景广阔，双方在合作中本着互利合作、共同繁荣、和平友好的精神，实现经济和政治的双和谐。同时，中国—东盟自贸区的建成将为东亚自贸区、亚洲自贸区等更大范围的自贸区的建立树立榜样，奠定基础，有利于我国今后发展市场多样化，参与更大范围的国际分工合作竞争，提高抗危机能力，促进经济更快发展。

一块精心琢磨中的浑金璞玉 *
——一个广西人眼中的云南景谷

　　我来自广西社会科学院。我院李甫春研究员因工作忙未能来参加研讨会，临时托我代替，又蒙东道主朋友们欣然同意和盛情邀请，使我在迟到一天之后，还能在前晚赶到景谷。由于来得仓促，未能准备论文，现在只能就到景谷后一天多的见闻和感受，作一次即兴式的发言，题目叫作《一块精心琢磨中的浑金璞玉——一个广西人眼中的云南景谷》，略表对东道主朋友们的谢意和敬意，对景谷这片美丽神奇热土的向往。

　　抵达景谷之前，我对景谷的知识可说是零。到来之后，景谷才开始向我这个陌生的远方人撩起面纱，时间太短，所见所闻还仅仅是一鳞半爪，但已使我深切地感觉到：景谷魅力十足，潜力丰厚，是一块正在精心琢磨的浑金璞玉。

一、景谷的魅力和活力

感受景谷温馨

　　前晚七点半在景谷客运站下车后，到景谷宾馆报到，县文体局新老领导和思茅市民族宗教局徐永安老局长一齐赶来热情迎接，亲切慰问路途劳顿，周到安排食宿。第二天出去参观，市县的朋友们一路详细介绍景物，县图书馆李炜馆长上车前特来面前关照："周老师，您刚远途跋涉千里迢迢来到景谷，

　　*　在"（云南）景谷民族宗教文化与旅游学术研讨会"上（2006年12月22—24日，云南景谷）的发言。
　　　会后形诸文字，2007年3月15日完稿，并收入研讨会论文集。载（南宁）《东南亚纵横》2007年第6期。

现在又要到离县城较远的芒玉大峡谷去，会晕车吗，要不要事先服些晕车药？我带有，需要时请随时招呼。"参观归来，趁晚餐前，又热心引导游览景谷特产展销一条街。晚上我独自游览县城，在体育场附近上洗手间，正摸口袋掏钱买票，同时买票的一位姑娘看见，说："我有零钱，让我一起付。"我还来不及反应，她已把钱付了。我真不好意思，问她姓啥，在哪工作。她说姓李，在县小当老师。当晚在返回住处途中，每次问路都得到热情指点，两位过路人还一直送我回到宾馆。这里时时处处让我感受到友情的温馨。

感受景谷和谐

昨晚独自夜游，首先来到景谷公园。公园位于县城中心，因地制宜利用河湖洼地改造而成。园中跨河拱桥，临水亭台，穿林幽径，错落有致；水边景谷八景石刻等文化设施，又在旖旎景观中透出浓浓的历史文化气息。公园东西两头有民歌演出，东头是傣族歌舞，西头是彝族歌舞，演者投入，观者专注，台上台下融为一体。

在相邻的景谷广场，明灯高照，乐曲悠扬，正在进行集体歌舞。大家围成大小数圈转动，其中有中青年，也有头发花白的老人和拉着妈妈衣角的孩童，穿鲜艳民族服装的尤其显眼。不论男女老少，也不论相识还是不相识，彼此都拉着手随着悦耳的民族乐曲踏步前行。舞圈外面，还围着多层观众，不时有人加入跳舞队列。我不会跳，顾虑也多，但心中十分感动而跃跃欲试，最后毅然加入其中，边看边"舞"，真正是"得意忘形"，全不在意自己到底是跳舞还是走动，反正不会有人嘲笑，更不会被人"请出"，因为每个人觉得大家都是朋友，都是兄弟姐妹，都属一个亲密无间的大家庭。我真正领略了和谐的至高境界。

感受景谷活力

来到景谷体育场，景谷首届国际陀螺节的陀螺赛正在进行，观者如潮，群情振奋。据说东南亚邻国参赛队临时因事没来，省内陀螺强县都派队来了。这是极富民间特色和观赏性的体育项目，只见陀螺在场上飞转，运动员的击声和裁判员的哨声交织，观众的欢呼声和感叹声起伏，场面扣人心弦。

与体育场相连的体育馆前厅举办"旋转的陀螺——景谷首届国际陀螺节陀螺文化展"。图文并茂地将陀螺的悠久历史和深厚根基和盘献给观众。"陀螺"一词，首见于明代。明刘侗《帝京景物略》一书收有如下民谣："杨柳活，抽陀螺；杨柳青，玩空中；杨柳死，踢毽子。"陀螺、风筝、毽子，从春天起依次风行。景谷民谣说："过年过到二月八，陀螺打到青草发。"春天是打陀螺的美好季节，景谷民间对陀螺热衷得如醉如痴。展览中还有很多传神的题词，如"旋风"，"旋转的魅力"，"旋转不止，生命不息"，"平衡于辗转碰撞之中"，既表现了陀螺运动的形象美，而且挖掘出了陀螺运动的哲理内涵。体育馆门前，同时举行县城百名独生子女艺术创作展，所展绘画、泥塑等儿童作品，天真朴拙，意趣盎然，其中很多以陀螺为内容。

以一县之力，举办规模如此盛大内容如此丰富的国际性民间体育盛会和全国性的学术研讨会，充分显示出景谷的旺盛活力。

温馨，和谐，活力——这就是令我这个远方人叹服的景谷县部分魅力。

二、景谷的实力和潜力

空间广阔，基础扎实

刚才听了祖籍广西容县的梁玮副县长的报告，得知位于北回归线南缘的景谷县，面积 7550 平方公里，人口 29.5 万，平均每平方公里三十九人，远低于云南每平方公里百多人的人口密度，没有太大的人口压力，发展空间广阔。

在从普洱到景谷的车上，就听说景谷是普洱市仅有的两个非贫困县之一。2005 年全县生产总值 16.18 亿元，地方财政收入 8681 万元，农民人均纯收入1746 元。

丰富的森林资源

梁副县长在报告中说："景谷有得天独厚的森林。"前天凌晨在南宁—昆明火车上，看了一份近日《云南日报》，景谷县的森林覆盖率高达 74%，林业是景谷的支柱产业。昨天参观，一路都见郁郁葱葱的山林。昨晚在景谷体育场，还见到景谷穿越雨林国际汽车拉力赛的颁奖大会。我的脑子里刻下了绿色明珠的深刻印象。难得的是，这颗绿色明珠还闪射着异彩，那就是莽莽山林中盛产名茶，生长着最古老的茶树，盛产芒果，景谷素有"茶祖之源"和"芒果之乡"的美誉。

宗教交融奇观

佛教从印度分三路传入中国，在传入的过程中与不同地域的文化相融合，产生了中国佛教的三大系统：北传佛教、藏传佛教和南传佛教。南传佛教是小乘佛教，从印度经东南亚传入云南，从南向北，大约明朝中期传到景谷，清朝康乾之际佛寺纷纷建立，留下众多的小乘佛教文化遗迹。小乘佛教传到景谷后，同北传佛教以及道教相遇，没有继续北进，而是在这里相互交融，形成佛教传播史上南北际会奇观。徐文来、郑映德等先生的论文都谈到了这个问题。景谷的民族宗教文化还大有研究、保护和开发的用武之地。

民族友好家庭

云南省有五十二个民族，是中国民族最多的省份。景谷一县就有其中的二十六个民族，恰占全省民族总数的一半，各民族和谐相处，亲如兄弟，民族文化丰富多彩。傣族的泼水节，彝族的火把节，傣族的民居竹楼，都体现着多彩的民族文化。我们在"傣楼"餐厅，边用餐边领略了傣族的建筑和饮食文化。我所接触的景谷朋友，分属傣族、彝族、佤族等民族，在座的县委副书记是佤族，县文体局陶书记是傣族、李局长是彝族、民族宗教局吉局长是傣族，在一次会议上同那么多兄弟民族朋友们在一起，在我的人生经历上并不多见。给我印象特别深刻的是，尽管他们语言不同，服饰不一，习俗有异，但思想感情都融合在一起，共同朝着振兴中华的伟大目标而并肩前进。

山川绮丽，文化深厚

大自然给景谷造就了绮丽山川。长八公里、深一百米的芒玉峡谷，就是大自然的一项杰作。谷底巨石横陈，流水跌宕，两旁山峰起伏，林涛阵阵。景谷正在保护的前提下对芒玉峡谷进行旅游开发。

历史给景谷留下深厚的文化积淀，景谷人民对历史文化遗产，不管是物质文化遗产还是非物质文化遗产，都非常珍惜。景谷古称"威远"，大概得名自横穿县境、自东向西注入澜沧江的威远河。沿河风光旖旎，物产丰饶。在改古名以媚时俗成风的当今，古名"威远"一直沿用下来，以威远镇、威远河为载体继续闪射历史光辉，十分难能可贵。

三、一个远方人的建议

作为一个来到景谷还不足两天的外省人，讲观感都嫌勉强，提建议更属奢望，更何况是外行，感动于东道主朋友们的盛情安排，我就勉为其难说几点吧。

不断提高知名度

知名度本身就是一种资源、一项优势。知名度以实力和潜力为基础，通过宣传推介来实现。酒好不怕巷子深，但需有好酒被好酒者了解这个前提，否则酒再好，巷子再浅，也无人问津。宣传推介，需要借助媒体，特别是高层次的媒体，例如人民日报和中央电视台，也需邀请港澳和国外媒体。这项工作需要花力气，而且要坚持不懈。

构想一个高水平的宣传定位口号

一个能准确、形象、概括地反映本地优势和特色的宣传定位口号，其效应如闪电般疾速，瞬间就能吸引人们的关注并刻下难以磨灭的美好印象。今年8月，我随广西"两廊一圈"课题组到云南富宁，刚进县城就在入口大道上方看到大幅标语："云南从这里走向大海。"心灵立刻产生跨越时空的联想。这句话不但准确简明地反映了富宁的历史和现在，而且预示了富宁的光辉未来。

景谷富有特色优势，完全有可能从中提炼出出色的宣传定位口号。国内外经验证明，向国内外公开征集的办法行之有效，集思广益总比少数人关门冥思苦想效果好得多，景谷不妨试试。

突出特色，强化外向

特色本身就是一种可贵的优势资源，经济、文化都是如此。应该着力发展特色经济和特色文化，选准优势资源来发展特色产业，以特色取胜。例如茶叶、芒果的种植和加工，包括陀螺节在内的民族宗教文化旅游活动等。特色产品具有强劲的市场开拓能力，特色越明显，越容易打进国内外市场。

加强生态环境保护

景谷山青水碧、地绿天蓝，基本保持原生态的自然面貌，值得庆幸和珍惜。在加速推行工业化和城镇化的今天，每个地方都面临经济发展与环境保护的矛盾。如果处理不好，势必造成环境的破坏，带来沉重甚至不可弥补的损失。国内外太多前车之鉴值得记取。环境保护需要从两方面下功夫，一是加强宣传力度，让环保意识深入人心，化为群众的自觉行动；一是加强环保执法力度，禁污染与破坏于未萌。

加强文化遗产保护

景谷有丰富的高品位的物质与非物质传统文化遗产，前者如佛寺、佛迹，后者如陀螺、民族习俗和民族音乐，都是景谷之宝，都需要认真保护，后者还要发扬。这次包括国际陀螺节在内的节庆活动就是一次显示文化遗产保护成绩、启示努力方向的盛会，必将产生深远的影响。

发展交通，发挥区位优势

景谷位于云南红河和澜沧江之间和两支南北向干线公路之间，处于枢纽区位，但距离经济文化中心相对较远，交通不发达又制约区位优势的发挥。景谷发展的切入点在交通，在继续完善与昆曼高速公路连接的东向交通的同时，发展北通大理、西通保山、德宏的交通，让景谷成为大理丽江和西双版纳南北两大旅游区之间的接续环节，将南北两大方向的客流顺路引到景谷来，把景谷从近乎"灯下黑"的交通盲区变成四通八达的交通枢纽，为自己插上腾飞的双翼。

景谷这么一块浑金璞玉，经过琢磨，必将光芒四射，前程不可限量。

附录一·海崖文选

关于本栏作者

　　周海崖（1956—2010），广西广播电视大学副教授，曾任该校文经教学部副主任。广西上林人，1956 年 9 月 6 日生。本书著者之子。在家乡度过童年并读小学，1970 年 10 月随父到河南密县尖山中学读书，1974 年 3 月高中毕业后回家劳动，1979 年 8 月考上湖北财经学院（中南财经政法大学前身）商业经济系商业经济专业四年制本科，1983 年 8 月毕业分配到广西广播电视大学任教，直至 2010 年 10 月 16 日 14 点在南宁因病早逝。

　　广西广播电视大学"周海崖同志生平"对他的教学、科研和为人作了如下两段介绍：

　　　　周海崖同志到电大工作二十七年来，长期在教学第一线从事教学工作，有着丰富的教学经验，作为部门的骨干教师，有着扎实的专业理论和业务知识，教学工作效果良好，受到学生好评。教学之余，他密切关注学术研究动态，积极从事科研工作，在公共刊物上发表论文三十八篇（其中四篇在全国学术年会上评为一等奖，十二篇入选国家级理论丛书），主持或参加国家级省部级科研课题七项。周海崖同志经常深入实际，为困难企业出谋献策，系我校经济研究领域的突出人才以及工商管理学科带头人。

　　　　周海崖同志是党和人民培养出来的高级知识分子，他学识渊博，热爱祖国，热爱电大，有强烈的事业心和责任感，热心为电大事业的发展出谋献策。周海崖同志勤奋好学，为人正直，廉洁奉公，团结同志，深受同事们的尊敬和学生们的爱戴。

　　本栏目选录收集了与本书主题内容有关的周海崖部分论文和报社采访报道，以留存这位不幸早逝者教余科研探索的部分痕迹。

越南经济发展加速的新态势与广西对越贸易 *

一、越南经济发展速度加快，经济实力明显增强

1.越南具有发展经济的优越条件。

越南面积 32.95 万平方公里，人口七千万。按面积和人口，在世界上算是一个中等国家。

海岸线长是越南的一个显著优势。越南地形狭长，两头大中间细，呈"S"形，南北长约一千八百公里，东西宽六百公里，中间细腰最窄处仅五十公里。如此的地形使越南拥有长达三千二百六十公里的海岸线，其面积与海岸线之比高过世界平均比例（六百平方公里才有一公里海岸线）。漫长的海岸线为越南走向世界和开拓海洋资源提供了优越条件。

资源丰富特别是粮食、能源丰富是越南又一个显著优势。南部的湄公河三角洲和北部的红河三角洲，土地肥沃，灌溉便利，是世界上著名的稻米产区和越南的两个"谷仓"。据测算，仅湄公河三角洲就蕴藏着足以养活一亿人口的稻米产量潜力。越南富有能源，鸿基煤矿储量二百亿吨，是东南亚最大煤矿，早已闻名于世。越南海洋石油储量约十亿吨。

人口具有较高的文化素质也是越南的一项优势。越南人口识字率在 90% 以上，越南受中国文化和西方文化影响很深，知识阶层懂外文的比例很高。

2.改革开放使越南经济焕发了空前的活力，20 世纪 90 年代以来发展明显加速，最近两年年增长率连续突破 9%。

越南改革开放始于 1986 年越共"六大"。由于昔日积弊太深，危机太重，1980 年代后期步履仍然缓慢，但为随后的发展打下了较为坚实的基础，其中

* 载（南宁）《学术论坛》1997 年第 5 期。

最令人注目的是抑制通货膨胀。1986年越南年通货膨胀率高达774.7%，1989年开始明显下降，1993年首次降到一位数，1996年为4.5%。80年代末期越南开始调整对外政策，改善同周边和其他国家的关系，营造发展的国际环境。1989年从柬埔寨撤军，1991年实现中越关系正常化，1994年美国宣布解除对越南实施了十九年之久的贸易禁运，1995年越南加入东盟。国际环境的改善，为越南经济发展打开了广阔的天地。1990年代以后，越南经济开始走上快车道，国民经济增长速度1990年为5.1%，1991年为6%，1992年为8.6%，1993年为8.1%，1994年为8.8%，1995年为9.5%，1996年为9.34%，呈直线上升之势。第五个五年计划期间（1991—1995）国民经济年均增长率为8.2%，大大高于第四个五年计划期间（1986—1990）3.9%的年均增长率。

如果进行横向比较，我们可以说，越南已经成为东南亚以至全世界经济发展最快的国家之一。以1996年为例，东南亚国家的国民经济增长率按从高到低的顺序排列，其名次如下：

（1）越南：9.34%；（2）马来西亚：8.2%；（3）印尼：7.6%；（4）老挝：7.5%；（5）泰国：7%；（6）新加坡：6.5%；（7）缅甸：6.1%；（8）菲律宾：6%；（9）柬埔寨：6%。1996年，中国国民经济增长9.7%，越南接近中国的增长率，同为东亚经济增长最快的两个国家。

3. 越南经济实力日益增强。

越南经济发展加速的结果，是经济实力的明显增强。越南主要工农业产品的产量正在迅速增加，其中稻谷总产量1988年为1950万吨，1990年为2150万吨，1991年为2190万吨，1992年为2420万吨，1993年为2550万吨，1994年为2620万吨，1995年为2750万吨，1996年为2900万吨。从1988年到1996年，八年间增加950万吨，增长近50%。原油产量1987年以前还是零，自从1987年海上油田投产以来，产量每年递增近百万吨，1994年已达到700万吨，1995年又增到770万吨。

越南人均国民生产总值已从1980年代的二百美元左右提高到目前的三百美元左右，计划到2000年达到五百美元左右。

4. 越南产业结构正在优化，第二、第三产业的比重正在提高。

越南在发展经济的同时，注意不断调整产业结构，使之趋于合理。农业的基础地位正在不断加强，粮食产量稳步上升，1990 年代一跃而成为世界第三大米出口国，这个名次预计不久以后还要上升。水产业、林业都得到了很大的发展。水产品、咖啡等产品已经成为对外出口的前列产品。"五五"期间（1991—1995）农业年均增长 4.5%，1996 年继续保持 4.5% 增长率。越南工业基础薄弱，改革开放以后发展迅速，"五五"期间年均增长 14%，1996 年增长 14.4%。第三产业显示旺盛的发展势头。农业、工业和建筑业、服务业在国内生产总值中的比例，1990 年为 38.7∶22.6∶38.8，1995 年已优化为 27.2∶29.1∶41.9。

5. 区域经济正朝均衡的方向发展，落后地区正在加快发展的步伐。

越南区域经济发展水平大致上两头高中间低，两头当中南又高于北。以胡志明市（西贡）为中心的越南南方，以河内和海防为中心的越南北方，是越南比较发达的两个区域，中部地区和西部、北部山地，则相对落后。胡志明市是越南最大的城市（1994 年有 450 万人口）和最大的经济中心，其工业产值占全国工业总产值 1/3 左右，胡志明市的西贡港是越南最大的海港，新山一机场是越南最大的机场。从 1988 年到 1991 年，越南 75% 的外资项目和 80% 的外资金额投在南部，其中一半左右集中在胡志明市。越南政府重视落后地区的发展，为此采取了很多措施，制定优惠政策，把外资引向落后地区是其中一项重要措施。从 1988 年到 1991 年，北部只占全国外资项目的 25% 和外资金额的 20%；1992 年至 1993 年，其比例已上升到 33% 和 44%。这些地区发展正在加快，面貌正在改变。

二、越南不断加大开放力度，外资外贸迅速增长

1. 越南已成为外资投向的热点，外资引进正向量质并重的方向调整。

1988 年，越南开始颁布《外资法》，为进入越南的外资提供优惠条件。1990 年和 1992 年，又先后两次对外资法进行修订，即每隔两年修订一次。每次修订都扩大了优惠的内容。到 1994 年底止，越南引进的合同外资额累计已近二百亿美元，其中已有 1/3 到位。到 1994 年 10 月 22 日止，到越南投资的

国家和地区前十名是:（1）中国台湾 146 项，19.1 亿美元（合同金额，下同）；（2）中国香港 158 项，14.2 亿美元；（3）韩国 84 项，8.1 亿美元；（4）澳大利亚 42 项，6.6 亿美元；（5）新加坡 70 项，6.5 亿美元；（6）日本 64 项，5.7 亿美元；（7）马来西亚 30 项，5.7 亿美元；（8）法国 57 项，5 亿美元；（9）荷兰 14 项，4 亿美元；（10）英国 13 项，3.4 亿美元。在这位列前十名的国家和地区中，除了后三名是欧洲国家外，前七名全是亚太国家或地区，亚洲"四小龙"全在前五名内，其中中国台湾和中国香港一直居首位和第二位，其投资额占越南外资总额的 1/3 以上。1996 年 11 月，越南第三次修订《外资法》，修订的幅度比前两次都大，主要是鼓励外资投向出口商品生产、农业、基础设施和高新技术产业，投向山区、边远地区和不发达地区，对外资企业逐渐实行国民待遇。这说明，越南引进外资正从量向量质并重的方向调整，越南在加强经济发展同时，正着手调整产业结构，使之趋于合理并提高现代化水平。这种必要的调整使越南 1996 年的合同外资额略有下降，从 1995 年的七十五亿美元下降到七十亿美元，以越南的面积和人口而论，这仍是很大的数额。

2. 越南外贸进出口正以比国内生产总值更高的速度增长，近年增长尤其迅速。

越南进出口总值 1989 年为 45 亿美元，1990 年为 51 亿美元，1991 年为 44 亿美元，1992 年为 51 亿美元，1993 年为 66 亿美元，1994 年为 98 亿美元，1995 年为 127 亿美元（比上年净增 47 亿美元，增幅高达 48%），1996 年为 180 亿美元（比上年净增 53 亿美元，增幅 40%）；其中出口额 1989 年为 19 亿美元，1990 年为 24 亿美元，1991 年为 20 亿美元，1992 年为 25 亿美元，1993 年为 29 亿美元，1994 年为 45 亿美元（比上年净增 16 亿美元，增幅 55%），1995 年为 52 亿美元（比上年净增 7 亿美元，增幅 15.5%），1996 年为 70 亿美元（比上年净增 18 亿美元，增幅 18%）。越南外贸的特点是逆差数额很大，如 1996 年进口额 110 亿美元，超过出口额 40 亿美元。

越南出口以初级产品为主，主要有原油、服装、大米、鞋类、咖啡、水产品、煤、橡胶、锡等。改革开放前，越南每年需要进口粮食五六十万吨。1990 年代成为仅次于泰国和美国的世界第三大米出口国，1994 年出口大米

200 万吨，1996 年增加到 304 万吨，产量和出口量均创最高纪录。由于缺乏炼油设备，越南生产的原油基本上用于出口，原油已经成为越南最大的出口商品，1996 年出口创汇 12 多亿美元，同年服装出口创汇 11 亿美元，鞋类 5 亿美元，咖啡 4.2 亿美元。

过去，苏联和东欧国家是越南最大的贸易伙伴，越南同它们的贸易额占越南外贸总额 70%。苏联解体和东欧国家剧变以后，越南转而开拓其他国家市场。1993 年，排在前十名的贸易伙伴从大到小依次是（数字为越南与该国或地区贸易总金额）：（1）日本 14.55 亿美元；（2）新加坡 11 亿美元；（3）中国香港 6.55 亿美元；（4）中国台湾 3.9 亿美元；（5）马来西亚 2.57 亿美元；（6）韩国 2.41 亿美元；（7）中国大陆 2.2 亿美元；（8）印尼 2.15 亿美元；（9）泰国 1.95 亿美元；（10）澳大利亚 1.14 亿美元。将越南外贸和外资各自的前十名进行对照，相同者七名，相异者三名；这三名相异者在外贸对象中是中国、印尼和泰国，在外资对象中是法国、荷兰和英国。这个情况说明，越南的对外贸易更加集中于亚太地区。其中越南与东盟国家的贸易发展尤为迅速，目前约占越南外贸总额的 1/3。新加坡是越南最大的进口国，日本则是越南最大的出口国，越南 80% 原油出口日本。

三、充分利用地缘优势，积极开拓越南市场

1. 广西对越贸易平稳增长，仍大有潜力。

中越两国在关系正常化之前，1988 年就开始恢复边境贸易，其中广西同越南的边贸金额，1989 年为 4.7 亿元（人民币，下同），1990 年为 7.2 亿元，1991 年为 22.35 亿元，1992 年为 26 亿元，随后年份基本上维持 1992 年的水平。"八五"期间，广西边贸总额达 124 亿元。

1995 年，广西边贸进出口总额为 26.74 亿元人民币，其中出口 12.29 亿元，进口 14.45 亿元，逆差二亿多元。

越南市场需求很大，从消费品到大型的基础设施材料和设备都要进口。主要进口商品有工业设备、工业原料、运输工具、汽油、化肥、轮胎、原棉、

布匹、药品、食糖等。其中生活消费品在进口中的比重 1993 年为 15%，1994 年为 16%，1995 年为 12%。经济的发展和人民生活的提高，正不断扩大越南的市场容量，据分析家估计，越南今后几年需要进口价值达四百亿美元的商品。目前广西对越贸易额同越南市场的现实和未来容量比较，数量仍然很小，存在着很大的可挖潜力。

2. 充分发挥地缘优势，大力推进对越贸易。

中越陆地边界线广西段长达六百三十七公里，双方还面临着共同的北部湾海域。广西现有十二个边境口岸，其中东兴、凭祥、友谊关、水口等四个为国家级口岸，峒中、爱店、平西、科甲、硕龙、岳圩、陇邦、平孟等八个为省级口岸。包括上列十二个边境口岸在内，总共有二十九个边贸点，其中北海市的铁山港、钦州市的果子山港、防城港市的白龙港和企沙港为海上边贸点。

中越边贸加快了边境地区脱贫致富的步伐。广西边境地区国内生产总值年均增长 19%，高于全国和全区的平均增长速度。"八五"期末，广西边境地区人均年纯收入已超过千元。早在 1993 年，凭祥市人均收入已达三千元，跃居广西各县市前列。凭祥市隘口村靠边贸致富，1992 年就安装了程控电话，成为广西第一个程控电话村。聚居于东兴市京族三岛的京族同胞，由于参加中越边贸而迅速富裕，目前京族人均收入在我国少数民族中已名列前茅，成为第一个跨进小康的少数民族。

中越边贸增加了边境县市的财政收入。"八五"期间，广西边贸税费收入达十二亿元，边境地区财政收入年均增长 15%。

中越边贸为内地企业开辟了商品销售市场和原料来源，给内地企业注入了活力，使许多亏损企业扭亏转盈，甚至起死回生，使许多盈利企业顺风扬帆，加速发展壮大。边境县市开始从单纯的易货贸易发展到贸工结合，利用边贸进口的原材料发展诸如藤编、锰矿加工、木材加工、桐油加工等加工工业。

与中国接界的越南北部边境地区，过去以贫穷出名，1980 年代中期以后，首先从对华开放和边境贸易中得利，面貌发生了很大的变化。1991 年，越南广宁省外办副主任陈春源说，得益于边贸，广宁县 70% 的山村从中国买回了小型水力发电机，现在照明、广播都有了电，物质、文化生活提高了。

由于地缘因素的作用，中国商品在越南市场所占份额存在着明显的区域差异，大体上呈现从北向南依次递减之势。根据多方访问调查，当前在东兴对面的芒街，中国商品的市场占有率在80%以上。凭祥对面的同登、谅山，河口对面的老街以及越南北部边境地区的农村和城镇，中国货的占有率跟芒街接近。在河内，中国货大约占30%；到南方的胡志明市，大约只占10%。

我国边疆省区市各有自己的对外地缘优势，并都极力利用这种优势发展对邻国或地区的经济合作，借以加速自身的发展。正如黑龙江—俄罗斯，辽宁、吉林—朝鲜、韩国，天津、山东—韩国、日本，福建—中国台湾，广东—中国港澳，云南—缅甸、老挝、越南，西藏—印度，新疆—中亚，内蒙古—蒙古一样，广西—越南的地缘优势已经并将继续给广西带来巨大的利益，我们需要进一步发挥这项优势，将对越贸易推上新的高度。

3. 发挥互补优势，扩大对越贸易的进出口商品品种。

中越两国在物产上存在着很大的差异，双方贸易商品互补性很强。广西对越贸易，同样存在着互补优势。

越南的橡胶、大米、煤、原油、木材等产品都为中国特别是为广西所需。中越边贸恢复初期，广西大新锰矿由于掺入了质量好的越南锰矿粉，提高了质量，开辟了市场，扭亏为盈，获得了新生。南宁和桂林橡胶厂、桂林轮胎厂就近利用从边贸进口的越南橡胶，解决了原料不足的燃眉之急。1995年，广西边贸进口商品二十三种，主要有椰子油、棕榈油、咖啡、橡胶、木材、生牛皮、大米、海产品、水果、煤炭以及锰、铁矿石等，其中仍以农、副、土、特、林产品为主，占进口总额的93.3%。

中国的工业品，特别是机电产品、轻工业品、成套设备为越南所需，正好填补了越南本国工业产品的空缺和不足。边贸恢复初期，诸如棉布、针织品、电风扇、五金、玻璃、热水瓶、手电筒、自行车等在国内滞销的产品，在边贸市场上却是抢手货。除了上海货、天津货、广东货等工业发达省市的产品深受越南欢迎以外，广西的部分产品也成了边贸市场上的"明星"，如南宁平板玻璃厂的平板玻璃、南宁机械厂的"高峰"牌柴油机、南宁啤酒厂的"万力"牌啤酒、柳州仪表总厂的"双力"牌电度表、横县白水泥厂的"云燕"牌白水泥，在越南很受青睐，几乎供不应求。1995 年，广西边贸出口商品五十种，主要有柴油机、碾米机、搅拌机、淘金船、汽车配件、建筑陶瓷、平板玻璃、水泥、油毡纸、饲料、农药、喷雾器、耐火砖以及传统的小五金、缝纫机、灯泡、自行车、啤酒、面粉、罐头、热水瓶、布匹等。其中机械类占出口总额 5.1%，建筑材料类占 10.8%，农用物资占 6.1%，日用五金交电类占 15.9%，食品类占 34.3%，纺织品类占 23.8%，其他生活用品占 4%。值得注意的是，除了工业品以外，中国的某些农产品和寒温带水果在越南也有销路，例如北方的苹果就大量通过广西边贸进入越南市场。

当前，一方面需要从现有产品中挖掘潜力，尽可能扩大进出口商品品种；另一方面，也是更重要的方面，就是根据越南消费者的需要，不断设计、生产适销对路的新商品，让更多的商品品种进入越南市场。

4. 不断提高商品质量，在越南市场激烈的国际竞争中以质取胜。

随着生活水平的提高，越南的消费结构正逐渐向高档次升级。改革开放之前，越南百业凋零，商品奇缺，一旦打开国门，越南人民喜迎境外涌来的商品，来者不拒，由于收入低微，只能问津低中档商品。经过十年发展，对商品的需要已从过去的"饥不择食"转变为今天的"挑肥拣瘦"，出现了越来越浓的质量意识、档次意识和产地意识。对商品档次的要求逐渐提高，从低中档发展到低中高三档并求，中高档的比重逐渐增大。80 年代末 90 年代初，通过边贸进入越南的低中档中国商品大量涌入越南市场，从边境流向内地，从北方流向南方，商海扬帆，一路畅达。但好景不长，很快来了竞争者，日本与中国港台、东盟以至欧美各国的商品也纷纷进入越南市场。一般来说，这些国家和地区的商品档次较高，质量和包装占有优势，正迎合越南消费者生活水平逐渐提高的需求，一度春风得意地从边贸进入的中国大路货势头受到阻遏。与质量、档次相联系，对产地的辨认和选择加强了。名牌货、高档货越来越多地进入消费者家庭，以质量过硬闻名的商品产地受到普遍的青睐。漫步与东兴一河之隔的越南芒街市场，可以发现，昔日中国一般商品独步的城市，第三国（或地区）的商品已经插足其间，即使是中国货，其档次也发生了从低向高的变化。在以胡志明市为中心的越南南方，由于开放传统悠久，对外联系广泛，各国商品大量涌入，竞争激烈，加上距离中国较远，中国商品在那里的市场占有率远低于越南北方。

因此，为了保持并扩大越南市场阵地，最根本的措施是下苦功夫不断提高产品质量，以过硬的质量，配之以售前展示和售后服务，去赢得消费者的信任。这方面不乏成功的范例。例如南宁手扶拖拉机厂生产的"桂花"牌手扶拖拉机近年在越南供不应求，其经验就是以质取胜。1996年该厂两次组团赴越南进行为期四十五天的操作巡回表演，通过演示，"桂花"牌手拖在越南赢得了信誉，成为越南用户购买手拖的首选品牌。

广西对越贸易拥有越来越深厚的物质基础。中越两国当前都是经济发展迅速的国家，年增长率都超过9%，广西经济年增长率更在10%以上。经济实力增强，产品日益丰富，为双方提供越来越多的贸易货源。双方对外贸易都以比国内生产总值更快的速度向前发展。

广西对越贸易面临越南加入东盟带来的机遇。1995年7月28日，越南正式加入东盟，成为东盟第七个成员国。越南加入东盟之后，在贸易上就能享受东盟的优惠，中国商品进入越南市场也就等于进入东盟市场，除了传统的转输印支国家以外，还能较顺利地转输其余东盟国家。展望广西对越贸易，前景十分广阔。

东兴—芒街：中越对开的门户和窗口 *

一、东兴的区位优势

东兴是中越边境三大口岸之一。中国、越南之间有一千三百四十七公里长的陆地边界，自古以来形成众多的通道，其中云南的河口、广西的凭祥和东兴，并列为三大门户，目前都是国家一级口岸。河口、凭祥居于内陆，唯有东兴踞陆临海，是中国陆地边界和海岸线的南端交接点，兼具水陆通道两种功能，这是东兴独有的区位优势。

东兴在中国海岸线的最南端，与最北端的丹东遥相呼应。丹东是我国最大的边境城市，东兴则需逐步赶上，以最终形成南北比翼之势。

东兴和越南芒街仅一河之隔，来往十分方便。东兴—芒街构成未来北部湾经济圈最重要的接合环，直接沟通两国，是实行国际经济合作的理想地区。东兴通过北仑河大桥直接沟通越南芒街，船只渡过北仑河直接靠泊芒街码头，可谓近便之至。东兴目前有竹山、潭吉、京岛三座海港，经海路和越南往来。竹山港到鸿基港一百三十海里，到海防港一百五十海里。陆路经芒街至鸿基一百八十二公里，到海防市二百零六公里，到河内也只有三百五十六公里。鸿基市现名下龙湾市，是广宁省省会，海防是越南北方第一大港。东兴所面临的是包括首都河内在内的越南北方的重要地区，因而在对越交通和对越贸易中发挥着重要的作用。东兴潭吉港是越南鸿基煤的输入港，年输入量数十万吨。竹山港是最便捷的东兴海上边贸过货码头，目前可停泊三百吨级船只，京岛港可停泊五百吨级船只，都已粗具规模。防（城）东（兴）二级

---

* 载《广西外事》1997 年第 10 期（总第 143 期）。

公路的建成通车，缩短了东兴到内地的距离和时间，扩大了东兴外贸货物的输送能力。钦防、南防高速公路的建设，将为东兴的对外贸易开辟更加广阔的通道。

二、东兴在中越贸易中的地位

东兴边贸恢复较迟，1989 年才恢复，当年边贸额就达到 1.2 亿元人民币。1992 年，国家将东兴列为边境开放城镇，在东兴建立对外经济技术合作区，同年边贸额增到 4.5 亿元，占同年广西边贸总额 26 亿元的 1/6 多。从 1989 年到 1992 年，东兴边贸年均增长率高达 55%。

1996 年，东兴边境贸易总额为 5.54 亿元，其中出口 1.18 亿元。在东兴市的边贸总额中，东兴镇占 2.43 亿元，东兴镇的北仑河市场占 1.04 亿元，两者合计 3.5 亿元，占东兴市边贸总额的 64%，也就是说，东兴市的边贸一半以上是在东兴市区进行，其中百货布匹占的比例更高。

1996 年，东兴边贸最大宗的出口商品是布匹，出口总量 210.5 万米，出口总值 2105 万元，比 1995 年增长 121%。以下依次是建筑陶瓷（952 万元）、蒜头（814 万元）、油毡纸（565 万元）、水果（526 万元）、饼干（306 万元）、自行车和自行车配件（204 万元）、啤酒（152 万元）、电风扇（132 万元）。

1998 年，东兴边贸最大宗的进口商品是橡胶，其进口值为 3.32 亿元，比 1995 年增长 31%。以下依次是棕榈油（2440 万元）、海产品（1509 万元，比 1995 年增长 80%）、煤炭（858 万元）、洗衣粉（345 万元）、椰子糖（300 万元）、大米（236 万元）。

近年，东兴边贸额在广西边贸总额中的比例大约仍为 1/6 左右。

按照东兴市的"九五"计划，到 2000 年，东兴边贸成交额将达到十亿元，年均增长 26.3%；其中出口 6.5 亿元，年均增长 22.78%；进口 3.5 亿元，年均增长 48.79%。东兴市已经明确提出边贸是东兴市发展的龙头，"边贸富市"是东兴工作的主题曲。为完成发展边贸的任务，东兴市正在采取各种切实有效的措施，重点是用足用活用好国家的优惠政策，完成五大专业市场和六大加工企业的建设，使内贸、外贸、边贸一齐上，形成对越南和东南亚市场的大进大出态势。

三、越南的芒街经济特区计划

芒街位于东兴对面，隔北仑河相望，有船相通，有桥相连。芒街是越南广宁省海宁县县政府所在地，是越南通向中国的重要口岸。芒街到鸿基、海防和河内，都有公路相通。当前正在筹建芒街—鸿基高等级公路，全长一百五十公里。芒街地势平坦，属越北滨海平原。芒街有万家港等港口可供开发。芒街的万柱海滩绵延十三公里，是著名的旅游胜地。

在中越军事对峙时期，芒街居民被迫内迁，房屋大半拆运。中越关系正常化以后，芒街成为越南对外开放前沿，城市开始重建，目前，市区建设已经粗具规模，街道整齐，建筑轻盈明丽，极富越南风格。北仑河畔邻近码头处建起了两座大商场，主要销售来自中国的百货商品。越南着力将芒街建为宣传越南形象的对外橱窗，同东兴进行一场心照不宣的发展竞赛。

1996 年 9 月 18 日，越南政府总理武文杰签发了越南政府文件《关于在芒街口岸区试用若干政策的决定》。《决定》共分十条，规定了未来芒街口岸区的范围及其实行的诸多优惠政策，其目的是把芒街建为主要面向东兴、面向中国的经济特区。

随后，越南广宁省人民委员会主席何玉贤正式向新闻界宣布，越南将在越中边境建立一个"亚洲最优惠的经济特区"——"芒街经济特区"。该特区以芒街口岸为中心，总面积为五百二十平方公里，将以发展贸易和制造业为主。经济特区内将实行越南最优惠的租地价格和税率，对投资者汇往海外的利润所收取的税率也将是最低的。国内外投资者将享有同等待遇。投资企业在开始盈利之后可享受四年的最低税率待遇，其后将永久享受优惠税率。

越南在芒街建经济特区并实行一系列优惠政策，对我们开拓越南市场和开展对越经贸合作十分有利，它给我们进入芒街并通过芒街进入全越南提供了优惠的条件和大好的机遇。当前需要抓住这个难得的历史机遇，以东兴为基地，将越南需要并喜爱的中国商品输往越南市场。随着芒街经济特区的建立，东兴亦会采取相应的措施，制定优惠政策，广纳天下客商，进一步发挥东兴的对越贸易通道作用，将东兴建设成为对越南、对东南亚的贸易中心。

把北海建成国际贸易中心 *

　　北海市，自 1984 年 4 月经国务院批准为进一步对外开放的沿海城市后，紧紧围绕着我国西南区域经济合作和大西南出海通道建设，充分利用自身的优势和国家赋予的优惠政策，抓住机遇，深化改革，大力发展，已经逐步成为西南和中南部分地区发展国际贸易的窗口、连接国内外市场的重要桥梁和交通枢纽。可以预见，一座国际贸易中心城市出现在北部湾畔，已是指日可待。

一、北海具有建成国际贸易中心的优越条件

　　1. "一城系四南"的区位优势。北海市位于广西南端北部湾东北岸，东经 108°50′~109°47′、北纬 20°26′~21°55′之间。总面积 3337 平方公里，海岸线全长 500.13 公里。背靠大西南，面向东南亚，南与海南省隔海相望，西濒越南，处于"一城系四南"的重要枢纽位置上。东距广东湛江市一百九十八公里，西北距南宁市二百零四公里，海上距海口一百二十四海里、洋浦一百一十三海里、广州四百八十海里、香港四百二十五海里，到越南海防一百五十七海里、胡志明市八百一十五海里、泰国曼谷一千三百四十八海里。北海是北部湾广西沿海地区连接东部经济发达的粤、港、澳、台地区及海南经济特区的前沿，历史上曾有"南方丝绸之路"始发港之美称。目前，其区位优势，主要在于邻近港、澳、台、粤、琼等地区，靠近越南等东南亚各国，处于

---

　　* 获中国西南民族研究学会第十次年会论文评奖一等奖（1997 年 11 月 22 日，北海）。载《广西民族研究》1998 年第 3 期。

东部先进生产力向西南地区推进的过渡带，具有城市依托，经济腹地广阔等优点，是内地商品通向东南亚各国的前沿。

2. 得天独厚的港口优势。北海市海岸线长而曲折，港湾众多，航道阔直，转弯半径一百米以上，底质锚着力好，无暗礁及拦门沙障，回淤甚微，水深近百余年基本保持不变，风浪小，陆域宽阔，地势平坦，有建港的优良条件。据国家交通部专家论证：北海市可建港的岸线有老港区、石步岭及南滩新港区、铁山、大风江和涠洲岛南湾港等五个港区，深岸线主要集中在铁山港白沙头港以南至沙田及大牛石一带的两岸，可利用的深水岸线达四十公里，可建二百个万吨级至十五至二十万吨级深水泊位。至 2000 年新老港区年吞吐量可达五百二十万吨，至 2020 年可达一千二百万吨，目前已与八十七个国家和地区的二百一十五个港口发生贸易和运输往来。北海市距非洲、欧洲各国港口比中国其他沿海港口城市近一千至二千公里，是中国大陆距离南亚、西亚、非洲、欧洲最近的港口之一，南昆铁路及待建的洛北铁路通车后是大西南各省区以及豫西、鄂西、湘西对外贸易的便捷出海口。

北海港到国内主要港口的距离（单位：海里）

香港	425	湛江	202	青岛	1493
海口	124	连云港	1483	大连	1636
上海	1198	秦皇岛	1741	天津	1827

北海港到东南亚及南亚主要港口的距离（单位：海里）

海防（越南）	157	科伦坡（斯里兰卡）	2902	马尼拉（菲律宾）	854
曼谷（泰国）	1348	西贡（越南）	815	槟城（马来西亚）	1711
雅加达（印尼）	1782	新加坡	1295	加尔各答（印度）	2090

北海港口通信设备先进，可直接与航行在华南沿海的中外船舶及全国各港口联系，各类装卸机械、仓储等服务设施完备，海关、商检、银行、保险、运输等开放配套机构齐全。

3. 四通八达的交通优势。经过十几年的大力发展，北海市已逐步具备海、陆、空全方位的对内对外联系的交通网络。已成、在建或待建的交通线，陆路有：南宁至北海二级公路，湛江至合浦高级公路，北海至铁山港一级公路，南宁至北海高速公路，玉林至公馆一级公路等。还有国家确定 2000 年前建成的三纵两横高等级公路，其中重庆至北海和北京至珠海两纵高速公路在中国南部沿海北海与广州之间连接。铁路有：钦北铁路，洛北铁路，合浦至河唇铁路。1997 年南昆铁路通车后，北海将形成西与大西南相连，北与中南地区相连，东与广东相连的铁路交通网络，届时，据专家预测，通过北海的货流量可达二千五百万吨。航空方面，对国内外游客以及贸易客商来说，北海是中转站和进出中国的大门，已开通香港、北京、上海、深圳、汕头、桂林、成都、重庆、贵阳、海口、天津、三亚、柳州等航线，逐步建成了对内对外两个扇面的空中交通网络。未来将要开辟沟通昆明、西安、南京、杭州、厦门、武汉、沈阳等省会及重要城市的航线，开辟直达新加坡、曼谷、胡志明市、吉隆坡、雅加达、马尼拉、仰光等城市的国际航线。北海市四通八达的交通网络，为建成国际贸易中心提供了优越的交通条件。

4. 城市功能日趋完善。"九五"期间，全面实施以港兴市战略，集中力量抓好交通、邮电通信、供水、供电、市政和环保等重点设施建设。在港口建设方面，2000 年前，石步岭港区和铁山港区再开工建设八个万吨级泊位，在大风江港区建设三百至五千吨级散货泊位两个。至 2000 年全市港口年吞吐量将达到一千一百万吨。与此同时，装卸、仓储、运输等配套工程也紧张施工建设。在机场建设方面，"九五"期间完成北海机场扩建工程，增开国内其他主要城市及东南亚、日本等国家和地区的航线，预计 2000 年客流量可达一百五十万人次。在铁路与公路建设方面完善一百二十公里城市道路和立交桥建设；配套完善机务段、货场和合浦火车站的建设；邮电通信方面，2000 年前全网采用复合网连接，电话容量达 33.9 万门，市区普及率达 50%；供水供电系统也逐步完善，在加快老城区旧供水管网改造的同时，新建合浦水厂和铁山港水厂，其日供水分别为十五万吨和十万吨；完善输变电设施，建设大墩海等十座二十二万伏变电站；另外，年供气能力为七万吨的液化石油气管道燃气项目及配套管网的建设，改变了城市居民生活能源的供应方式，城市基础设施的逐步完善使北海市逐步成为功能完善，辐射力和吸引力强，具有初步现代化水平的国际性港口城市，为建成国际贸易中心奠定基础。

二、北海具有了较高的经济发展水平

1996 年，北海市国民经济保持稳步增长的势头。全年完成国内生产总值九十七亿元，比上年增长 7.3%，人均国内生产总值为 7202 元，比上年增长 7.05%，是广西经济发展最快、最活跃的地区之一。

产业结构 1995 年一、二、三产业比例为 28∶27∶35，1996 年一、二、三产业增加值年均增长分别为 6.76%、4.76%（其中工业增加值增长 12.16%）和 6.11%。

1996 年，工业克服了流动资金严重不足等困难，完成工业总产值 90.4 亿元，增长 16.5%，工业产品销售率为 90.6%，比上年提高 1.9 个百分点。北海化纤厂、一百二十万千瓦火电厂、涠洲岛油气上岸分离等大型项目的前期工作顺利开展。全社会交通货运量达到 1340 万吨，比上年增长 12.8%；港口吞吐量 234 万吨，下降 4.9%；邮电业务总量 2.31 亿元，增长 21.6%。1996 年 7 月 1 日，北海进港铁路通车营运，标志着北海市陆、海、空立体交通运输网络的真正形成。

农业通过实施粮食增长"五大工程"，大搞农田基本建设和农业综合开发，在大灾之年仍夺得好收成，农业总产值 1996 年达到 54.7 亿元，比上年增长 8%，粮食总产量 39.13 万吨，增长 3.44%，创历史最好水平；水产品总产量 49.2 万吨，增长 17.8%；甘蔗总产量 128.8 万吨，增长 2.1%；油料 2.9 万吨，增长 7.5%；肉类 10.4 万吨，增长 5.1%。

第三产业进一步繁荣。1996 年建成华南地区最大的水产品交易市场。全社会消费品零售总额 24.01 亿元，增长 11.3%。全社会消费品零售物价指数 103.6%，低于全国、全区平均水平。旅游业保持较快发展速度，1996 年全年接待国内外游客 131 万人次，比上年增长 9.2%，旅游总收入 3.3 亿元，增长 169.5%。金融形势稳定，1996 年末全年金融机构存款余额 76.4 亿元，比年初增加 2.39 亿元，1996 年末贷款余额 85.3 亿元，增加 13.67 亿元。房地产市场又重新启动，1996 年 5 月 1 日正式实施《北海市土地盘整及促进房地产业发展的办法》后，房地产交易额逐月上升，至 1996 年底，共办理房地产交易 1086 宗，交易额 6.9 亿元，地产交易发证面积达 114.5 万平方米。

三、为建成国际贸易中心所应采取的措施

北海市有着辉煌而悠久的开放开发史，早在秦末汉初，北海港即作为中国与东南亚、西亚乃至欧洲进行海上贸易的商港，成为"海上丝绸之路"的始发港之一；宋朝成为与越南等国开展海上贸易的重要口岸；明朝为对外通商口岸，与马来西亚、缅甸、越南等十多个国家有贸易往来，直到清朝一千多年间，经贸一直不衰。

新中国成立后，党和国家十分重视北海的建设与发展。1984 年，经国务院批准北海为全国进一步对外开放的港口城市之后，经过十几年的努力，北海市取得了长足的发展，正朝着国际性贸易中心迈进。为尽早实现这一辉煌理想，当务之急是做好以下几项工作：

1.进一步完善基础设施建设。积极筹建北海至梧州、冷水滩的铁路，开辟与中南及华北、华东的主要通道，扩大所依托的经济腹地和客货容量。重点扩建改建合浦至山口，十字至南康，北海至石头埠，合浦至沙田的公路，形成东西贯通，南北顺畅，四通八达的公路网络。在扩大北海港吞吐量的同时，重点建设铁山港区，近期在北海港区增建六个左右 2~3.5 万吨级货运泊位，将港区建成具有煤炭、钢铁、水泥、非金属矿石、化肥、粮食、集装箱等专业化深水泊位和外贸件杂货泊位的深水港区，以及相当规模的国际国内客运中心。重点开发利用铁山港，近期完善港口配套设施，将其建成主要为大型临海工业服务，同时也为地方工、商、渔业服务，并为城市服务的对外开放的现代化综合性深水港口。积极创造条件，远期发展成为具有深水、中转等多功能的现代化综合性港口。配套建设好进港铁路、公路、码头、桥梁等，修建石头埠跨海公路大桥，使北海至广东的线路畅通，并大大缩短两地的行车里程，形成铁路、公路交叉的新格局。创造条件扩大供电容量，尽快

完成各变电站技改工作，解决能源供应等问题。继续改善供排水条件、邮电通信条件等。在利用现有供水设施的同时，利用结瓜、闸口、旺盛江等水库资源，并逐步采用生产、生活用水和雨水分流式的排水系统。继续改善邮政和电信设施，提高邮电业务总量，及市郊电话和国际电话的自动化水平。各港口码头要为货物的装卸留下足够的堆场、仓储和中转运输空间，以防出现货物的杂乱堆积和调运堵塞，同时做好海、陆运输工具的对接，提高导航、控制、装卸等港口装备的现代化水平。

2. 广开引资渠道，扩宽外商投资领域。积极做好外事、侨务工作，大力促进与境外的民间往来，密切与友好城市、姐妹城市间的合作，加强对驻外办事处和境外贸易机构的领导，充分发挥它们在招商引资中的作用。对内，积极推进各种形式的横向经济联合，进一步加强与西南、中南等及其他省市的经济关系，吸引更多的资金、人才、技术和资源。对外，努力扩大北海市在国际上的影响，邀请国外大企业、大财团前来参观、旅游、洽谈项目，必要时有针对性地组团对境外进行宣传介绍、开展销会等，提高北海市的国际知名度。制订或争取更为优惠的政策，放弃近期利益，争取长远利益，继续争取中央支持，批准北海保税区的启动和运作，以扩大对外开放和吸引国内外客商的力度，努力发展"三来一补"项目和"三资企业"，充分利用国际租赁和外国出口信贷及多种低息和长期贷款引进资金。

3. 创造条件，使更多的内地货源通过北海出境。南昆铁路通车后，对北海市来说，是机遇，也存在着诸多问题，如新铁路实行新价格，其运价可能为 0.15 元 / 吨公里，而铁路旧线是 0.056 元 / 吨公里，差价之大，足以影响运力的发挥。因此，完善服务体系，争取同大西南各省市联合营销，以"参与、共享、互惠"为原则，共同开发国际市场。

4. 建设市场多元化出口体系，完善商业功能。以中南半岛为重点，发展转口贸易，在海外建立出口商品分销网络，建成珍珠等海洋水产品批发市场，并积极创造条件，适时建立大西南对东南亚贸易的期货市场。在市区内，积极发展零售业和仓储业，建设一批连锁店和仓储式商店，有计划地发展大宗商品专业批发市场。

发展广西沿海物流的对策 *

最近结束的广西经济工作会议提出，"十一五"时期广西将加快沿海地区的发展步伐。北海、钦州、防城港依托所具备的有利条件，完全能够发展成为商品流、资金流、信息流与人流汇聚的重要区域。

中国—东盟自由贸易区的建立，为北海、钦州、防城港发展成为区域性国际物流中心提供了新的发展机遇。随着广西与大西南各省市经济的快速发展，在未来几年内，通过北海、钦州、防城港走向越南、东盟市场的货物将显著增加。

现代物流的特点在于它把整个物流过程中的各个环节如原材料的采购、供应、库存、运输、加工、包装等，以现代技术和科学管理，系统地结合起来形成一个完整的体系。当前，必须加快港口建设步伐，在港口建设大型深水散货码头和配套的港区散货物流中心，在港区已有的保税区的基础上尽快形成集装箱物流园区，加快新的大型深水集装箱码头的建设和对部分老码头的改造，建设集装箱物流中心，在市区内建设和改造一批专业化的大型批发市场和市场信息中心，使港口与内地形成一条畅通的双向物流通道。

完善基础设施建设，形成四通八达、畅通快捷、各种运输方式相互协调的综合运输网

在城市范围内，继续完善疏港和进市道路建设。防城港尽快建成长

* 载《广西日报》2005 年 12 月 26 日第六版。

二十二公里的进港大道一级公路的建设，钦州抓紧完成进港公路路面的拓宽工程，北海尽快完成北海—铁山港一级公路进港路段。铁路建设方面，兴建合浦至河唇铁路，构建环北部湾铁路系统。航空交通方面，把北海机场建设成为一流机场，积极与东盟各国合作，开通北海到东盟各国的航线。公路建设方面，兴建崇左至钦州高速公路，这将是云南经崇左至北部湾又一便捷出海通道；兴建防城港至东兴高速公路，这将是通往国家一级口岸东兴的便捷陆路通道；兴建防城港东湾跨海大桥，使港口通过东、西湾跨海大桥与江山半岛、企沙半岛连为一体。港口建设方面，加快港口航道扩建改造，提升港口规模等级，提高吞吐能力，如钦州港十万吨级深水航道、北海石步岭港区五至十万吨级航道，涠洲岛三十万吨原油泊位及配套航道的建设，防城港二十万吨级码头及配套航道的完善等。

建设一批新型的多功能的物流中心和配送中心

建设多功能的物流中心和配送中心是现代物流的重要环节，对于加快物流建设、提高物流效益和改善物流质量都有重要的意义。目前，北海、钦州、防城港在发展货主码头、进出口贸易场站及港口专业批发市场和配送市场方面，已经有了一定的基础，但在功能、运作机制以及规模等诸方面尚存不足，尚处于初始阶段。

大力发展第三方物流，逐步实现物流服务专业化、社会化

物流服务专业化、社会化是降低生产和流通成本，提高整体效益的重要途径。凡是可以由第三方物流企业完成的物流业务，逐步委托第三方物流服务企业来承担。政府应制定第三方物流产业政策，包括土地政策、税收政策、市场准入政策、金融政策等。有效地发掘和创造第三方物流需求，尽快将物

流作为一个产业从工商企业中分离出来，进入第三方物流市场的需求中。通过市场运作和政府支持相结合的方法，改革提升物流企业，组建跨北钦防三市的大型的第三方物流集团。

实现物流海、陆、空联运的"无缝"衔接

港口的物流园区与市区内的物流中心同南宁玉洞以及贵州都匀的物流配送中心之间，海上、铁路、公路、航空等各种运输形式之间，要共同构筑物流信息平台，利用先进的信息技术和物流技术，加强条形码（BC）、电子数据交换（EDI）、全面质量管理（TQM）、射频技术（RF）、全球定位系统（GPS）和供应链管理等技术的推广和应用，加强信息的传递和沟通。

实施物流人才战略

物流人才匮乏是制约物流业发展的重要因素，加强物流人才培养已被国家列入议事日程，教育部将成立全国物流教学工作指导委员会，物流学教学在我国将上一个新台阶。因此，必须出台物流人才培养计划，制定鼓励政策。

当前抓住机遇的若干宏观对策 *
——访广西广播电视大学副教授周海崖

　　贯彻落实自治区第九次党代会提出的奋斗目标，推动泛北部湾经济合作，构建中国—东盟"一轴两翼"区域经济合作新格局，目前重要的是探索可行性对策。近日，记者就此问题造访了广西广播电视大学副教授周海崖先生。周海崖多年来从事经济学教学和科研，一直关注广西的经济建设，对广西经济问题有自己的见解。

　　周海崖认为，机遇和目标已经明确，关键是如何去落实。目标的实现必须牢牢抓住机遇。而把握机遇，重要的是采取良好的宏观对策。因为机遇首先是从大的层面讲的，所以对策也首先是宏观的。作为微观层次的企业，受到大环境的影响，实际上就是受宏观政策的影响。所谓机遇丧失，就是宏观把握的错失。因此，研究宏观对策，对于把握利用机遇十分重要。

把握难得的机遇

　　周海崖认为，当前广西的历史性机遇体现在多方面。具体来说，主要有：

　　第一，2006 年 7 月，广西壮族自治区党委书记刘奇葆在"环北部湾经济合作论坛"上提出推动泛北部湾经济合作，构建中国—东盟"一轴两翼"区域经济合作新格局的战略构想，得到了中央和东盟各国的广泛认同与积极响应，开拓了中国与东盟合作的新路程，拓宽了广西经济与国际国内互动发展的空间。

　　第二，2006 年 10 月广西与铁道部签订的《关于加快推进广西铁路建设

＊　载《广西日报》2006 年 12 月 19 日第六版，作者为任言、张汝鹏、杨华。

的会议纪要》，将八大工程项目纳入铁道部铁路建设"十一五"规划。广西新建和改造铁路里程将达二千五百公里，总投资一千亿元。随着一揽子计划项目的逐步实施，五年后，广西境内基本形成"三纵三横"发达的铁路网格局，为我区经济发展，尤其是临海工业、出口加工业、物流业的发展提供了千载难逢的机遇。

第三，近年来，我区通过"百企入桂"、中国—东盟博览会等渠道，努力营造对内对外开放的良好氛围。据不完全统计，从 2001 年 8 月至 2006 年 9 月，全区共签订"百企入桂"项目 6686 个，总投资 3713.11 亿元。目前，东盟是广西利用外资的第二大来源地，截至 2005 年，东盟在广西共设立"三资企业" 387 家，金额 12.5 亿美元。另外，自 1984 年以来，广西在东盟七个国家推荐了 81 个投资项目，协议总投资额达 5859 万美元。2006 年 11 月，自治区第九次党代会的报告再次强调，要全方位扩大开放合作。

目前，全区四千九百万人，在贯彻落实自治区第九次党代会精神的过程中，在新一轮的经济开放和区域合作热潮中，把握上述机遇，乘风起航，广西发展定能取得更大进步。

抓住机遇加快发展的几点对策

周海崖说，为更好地把握机遇，实现广西加快发展的目标，当前关键是脚踏实地把广西的事情做好，把基础夯实。从宏观上说，关键是要抓好以下几个方面：

一是加快完善沿海三市出口加工区的建设。重点抓好产业配套、资金和人才短缺的问题，紧紧抓住东部地区产业转移的机遇，通过政府推动，各部门协调，实行全方位、全过程、全天候为入园企业服务。

二是加强国内相关省市的合作，提升北部湾整体经济实力。当前除了加强加快通往广西周边省市的道路建设外，重点是通过政府行为，加强与周边省市的沟通与合作，密切彼此经济关系，提高内陆省市对外贸易对广西港口的依赖度。同时，在储运各环节中，进一步提高服务的档次，加强管理，挖掘潜力，降低储运成本，提高广西境内储运的竞争力。大力培育与发展现代物流业，为国内各省市产品进出口提供快捷、周到的服务。

三是深入调整产业结构，组建企业航母，确定优先领域，突破重点。纵观我区目前的产业，大多属于粗放型产业，自主创新能力低，产品科技含量低，附加值低，没有真正形成完整的产业链。因此，我区产业必须经过科学整合，由开采型向深加工型、由小而散向集约型转变。另外，在实现跨越发展过程中，确定好优先领域，突破重点，如生物能源产业的发展、蚕丝产业的发展以及中草药产业的发展等。

四是拓宽融资渠道。推动北部湾（广西）经济区的建设，离不开金融的有力支持。广西今后应从投资、融资、服务三大方面加大对环北部湾地区的金融支持。建议组建北部湾投资开发公司和北部湾（广西）经济区发展银行，从多方面注入资金支持经济区内的经济发展。支持企业发行债券和上市融资，扩大利用外资规模。

五是加快南宁、北海、钦州、防城港的建设。构建通往沿海三市以及凭祥市的经济走廊，为打造广西区域性国际物流基地、商贸基地、加工制造业基地和信息交流中心奠定坚实基础。为此，要支持和鼓励民营经济参与，促进走廊运输、饮食服务等产业的发展，使货物往来畅通。

六是加快培养适合广西经济发展的专业人才。人才是经济发展的关键要素，尤其是适合我区经济发展的专业人才。人才短缺且实用性不强是制约我区经济发展的主要因素之一。这些年广西出台了不少人才方面的相关政策，收到明显的效果。但人才的体制机制还应进一步完善。其中重要的一条，就是应该有计划、有步骤地调整我区高等院校，尤其是高职高专专业的结构设置，培养造就一批既懂现代科学技术理论，又懂我区经济发展特点和规律的人才，直接为广西经济发展服务。

周海崖说，只要我们抓住机遇且充分利用，可以预见，北部湾（广西）经济区的建设，将成为继珠三角、长三角、环渤海湾地区之后中国经济发展的新亮点。

附录二·学界评介

周中坚北部湾经济圈与大西南
出海通道建设思想概述 *

贾　晔

广西社会科学院东南亚所副所长周中坚先生长期以来一直从事柬埔寨史和中柬关系史、中国东南亚关系史、海港史和海外交通史、北部湾和大西南的开放开发等诸多领域的研究，每个领域都卓有建树。他关于北部湾经济圈和大西南出海通道建设的思想，集中体现在1988年开始兼耕北部湾和大西南开发开放领域以来所发表的系列论文中，包括《从历史走向未来：北部湾经济圈构想及其依据》及其浓缩稿《北部湾：如何赶上国际列车》。这系列论文组成了一个有机的思想整体，本文介绍的是周中坚先生的创见性思想。

一、关于北部湾金三角发展战略的构想

1988年，周中坚先生应邀参加香港二十一学会发起的中国沿海地区经济发展战略研究，撰写了《从历史走向未来:北部湾经济圈构想及其依据》一文。在这篇文章中，作者提出了北部湾金三角发展战略的大思路，共分三个层次：第一，由防城—钦州—北海共同组成振兴广西沿海地区的"金三角"，并进而作为广西走上世界经济舞台的核心地带；第二，由钦州湾区—雷州半岛—海南岛共同组成将来可与渤海湾比翼的北部湾"中三角"；第三，由洋浦—钦州—海防共同组成涵盖整个北部湾地区的、参与环太平洋经济带新格局的"国际三角"。

---

* 载《社科与经济信息》(广西社会科学院情报所主办) 1995年第6期。贾晔，苗族，广西融水人，撰写此文时为广西社会科学院经济研究所副研究员，现为广西壮族自治区水库移民工作管理局政法处处长。出版有《中外水库移民比较研究》等著作。

北部湾金三角战略思路提出的依据是，广西是全国唯一地处沿海的自治区，充分利用沿海、沿边优势，是扩大对外开放、实现经济加速发展的关键，而建设"金三角"是利用和发挥沿海、沿边优势的最好途径。海南、粤西、广西及云、贵等地区，长期以来发展滞后，由于地缘、业缘上的一致性，亟待在大联合中谋求共同发展，而作为大西南出海的门户，需要在广西钦州湾区协调发展的基础上，促成钦州、雷州、海南岛三地区的有机统一，建立共同的市场，掀起开发热潮，提高国际经济地位，大西南地区的振兴才充满希望。北部湾地区的发展需要稳定的环境，而建立稳定的环境就必须有共同的利益作前提，在金三角和中三角的地位确立后，其长远目标的实现有赖于中越关系的长期稳定与中越经济的长期合作。而从北部湾地区的开发实际需要看，越南的海防应作为北部湾一个经济生长点，这一点的建设与发展，不仅促使越北经济的繁荣，促成中越关系的长期稳定，而且还将促成北部湾地区的共同繁荣。

根据北部湾地区金三角发展战略的内在需要，周中坚先生进而提出了实施这一战略的具体举措：1. 合并防城港与防城县，建立地级的防城港市；2. 建设钦州港并强化钦州的经济实力、产业后劲和政治功能；3. 建设现代化的铁山港和高技术密集的铁山港工业区；4. 建立广西金三角地区统一的规划与管理机构；5. 确立北部湾为未来中国沿海地区南翼的地位；6. 建设亚洲大陆桥；7. 建设包头—钦州铁路和环北部湾铁路，修复滇越铁路等。

周中坚先生率先提出的北部湾金三角战略思想，在大陆和港、台地区及法、越、俄等国家产生了很大影响，《从历史走向未来》一文多次被转摘、介绍和引用，并成为广西钦州地区各级干部进行改革开放宣传教育的基本材料。到1992年，建设钦州湾区"金三角"的构想正式成为党和政府的战略决策。迄今，防城港、钦州市都已升格地级市，铁山港、钦州港及铁山港工业区都已进入建设高潮，滇越铁路已修复，更多的设想将在未来建设与发展中逐步实现。

二、关于亚洲大陆桥建设的构想

在市场经济条件下，区域经济的高速发展，必须有便捷的出口大通道作前提。周中坚先生关于建设亚洲大陆桥的构想，正是针对大西南地处内陆、交通不便、物资积压而发展滞后的实际提出来的。亚洲大陆桥横跨东亚南部，连接北部湾与孟加拉湾，由已建的南防铁路、在建的南昆铁路、待建的滇缅铁路及缅、印、孟三国境内现有和待建的铁路组成。它东起广西钦州湾的北海、钦州、防城港，西达缅甸的仰光港、孟加拉国的吉大湾和印度的加尔各答港，全长二千多公里。昆明是大陆桥东段的总枢纽，从昆明出发，还有已经建成的往北通成都、往东到上海、往南到越南海防的三个"支桥"。缅甸曼德勒是大陆桥西段的总枢纽，从曼德勒往南到仰光、往北到密支那、往东北到腊戌都已有铁路相通。

修筑亚洲大陆桥的战略意义在于：1.大陆桥连接大西南通往国外的东西两方大门，必将扩大大西南的对外开放，推动大西南进一步走向国际经济舞台。滇缅铁路一旦修通，大西南将从对外开放的后方变成前哨，强化与缅、印、孟及其他海外国家的关系。云南外贸的主要对象是缅甸，1988年向缅出口额占全省的27.48%，进口占49.06%，滇缅边贸总额达23145万美元，因此，兴建滇缅铁路是云南乃至整个大西南"走西口"发展外向型经济的内在要求。2.大陆桥作为横贯东西的大动脉，将给大西南经济注入旺盛活力，促进大西南的发展与繁荣。首先，大陆桥将促进大西南丰富资源的开发，广西平果铝矿、百色油田，贵州六盘水煤矿，云南昆明、澄江磷矿、滇西兰坪铅锌矿、横断山脉森林及红水河、澜沧江、怒江等江河水力资源，受交通"瓶颈"限制，开发程度极低，只有修通铁路才能根本解决问题。其次，大陆桥修通后将促使沿线一大批经济中心崛起，历史上，大理、保山、腾冲、畹町等城镇因处古西南通道而兴盛，可以预见，大陆桥修通后这些城镇连同更多的历史上名不见经传的新的经济生长点都因得通道之利而兴旺繁荣，南宁、昆明则将向国际型大都市转化。再次，修建大陆桥是加速少数民族地区发展的关键工程。3.修建大陆桥必将为中国从陆路直接进入印度洋，为缅甸及南亚诸国从陆路直接进入太平洋提供便捷通道，中、缅、印、孟四国将是大通道的特大受惠者。缅甸盛产大米、石油、木材和玉石，1988年稻米产量1372万吨，大部分出口，目前已将大米、木材经滇缅边境运入中国市场。印度富铁矿年产五千万吨，一半以上出口，正是中国钢铁工业急需的优质原料。由此观之，修筑大陆桥是各国经济发展的内在要求。

周中坚先生关于亚洲大陆桥建设的构想，在国内外属于首创。其闪光点在于它第一次全面而系统地构架了亚洲大陆桥的建设工程，阐明了大陆桥建设的历史必然性、现实可能性和在未来发展中的战略地位，深刻地揭示了中国与南亚各国之间的内在经贸关系和互利互惠关系，为东南亚—南亚统一大市场的建立，为大西南与东南亚—南亚之间的一体化发展奠定了理论基础。

亚洲大陆桥构想 1988 年提出后，法国学术刊物《半岛》1990 年 11 月号译载了周中坚先生系统阐述构想的论文《从古代西南丝路到未来西南大陆桥》；同年，根据中国香港亚太二十一学会的建议，"亚洲大陆桥"被列为"中国西南开放与东南亚关系"国际学术研讨会的并列会题，这个国际研讨会自 1990 年以来已召开了三次。建设亚洲大陆桥已成为中国及有关国家人民的共同愿望，印度方面已于近期草拟了开辟一条通往中、孟的贸易过境通道的远景规划，并准备与中、缅、孟、不丹四国共同讨论这个规划。越南方面对滇越铁路的复兴及其现代化建设的巨大作用也越来越重视。周中坚先生关于亚洲大陆桥的建设构想，越来越深入人心，在中国与东南亚—南亚的经贸合作关系中产生了积极的影响。

三、关于大西南出海交通系统建设的观点

与提出亚洲大陆桥建设构想同时，周中坚先生又提出了扩大大西南通往北部湾的南北通道和建设纵贯中国西部第一条大干线的建议。其中包括建设从黎塘以南的六景至钦州、内江至昆明、重庆到吉首等铁路线和包头至钦州的西部南北大干线。

扩大通往北部湾的南北通道，根本目的在于扩展大西南地区北部和东部的出海途径，实现大西南地区的大经济与大市场的有机统一。湘桂、黔桂、枝柳三线在柳州汇合后，三股货流齐往南涌，至南宁与南昆线汇合，四股货流挤入南防线，势必出现堵塞现象。因此，在黎塘以南的六景站修筑新线径直通往北部湾，全面分解湘桂线柳州至南宁、南宁至防城港的货运压

力，便成了必然趋势。四川东部是中国中西部结合部，重庆经济圈的扩展及其与湘西经济区域的有机结合，是实现中西部经济相互渗透、共同发展的关键环节。目前，重庆经济圈南下出海须取道贵阳，受黔桂线"肠梗塞"路段的阻碍，运行不畅。因此，修筑重庆至吉首新线，利用枝柳线的富余运力，直接通向北部湾，既符合重庆经济内在发展的要求，又有利于中西部的经济联合。

大西南的北部、东部、中部地区，借以南向出海的成昆线、成渝线、川黔线均已饱和，因此修通内昆线，开辟大西南区内南北新干线，扩大西南物资向南和向西出口，是经济发展的迫切要求。

包钦铁路是根据铁路建设实际和未来经济发展提出的构想。1. 为了开发内蒙古东胜和陕西神府两大煤田，包头至神木的铁路正在修建，西安至延安的铁路正在建设并将继续向北延伸，不久的将来，将与包神铁路会合。2. 西安南至安康的新线已列入国家规划。3. 川东、黔东地区，目前还是铁路空白区，铁路建设必将摆上建设日程。因此，北起内蒙古包头，纵穿陕西、川东（川东重镇万县是其必经之地）、黔东，跨越湘黔线，抵广西河池，穿越红水河经济带，经都安、马山、武鸣、南宁，南抵钦州港，由一系列现有、在建和待建的铁路线组成的纵穿中国西部的第一条南北大干线，不但具有建设的必要性，而且具有建设的可能性和现实性。预计21世纪稍晚一些时候，它将与东部诸南北大干线一起，并列于中国大地之上，不仅成为大西南又一条南向出海通道，而且成为大西北和内蒙古西部前往东南亚和南亚广大地区的一条捷径。

周中坚先生1988年开始提出并随后不断补充和发挥的关于大西南扩大通往北部湾的南北通道与建设纵穿中国西部第一条大干线的创造性思想，揭示了中国西部地区经济发展的新走向，是西部地区现代化建设中进行区域合作、立足共同发展的新思想、新思路，几年来已逐步得到实践的证实。据报载，周中坚先生所预言的川湘铁路、达县—万县铁路已经列入国家建设计划。随着中西部地区开发进程的加快和区域大联合的扩展，其思想的火花和理论的意义将越来越清晰地展现在人们眼前。

四、关于北部湾经济圈建设的思路

北部湾是大西南出海最便捷的门户，北部湾经济圈能否发展壮大，大门户进而是大市场的作用能否发挥，客观上影响着大西南地区的开发开放事业，也影响着亚洲大陆桥的建设和大西南出海交通系统工程的全面实施。因此，周中坚先生提出了建设北部湾经济圈的整体思路。

首先，要建设强大而密集的港口群。北部湾海岸曲折，港湾众多，具有丰富的可供开发的港口资源，其中长达一千五百九十五公里的广西钦州湾区，拥有大小港口二十一个，总吞吐能力二亿吨以上，防城、北海、钦州、铁山、珍珠等可建万吨级泊位深水港；海南岛有港湾六十八处，正在开发的有海口、马村、洋浦、八所、三亚、清澜、马场等；越南红河口以北有海防、鸿基、锦普等良港。建设北部湾经济圈，首先就要充分发挥北部湾地区的大通道、大市场作用。因此，建立强大而密集的港口群，是使北部湾经济迅速升温的关键环节。

其次，要建立一批高技术密集的现代产业群落。总体思路是，背靠大西南丰富的资源条件，立足未来，面向国际市场，建立一批前向和后向联系效应都十分显著、相互间又能分工协作的现代产业。起步阶段优先发展港口服务业、高效加工业、石化工业、旅游业、钢铁工业和造船工业等，在形成一定产业规模后，接着发展金融、期货贸易、高技术密集产业等，北部湾将以新的产业中心、金融中心、贸易中心、交通中心出现在 21 世纪。

再次，要建设环北部湾铁路网络。设想中的环北部湾铁路，西起东兴，在防城港接南防铁路，在钦州接钦北铁路通至合浦，向东经铁山港到河唇接黎湛线，向南纵穿雷州半岛至海安港，经海底隧道进入海南岛。海南岛西环铁路中的南段已经建成，北段正在兴建。越南境内环北部湾铁路只差海防—鸿基—锦普—先安—芒街一线，因这里是越北煤海和港口群，兴建铁路势在必行。建设环北部湾铁路，是加强北部湾内部联系，促进北部湾区域经济繁荣的重要途径，同时也是扩大北部湾经济圈进入大陆腹地广阔市场的网络关系、增强经济发展后劲的根本保证。

最后，要促使三方经济的协调发展，建立必要的协商制度和协调机构是非常迫切的。为了协调相互间的分工与合作，统筹生产力的合理布局，促进生产要素的优化配置，避免建设上的过分分散和过多重复，区分缓急轻重，实现超常规发展，金三角、中三角乃至国际三角都程度不同地有这种迫切需要。当前，金三角地区正处建设热潮，搞好金三角的协调发展进而推动中三角和国际三角的区域合作，已经摆上历史议程。

这些建设思路，由于反映了时代发展的大趋势，体现了各区域的长远利益，因而已逐步转化为建设的实践。其中，钦州港 1991 年动工，1994 年元旦建成启用；铁山港 1993 年 9 月建港，铁山工业区 1994 年元月破土动工；东兴北仑河口的竹山港已竣工，京岛港行将建成。所有这些，都体现了周中坚先生在学术研究上的真知灼见。

广西学者十八年前提出北部湾经济圈构想 *

——随"两廊一圈"课题组考察广西沿海

黄　信

自从去年 10 月中越两国领导人确定进行"两廊一圈"构想的可行性研究以来，"两廊一圈"已经成为两国共同的重大研究课题。"两廊一圈"的"圈"，是指"环北部湾经济圈"。记者最近随广西"两廊一圈"课题组到沿海一带调研，了解到早在十八年前，广西学者周中坚就提出了"北部湾经济圈构想"，在国内外引起反响。

周中坚是广西社会科学院研究员、享受国务院颁发突出贡献政府特殊津贴专家。周中坚在海港史和海外交通史、柬埔寨史与中柬关系史、中国东南亚关系史、北部湾与大西南的开发与开放等领域取得重要研究成果。

周中坚"北部湾经济圈"构想的提出

1988 年，周中坚完成了 2.2 万字的北部湾研究的第一篇文章初稿《从历史走向未来：北部湾经济圈构想及其依据》（以下简称《构想》），1989 年修改定稿。1989 年、1990 年作者相继在多个学术研讨会上宣读该文。在"香港亚太二十一学会"中国沿海发展战略研讨会上，《构想》一文引起"中国沿海发展战略研究"课题主持者、"香港亚太二十一学会"会长黄枝连教授极大兴

---

* 载《广西日报》2005 年 7 月 7 日第六版。黄信，壮族，广西防城港市人，经济学硕士，广西日报高级编辑。在从事新闻报道同时，长期坚持经济理论研究，尤其是改革和转型的理论研究。近年在《中共中央党校学报》（学术双月刊）、《社会科学战线》等国家核心期刊发表《制度不确定性：市场与政府关系的新视角》《经济转型、制度环境与制度适应性效率》等二十多篇论文；出版专著《透视中国体制转型热点》（2002 年）、《我与江山半岛》（2007 年）、《制度、不确定性与经济转型》（2015 年）等三部。

趣。此后黄枝连教授持续不断地在海内外推介《构想》的观点。

1990年,《构想》在上海社会科学院出版社出版的《亚太经济增长与中国沿海发展战略》一书上刊载。文中提出北部湾经济圈、亚洲大陆桥、大西南便捷出海通道、北部湾"金三角"（"小三角"）、"中三角"和"大三角"等构想,以及兴建钦州港和铁山港,兴建黎钦、包（头）钦、环湾等铁路,将防城县并入防城港区并将之升级为地级市,建设中国沿海经济区南北两翼等重要观点。《构想》是周中坚研究员持续到今的北部湾系列研究的开路之作。

根据黄枝连先生提议,1990年10月在桂林举行的首届"中国西南开放与东南亚关系"国际学术研讨会,以《构想》最先提出的"亚洲大陆桥"作为会名（同原名并列）和会议主题,此会名后来各届一直沿用。

"北部湾经济圈"构想在国内外引起反响

1990年12月16日,广州《亚太经济时报》头版头条以《北部湾:如何赶上国际列车》为题（以下简称《国际列车》）,发表《构想》的后一部分内容。1991年1月2日,该报编辑部主任谢中凡先生给周中坚来信说:"大作刊出后,各方面反映均好。日前,新西兰驻华使馆文化参赞贝石兰女士来访我,专门谈起大作,非常欣赏。在此,我代表报社同仁,对您表示衷心感谢。"

《国际列车》发表以后,钦州地区将之印发给干部参阅,并将《亚太经济时报》此文的版面录入钦州电视台展望钦州未来的纪录片,根据文章内容绘制各种图示,直接引用原文语句作解说词,并说作者是香港学者专家。当时的钦州地区领导说:"这篇文章在钦州已经广为传播,给我们带来了很大帮助。"直到1991年8月30日才发现作者并不是香港学者,而是地地道道的广西"土著"。

20世纪90年代初期,《广西日报》《南宁晚报》《劳动者报》《中国时报周刊》等区内外报刊,以及广西人民出版社1992年出版的《桂西南经济发展战略研究》一书,发表了很多关于北部湾发展的重要文章,其中不少篇以"专家预测""学者指出""有识之士认为"等提法开头,间接引用《构想》与

《国际列车》的观点和原文。

1990 年 11 月，法国学术刊物《半岛》以法文摘译发表周中坚的《从古代西南丝路到未来亚洲大陆桥》和《古代中越贸易的发展》。

1992 年北京大学陈玉龙教授在《构想》的鉴定意见中写道："构想一文，笔势纵横，引人入胜，不只是一般学术论文，而是阐述有关国家百年大计、战略方针的重要策论，确是一篇优秀的科学论文，作者博读多览，功力甚深。"

1994 年，俄罗斯莫斯科《文摘杂志》第 2 期以俄文摘译发表周中坚的《亚洲大陆桥的构想与北部湾的繁荣》。

1994 年 4 月 5 日中国香港《华侨日报》第十三版，刊载黄枝连先生《关于"北部湾发展协作系统"的学术研究》，文中提到周中坚的北部湾经济圈研究，黄先生写道："他在这方面的工夫……可能奠定其'权威人士'的地位。"

1994 年 12 月，由四川省社会科学院出版的《中国西南地区对外开放与经济发展战略研究学术通讯》第 1—2 期，对周中坚的《构想》作了如下介绍："该文是国内外第一篇明确提出并全面探讨北部湾经济圈的论文。文章从地理、历史、现实三方面论述北部湾经济圈形成的条件，从港口、交通、产业、合作四方面构想北部湾的发展方向和未来。设计了北部湾经济圈的总框架，提出钦州湾区'金三角'、北部湾'中三角'、'大三角'等构想。本文发表后，大陆、港、台与法国报刊或转载，或介绍，或引用，有较大社会影响。"

2000 年 1 月在南宁举行的纪念中越建交五十周年国际研讨会上，越南驻华大使裴鸿福听了周中坚关于北部湾经济圈的发言后很受感动。2004 年 7 月，裴鸿福大使给广西社会科学院黄铮副院长来电，请周中坚复印《构想》和《历史重新呼唤古老的滇越通道》等论文转送给裴鸿福大使。

广西社会科学院的评价

《光明日报》1993 年 1 月 5 日第六版，发表广西社会科学院李甫春研究员《广西应乘上"国际列车"》，《中南民族学院学报》1993 年第 2 期发表李甫春的《北部湾经济圈》，认为周中坚的《构想》对北部湾作了"卓有建树的研究"，《构想》和《国际列车》"在国内区内引起了反响，在北部湾沿岸引起了波澜"。

1993 年 11 月 10 日，李甫春研究员又对《构想》一文写了如下评价："这是一篇功底深、视野广、立论高的力作，它横贯古今，纵览中外，言之有理，论之有据，具有开拓创新思想，论文发表后产生如下比较大的影响:(1)报刊转载，中国香港和大陆学者、记者以及政府官员广为引用;(2)对北部湾地区的经济建设和对外开放直接产生鼓励、推动作用;(3)该文 1988 年提出建设'金三角'的构想，1992 年已变成党和政府的战略决策。一篇论文产生如此广泛的影响和重大的作用，在广西是不多见的。"

广西社会科学院刊物《社科与经济信息》1995 年第 16 期发表贾晔副研究员撰写的文章《周中坚北部湾经济圈与大西南出海通道建设思想概述》，对周中坚研究员"1988 年兼耕北部湾和大西南开发开放领域以来所发表的系列论文"，进行了系统评述，认为"这系列论文组成了一个有机的思想整体"，体现了作者的"创见性思想"。

20 世纪 90 年代后期，当时的中共中央政治局常委、全国政协主席李瑞环同志来广西考察，向广西社科院了解东南亚情况，广西社会科学院院长詹宏松向他提供了周中坚研究员的《东南亚:广西对外开放的战略方向》。

2000 年，广西社会科学界联合会韦胜研究员发表《广西社会科学研究的历史贡献》一书，第五节专门评介了周中坚的北部湾经济圈构想:"是国内第一篇提出北部湾经济圈的总框架"的文章，其中关于建设钦州区"金三角"的构想已经成为党和政府的战略决策，"如今广西沿海经济发展战略的主要理论依据都来自'北部湾经济圈构想'"。

岁月本无痕，历史幸有迹*

张 宁 何 战

周中坚长期研究海港史和海外交通史、柬埔寨史与中柬关系史、中国东南亚关系史、北部湾与大西南的开发与开放，并在上述领域取得重要研究成果。

其北部湾研究的第一篇文章初稿《从历史走向未来：北部湾经济圈构想及其依据》（以下简称《构想》）完成于 1988 年，定稿于 1989 年。作者在其 2.2 万字的文中提出北部湾经济圈、亚洲大陆桥、大西南便捷出海通道、北部湾"金三角"（"小三角"）、"中三角"和"大三角"等构想，以及兴建钦州港和铁山港，兴建黎钦、包（头）钦、环湾等铁路，将防城县并入防城港区并将之升级为地级市，建立广西北部湾区域统一规划和管理机构，建设中国沿海经济区南北两翼等重要观点。

1988 年、1989 年、1990 年作者相继在多个学术研讨会上宣读该文。《构想》一文引起"中国沿海发展战略研究"课题主持者、"香港亚太二十一学会"会长黄枝连教授极大兴趣。此后黄枝连教授持续不断地在海内外推介《构想》的观点。1990 年 10 月，根据黄枝连先生提议，首届"中国西南开放与东南亚关系"国际学术研讨会在桂林举行，并以《构想》最先提出的"亚洲大陆桥"，同原会名并列作为会名和会议主题，此会名后来各届研讨会一直沿用。1994 年 4 月 15 日，黄枝连先生《关于"北部湾发展协作系统"的学术研究》一文在香港《华侨日报》第十三版刊载，文中在提到周中坚的北部湾经济圈

* 载《第二届中国—东南亚经济合作论坛暨中国东南亚研究会第七届年会论文集》（中国东南亚研究会、广西社会科学院东南亚研究所编印，2006 年 12 月，南宁）；（南宁）《东南亚纵横》2008 年第 6 期。本评介系《岁月本无痕，历史幸有迹》全文的一部分。张宁，广西社会科学院东南亚研究所副研究员；何战，广西社会科学院东南亚研究所馆员。

研究时写道:"他在这方面的工夫……可能奠定其'权威人士'的地位。"

1990年10月,上海社会科学院出版社出版的《亚太经济增长与中国沿海发展战略》一书刊载《构想》全文;同年12月16日广州《亚太经济时报》头版头条以《北部湾:如何赶上国际列车》为题,发表《构想》的后一部分内容。当时广西钦州地区领导将此文印发给干部参阅,并将其版面录入钦州电视台展望钦州未来的纪录片,根据文章内容绘制各种图示,直接引用原文语句作解说词。广西人民出版社1992年出版的《桂西南经济发展战略研究》一书,以及20世纪90年代初期区内外多家报刊发表的很多关于北部湾发展的重要文章,其中不少文章以"专家预测""学者指出""有识之士认为"等提法开头,间接引用《构想》与《北部湾:如何赶上国际列车》的观点和原文。

国内对《构想》的评价主要有,1992年北京大学陈玉龙教授在《构想》的鉴定意见中写道:"构想一文,笔势纵横,引人入胜,不是一般学术论文,而是阐述有关国家百年大计、战略方针的重要策论,确是一篇优秀的科学论文,作者博读多览,功力甚深。"

1993年11月10日,广西社会科学院李甫春研究员对《构想》一文评价如下:"这是一篇功底深、视野广、立论高的力作,它横贯古今,纵览中外,言之有理,论之有据,具有开拓创新思想,论文发表后产生如下比较大的影响:(1)报刊转载,中国香港和大陆学者、记者以及政府官员广为引用;(2)对北部湾地区的经济建设和对外开放直接产生鼓励、推动作用;(3)该文1988年提出建设'金三角'的构想,1992年已变成党和政府的战略决策。一篇论文产生如此广泛的影响和重大的作用,在广西是不多见的。"

1994年12月,由四川省社会科学院出版的《中国西南地区对外开放与经济发展战略研究学术通讯》第1—2期,对周中坚的《构想》作了如下介绍:"该文是国内外第一篇明确提出并全面探讨北部湾经济圈的论文。文章从地理、历史、现实三方面论述北部湾经济圈形成的条件,从港口、交通、产业、合作四方面构想北部湾的发展方向和未来;设计了北部湾经济圈的总框架,提出钦州湾区'金三角'、北部湾'中三角'、'大三角'等构想。本文发表后,大陆、港、台与法国报刊或转载,或介绍,或引用,有较大社会影响。"

2000年,广西社会科学界联合会韦胜研究员在其《广西社会科学研究的历史贡献》一书的第五节专门评价周中坚的北部湾经济圈构想："是国内第一篇提出北部湾经济圈的总框架的文章，其中关于建设钦州区'金三角'的构想已经成为党和政府的战略决策，如今广西沿海经济发展战略的主要理论依据都来自'北部湾经济圈构想'"。

国外转载及评价主要有：1990年11月，法国学术刊物《半岛》以法文摘译发表周中坚的论文《从古代西南丝路到未来亚洲大陆桥》和《古代中越贸易的发展》。

1991年1月2日，《亚太经济时报》编辑部主任谢中凡先生在给周中坚的信中说："大作（即前述的《北部湾：如何赶上国际列车》）刊出后，各方面反映均好。日前，新西兰驻华使馆文化参赞贝石兰女士来访我，专门谈起大作，非常欣赏。在此，我代表报社同仁，对您表示衷心感谢。"

1994年，俄罗斯莫斯科《文摘杂志》第2期以俄文摘译发表周中坚的论文《亚洲大陆桥构想与北部湾的繁荣》。

2000年1月在南宁举行的"纪念中越建交五十周年暨中越面向21世纪区域合作与发展国际研讨会"上，周中坚关于北部湾经济圈的发言给与会的越南驻华大使裴鸿福留下了深刻印象；2004年5月20日，越南总理潘文凯来华访问，在与中国总理温家宝座谈时，提出中越合作建设"两廊一圈"的建议；2004年7月，裴鸿福大使给广西社会科学院黄铮副院长来电，请周中坚复印并转送给他《构想》和《历史重新呼唤古老的滇越通道》等论文。

云水激荡：2008广西北部湾 *

龙 鸣 邓 咏

　　早在二十年前，区内外的专家学者，就对环北部湾地区的开放开发有了比较系统的、见解独到的、科学的论述，最有代表性的是广西社会科学院研究员、享受国务院颁发突出贡献政府特殊津贴专家的周中坚。

　　在一个燠热的晚上，我们终于见到了这位仰慕已久的学者。身材高挑，一身半新不旧的夏装，手里拎着的是那种在各种会议上发的材料袋，可精神矍铄，步履稳健，看不出是一位已逾七十的老人。他给我们说起自己研究北部湾的缘由与一些富有戏剧性的细节——

　　那是1988年的事了。那一年，"香港亚太二十一学会"在香港召开一个中国沿海发展战略研讨会，那时周中坚在广西社科院东南亚研究所工作，领导派他出席该会议。要出席会议，得有论文拿出来，既然会议的主题是研讨中国沿海发展问题，作为广西人，他很自然想到广西唯一一片海——北部湾，于是，他报了有关北部湾的选题。他以前研究的方向是东南亚，尤其是柬埔寨，但由于研究的需要，也涉及北部湾这个领域，就这样，他调动了多年的研究积累与心得，完成了2.2万字的北部湾研究的第一篇文章初稿——《从历史走向未来：北部湾经济圈构想及其依据》（以下简称《构想》），1989年修改定稿，以后多次在各个学术研讨会上宣读。在香港中国沿海发展战略研讨会上，《构想》一文引起课题主持者、"香港亚太二十一学会"会长黄枝连教

　　* 《云水激荡：2008广西北部湾》，长篇报告文学，广西人民出版社2010年出版，本评介见该书第18—21页和28页。龙鸣，广西东兴人，作家。著有《此岸彼岸》《恬淡的瓦当》《漂泊的越南女人》《班秀文》《山坳斜阳》以及《云水激荡：2008广西北部湾》（与邓咏合作）等多部。2010年获第六届广西文艺创作"铜鼓奖"。邓咏，广西防城港市人，真名邓向农，中学特级教师，散文作家，曾任防城港市高中校长。著有《海云边月》《从教余墨》等十余部。第六届广西文艺创作"铜鼓奖"获得者。

授的极大兴趣。文中提出北部湾经济圈、亚洲大陆桥、大西南便捷出海通道、北部湾"金三角（小三角）""中三角"和"大三角"等构想，以及兴建钦州港和铁山港，兴建黎钦、包（头）钦、环湾等铁路，将防城县并入防城港区并将之升级为地级市，建立广西北部湾区统一规划和管理机构，建设中国沿海经济区南北两翼等重要观点。此后，黄教授不断地在海内外推介《构想》，但却没有周中坚的署名，没人知道文中的观点是广西一位学者提出来的。

1990 年 11 月，周中坚出席在陕西宝鸡召开的一个关于民族方面的会议，跟他入住一个房间的一位广州《亚太经济时报》记者问他最近可有新论著，周中坚便把去年写的《构想》给了他。没想到 12 月 2 日，《亚太经济时报》将该文最后一部分，以《北部湾：如何赶上国际列车》为题，在头版头条发表。文章发表后，引起很大的反响，1991 年 1 月 2 日，该报编辑部主任给周中坚来信说："大作刊出后，各方面反映均好。日前，新西兰驻华使馆文化参赞贝石兰女士来访我，专门谈起大作，非常欣赏。在此，我代表报社同仁，对您表示衷心感谢。"而该文不知道以什么途径传到钦州，当时钦州地区正在筹划开发建设钦州湾，正苦于没有理论支持，钦州地区领导一见此文，大喜过望，随即广为印发，指定为全地区干部的学习材料。

不久，周中坚参加了广西政协主办的桂西南经济发展研讨会，会前先组织专家评审提交上来的论文。周中坚是评审组成员，他发现从广西沿海地区几个县市交来的论文，许多观点跟自己的《构想》一模一样，有些地方竟是大段大段照抄原文。会议期间，政协组织与会者到钦州参观。在观看一部介绍钦州地区概貌的纪录片中，出现了这样的画面：《亚太经济时报》头版头条刊登了《北部湾：如何赶上国际列车》，该文的大标题清晰可见，"周中坚"三个字赫然入目。接着，周中坚还发现，片中的许多解说词差不多都是《构想》中的文字。此时，周中坚感到不可思议，自己的文章怎么会上了钦州的纪录片，而且现在自己就在钦州看到。后来，周中坚在日记中写道："钦州人万万没有料到，这篇被他们如此看重的文章，其作者就在这里，就在他们中间。"纪录片放完后，钦州地区计委主任又给与会者描绘了一幅钦州灿烂的前景，描绘北部湾的明天如何如何，而他的讲话几乎是逐项复述了周中坚文章的内容。自己的文章被钦州如此重视，周中坚一方面有点按捺不住的高兴，一方面感到为难：要不要向钦州人民道破这个秘密呢？终于，轮到他发言时，他感谢主人的盛情接待，为钦州港的未来感到鼓舞，最后他说自己就是《北部湾：如何赶上国际列车》一文的作者。顿时，会场的气氛活跃起来，惊奇的目光都聚集在他身上。那位计委主任说：我们一直不知道作者的身份，以为是香港的记者或学者呢！钦州一位领导说，我见专家组名单上有"周中坚"的名字，正想问问呢！

第二天即将离开钦州时，有人通知他说，钦州地区专员专程来拜访你。他很纳闷：专员？我并不认识啊！片刻，一位四十多岁的中年人走到他跟前，握着他的手，动情地说："周教授，感谢你的大作给我们带来了帮助！"旁边的秘书说："昨晚专员知道《北部湾：如何赶上国际列车》的作者来到钦州，非常高兴，当即表示今天一定来认识您。"

可以说，周中坚的观点是极具前瞻性，极具可操作性的，至今我们很多提法和术语，大多可在《构想》中找到，在以后那些研究大西南和北部湾的文章中，不少以"专家预测""学者指出""有识之士认为"等提法开头，间接引用《构想》的观点与原文。

2000年，在广西南宁举行的纪念中越建交五十周年研讨会上，越南驻华大使裴鸿福听了周中坚关于北部湾经济圈的发言后很受感动。2004年，裴大使给广西社会科学院来电，请周中坚复印《构想》等文章送给他。20世纪90年代后期，当时的中共中央政治局常委、全国政协主席李瑞环来广西考察，向社科院了解东南亚情况，广西社会科学院院长詹宏松向他提供了周中坚研究员的《东南亚：广西对外开放的战略方向》一文。

可以说，周中坚的北部湾经济圈的构想，是国内第一篇提出北部湾经济圈总框架的文章，其中，关于建设钦州地区"金三角"的构想，为党和政府战略决策提供了非常有价值的理论参考。这也提醒正在参与北部湾经济区开放开发的各级决策者与管理者，必须解放思想，改变心智，转变作风，学会珍惜我们队伍中那些实事求是、坚持真理、具有批判精神与创新意识、长期默默探索耕耘于理论沃野的真正的学术精英。我们应该在北部湾经济区的开放开发具体实践中尊重知识，尊重知识分子，尊重民智，广开言路，虚怀纳谏，集思广益，这也是落实科学发展观不可忽视的政治建设、经济建设与文化建设的重要内容。

　　周中坚的《构想》一石激起千重浪，许多理论工作者以极大的热情支持了"周论"，并且为广西北部湾的开放开发作出了自己的探索、发出了自己的声音。据《广西日报》报道，1992 年北京大学的陈玉龙教授在评价《构想》时认为：《构想》"不是一般的学术论文，而是阐述有关国家百年大计、战略方针的重要策论"。1993 年广西社会科学院李春甫研究员发表于《中南民族学院学报》第二期的《北部湾经济圈》一文，也大力支持了周中坚的学术观点，他认为周中坚的《构想》对北部湾作出了"卓有建树的研究"，指出《构想》"在国内区内引起了反响，在北部湾沿海引起了波澜"。同年 11 月，李春甫研究员对《构想》又作出如下的评价：

　　　　这是一篇功底深、视野广、理论高的力作，它横贯古今，纵览中外，言之有理，论之有据，具有开拓创新思想，论文发表后产生如下比较大的影响：（1）报刊转载，中国香港和大陆学者、记者以及政府官员广为引用；（2）对北部湾地区的经济建设和对外开放直接产生鼓励、推动作用；（3）该文 1988 年提出建设"金三角"的构想，1992 年变成党和政府的战略决策。一篇论文产生如此广泛的影响和重大的作用，在广西是不多见的。

　　正如学者周中坚二十年前的预言："北部湾正从历史走向未来，走向繁荣的 21 世纪！"

　　北部湾要扬帆远航了！

大视野下的北部湾、大西南与自贸区 *
——读《周中坚集——北部湾与大西南的开放开发》
黄　信

作为"广西社会科学专家文集"之一,《周中坚集——北部湾与大西南的开放开发》一书,收入广西社会科学院资深研究员周中坚先生 1988 年开始兼耕该领域以来的二十多篇研究文章,内容包括北部湾经济圈、大西南开放开发、中国—东盟合作等方面。翻阅该著作,给人一种视野广阔、论证严密、材料翔实、历史背景厚重等颇具立体的感觉,从书中我们可以看到大视野下的北部湾、大西南与中国—东盟等从历史到未来的发展。

广阔的时空视野

广阔的时空视野是周中坚文集中论文的一大特点。如《与渤海湾比翼:北部湾的跨世纪议程》一文,把北部湾放在中国沿海地区的南北两翼时空来考察,提出北部湾的开放开发放在与东南亚友好合作中来进行。《从古代西南丝路到未来亚洲大陆桥》一文,写于 1990 年,文章论述了涉及未来广阔地域的亚洲大陆桥,该大陆桥横跨中国大西南和邻近国家,连接太平洋和印度洋,其走向恰好和古代西南丝路相重合,同样起着国际通道的作用,可以说是古代西南丝路的继承和发展。根据两点之间取其近的交通发展规律,亚洲大陆桥的"主桥"应该架在北部湾和孟加拉湾之间。《得天独厚,前景广阔:中国广西对东盟国家贸易浅议》一文,提出把广西对外贸易放在开拓东盟市场的战略高度上来认识,以此为基础提出广西对东盟贸易的对策。作者在另外几

---

*　载《广西日报》2010 年 11 月 17 日第八版。

篇文章中也从大视野即从两个大洋（太平洋和印度洋）、两大国家（中国和印度）来认识东南亚的重要性，认为要从这种战略意义上来发展与东盟的合作。《防城港：大西南便捷出海通道的"主力前锋"》一文，用大量材料实证防城港具有巨大的发展前景和光辉未来。该文在论述保持防城港在广西沿海港口中的领先地位时，认为应做好位于广西沿海的最大半岛——江山半岛西侧的珍珠港的远景规划，珍珠港作为广西沿海"金三角"地区的五大深水港之一，隔江山半岛与防城港相邻，被江山、江平两个半岛环拱，是广西沿海"金三角"地区距离越南最近的深水港。据笔者了解，目前位于江山半岛南端的白龙珍珠港已经成为中国最大的原煤进口港。

历史和逻辑的统一

历史从哪里开始，逻辑也从哪里开始，这是理论研究的一般方法。周中坚先生早年毕业于中山大学历史系，尽管文集中文章大多是研究经济战略问题的，但运用历史知识即历史方法是其中一大特点。文集中所有文章几乎都可以看到与论题相关的历史轨迹。如开篇的《从历史走向未来：北部湾经济圈构想及其依据》一文，写于 1988 年，2.2 万字，这是周中坚持续至今的北部湾系列研究的开山之作，而"其依据"正是从历史开始的，如"北部湾历史上密切的内部联系""历史悠久的海洋门户"等等。在该文中作者首次提出"北部湾经济圈"的构想，在国内外引起反响。2005 年 7 月，笔者曾以《广西学者十八年前提出北部湾经济圈构想》为题在广西日报介绍过该文及作者其他相关文章。文集中体现历史和逻辑相统一的还有《重铸北部湾的历史辉煌》《从古代西南丝路到未来亚洲大陆桥》《为大西南开辟通向北部湾的广阔通道——建设最便捷的大西南出海铁路系统》《为大西南开拓通向世界的北部湾大门——建设密集而强大的钦州湾区港口群》《边境贸易：中越关系史中的常青树》等文章，均从历史入手开始论题的逻辑推论。

严密的比较分析方法

如果说历史和逻辑相统一的方法是就文章宏观布局方面来说的，那么这里所说的比较分析方法则是指论文推论过程中的一种具体方法。该文集中的大多数文章都用了这种论证方法。前面提到的《与渤海湾比翼：北部湾的跨世纪议程》是其突出代表，还有《一颗新星从北部湾升起——从比较看东兴》《发挥比较优势，建设特色鲜明的现代化国际性港口城市》等等，也更多地运用了比较分析方法，将北部湾与渤海湾、中国沿海沿边城市、港口对比，中国与东盟，大西南与中国其他区域对比等等。同时，环境保护比较也是其中一大内容。周中坚早就关注环保问题，收入文集中的不少文章就有这方面的体现。例如在探讨广西沿海北海、钦州、防城的研究文章中，处处可见其珍惜、保护和合理开发资源的论述；从保护环境的比较出发，作者提出环境就是生产力的观点，认为环保是发展的重要内涵。《东南亚·东盟·中国—东盟自由贸易区——献给中国—东盟博览会的若干相关解读》一文，用比较的方法论述东南亚是得天独厚的绿色土地，认为中国—东盟自由贸易区的建设不能不考虑环境保护问题。

翔实的材料论证

实证也是该文集的一大特点，即对论题的论证是建立在翔实材料基础之上的事实论证。如《澜沧江—湄公河：跨越三个世纪的"东方之梦"》一文，全部用材料来说话；又如《北海与东南亚经济合作前景广阔》《东南亚：广西对外开放的战略方向》等文章，也是用材料说明东南亚是最具活力的地区，以及广西、北海向东南亚拓展的新机遇；《边境贸易：中越关系史中的常青树》一文，立足于历史与现实的数字对比，说明"中越关系常青树"这一主题。多年的研究经历、深厚的研究功底以及严谨的治学作风，使周中坚先生养成了用事实说话、宁缺毋滥的习惯，收入文集的大多数文章都反映了这一特点。

理论研究大体分为基础理论研究、战略研究、政策研究三大类，三者各有侧重又相互联系。《周中坚集——北部湾与大西南的开放开发》属于战略研究的范围，作者的超前意识及厚积薄发，使文章颇具大器之质，这或许是战略研究的一个重要特点。只是由于作者所学专业的限制，文集中个别文章的推论尚缺乏经济学理论的指导，尤其是在一些文章的对策提出方面尚缺乏经济学基础理论的支撑，但这并不影响该文集成为一部极富前瞻性的好作品。

读《周中坚史学文集》

黄　铮[*]

　　很高兴看到周中坚同志将三十多年来的史学研究成果汇编为《周中坚史学文集》出版。浏览书稿后，我感触良多。回望周中坚几十年来走过的坎坷、艰辛的人生历程，我更对他产生了由衷的敬意。我与周中坚是中山大学历史系校友，但他早我三年毕业。我对周中坚在大学阶段一些情况的了解，大都来源于他的同班同学、后来成为我在广西社科院印度支那研究所（后改称东南亚所）工作时的领导杨万秀。

　　周中坚原籍为广西上林县，祖父和父亲都是乡村知识分子，很自然地赋予他自小喜爱文史的秉性。初中毕业后，周中坚未读高中。1956年，周中坚在中专农校也未读完，便以同等学力考上中山大学历史系。他本应在1960年毕业，却因思想过于活跃，于1957年春大学一年级时写了一篇《致哥穆尔卡的公开信》，极力赞扬波兰的民主改革，被打成学生右派，中止了学业，被遣送到农村劳动。两年后，他复学时，中大的学制已改为五年，他于1963年始得毕业。戴过学生右派的帽子，毕业后的工作岗位自然不会好，他被分配到河南省密县一所农村中学任教，其间还下放当过三年小学教师。到1978年，中国社会科学院招考中外关系史研究生，周中坚考得优异成绩，但又因"政审"未过关，而未被录取。1980年，他再次报考仍由中国社会科学院主持的招收社会科学研究人员的全国统一考试，方获录取，被分配到广西社会科学院印度支那研究所，成为同为中大历史系校友的杨万秀和我的同事。

　　周中坚历史学专业功底扎实，研究能力强，熟悉英语和俄语。大学时，他以海外交通史和东南亚史为专业方向。进入广西社科院印度支那研究所后，

---

　　[*]　黄铮，广西社会科学院原副院长，广西文史研究馆馆员，二级研究员。

他被安排研究柬埔寨史，很快就进入角色，发表了不少研究成果和译作。后来他又扩大研究领域，研究海外交通史、东南亚史及环北部湾地区历史与现状问题。他对广西地方历史文化也有浓厚的研究兴趣。由于专业功底扎实，刻苦钻研，故成果丰硕，在各相关领域均有建树。

我翻阅周中坚洋洋洒洒的史学文稿，受教匪浅，获益颇多，深为周中坚的研究精神和研究功底所折服。

海外交通史本是周中坚最早选定的史学研究方向，他大学毕业时撰写的论文及报考中国社科院时送出的论文都选定海外交通史。进入广西社科院后，他不忘初衷，继续潜心研究，不断有新的成果推出。对历史上泉州港的研究可以说是他的得意之作。从唐末五代至北宋泉州港的初步发展，南宋时期泉州港的空前繁荣和元代时的极盛，到元末以后泉州港的衰落，上下五百年，引经据典，将古代泉州港的兴衰及地位变迁论证得淋漓尽致。周中坚由此与我国重要港口城市泉州结下深缘，也因此被中国海外交通史研究会聘为终身顾问。周中坚论丝绸之路与郑和远航，论古代南海交通中心的转移，以及论扶南、室利佛逝（三佛齐）与马六甲在古代南海交通中的地位的论文，也都资料翔实，分析透彻，观点鲜明，既有学术价值，又有现实意义。特别是在当今，我国提出建设"一带一路"倡议的新形势下，这些研究成果可以起到很好的借鉴作用。

中柬关系史与柬埔寨史是周中坚到广西社科院印度支那研究所后，根据领导安排进入的一个全新的研究领域。他凭着扎实的史学功底，良好的外语能力，刻苦的研究精神，在很短的时间内就硕果累累。广西社科院老一辈研究人员都记得，20世纪80年代初，人们对柬埔寨的历史还知之甚少，周中坚接连推出了关于中柬关系史上的第一次高潮、第二次高潮、第三次高潮共三篇史学论文，令人耳目一新。对柬埔寨历史以及柬埔寨华侨华人史，他也有不少论著和译作发表。周中坚关于柬埔寨史方面的研究，在国内学术界有较大影响，得到前辈知名学者的好评。而这些成果，也成为广西社会科学院的"存世之作"。因为在周中坚之后，广西社科院已经少有人再去问津柬埔寨史。而在国内，研究柬埔寨史、中柬关系史和柬埔寨华侨华人史的也为数极少，研究成果乏善可陈。周中坚在这方面的成果，在一定程度上具有填补学术空白的意义。

对广西及其周边、近邻关系的研究和对广西人文历史的研究，是周中坚自 1988 年以后，在海外交通史和柬埔寨史之外，投入精力较多、收获颇丰的又一学术领域。在这个领域，周中坚独具慧眼，提出过好些极富价值的学术见解，这些带有预言性的见解，为后来区域经济社会发展的客观事实所证明。比如，在《北部湾：如何赶上国际列车》（1988）和《北部湾经济圈构想》（1989）两篇论文中，周中坚独具慧眼地提出了构建北部湾经济圈的构想，他是广西以至国内学者队伍中最早提出这个观点的。在这两篇论文及其后陆续写成的《从古代丝绸之路到未来亚洲大陆桥》《亚洲大陆桥构建与北部湾的繁荣》《大西南出海通道建设的战略意义及其发展态势》《东南亚：广西对外开放的战略方向》《走向新的繁荣——广西和大西南与粤港澳台经济关系展望》等论文中，我们还可看到周中坚提出和论证的关于构建亚洲大陆桥，建设大西南最便捷的出海通道，打造北部湾"金三角"，中国沿海经济南北两翼，建设钦州港铁山港，将防城县并入防城港并升级为地级市，建立北部湾地区统一的规划与管理机构等非常新颖的观点。后来，广西北部湾地区发展的历史进程，证明周中坚的研究具有前瞻性。一个历史学者能够写出现实感如此之强的学术论文，是极其难能可贵的。除此之外，周中坚关于广西地方历史文化方面的研究成果也值得称道。他研究家乡上林县著名的唐代碑刻而写成的《从坚固大宅到仙境州城》，以及他的其余论文如《广西近代化进程中的老桂系时期》《中国近代反侵略斗争的一面光辉旗帜》《镇南关起义的历史光辉》等，紧紧抓住广西地方历史文化的亮点，所论既着眼于历史，又服务于现实，这些文章，大都发表于《广西文史》，周中坚据此曾获"《广西文史》作者奖"一等奖。

综观周中坚的书稿，可谓内容丰富，题材广泛，学术与现实意义兼具，充分反映了一个资深历史学者深厚的学术功底。相信这部书出版之后，一定会成为具有存世价值的学术精品，对提高广西社会科学院的知名度和美誉度也将产生积极的影响。作为周中坚的大学校友，以及曾为广西社会科学院领导班子一员，我对《周中坚史学文集》的出版感到万分高兴，并对周中坚同志表示由衷祝贺。

我的中国—东南亚学术研究之旅 *

　　我从事科研工作数十年，主要耕耘于古代泉州港与海外交通史、柬埔寨以至整个东南亚、北部湾广西以至大西南等三个相互交叉而又相对独立的领域。从空间来说，包括中国南方和东南亚两大区块；从时间来说，从古至今直至未来，探求历史的轨迹和前进的方向；从内容来说，以海陆交通与相互往来为中心；从形式来说，以论文为主，兼及翻译（英译与俄译）以及综合性介绍。

　　所写所译篇目绝大部分都公开发表过，近年将之搜集、整理、结集出版。本文简单回顾数十年科研经历，分专题简单介绍部分篇目（内容与最初发表时相比有修订及增删），借以答谢并求正于持续多年热情约稿的郑州大学于向东教授和《中国东南亚研究会通讯》编辑部的同志们，答谢并求正于北京师范大学陈其泰教授和《淮阳师范学院学报》编辑部的同志们，感谢并请教于读过以及未来可能读到拙作的相识或不相识的朋友们。

一、中国海外交通史与东南亚

（一）古代泉州港

　　我的科研之旅从古代泉州港开始，通过南海进入东南亚。1956年我以同等学力考上中山大学历史系，1957年春被划为学生右派，离校劳教两年。1960年复学，适逢本科学制从四年改成五年。1962年秋开始的第五学年又

---

　　*　此前曾题《我在中国—东南亚研究领域耕耘》，载内部刊物《中国东南亚研究会通讯》，2017年第1期。

遇上恢复中断多年的毕业论文写作，论文题分统一题和自定题两类，我凭自己对海外交通史和古代泉州港的兴趣，自定选题《古代泉州港的兴衰及其地位》，历史系安排郭威白教授为我的指导教师。1963年3月完稿上交，获评五分（五分制）。

古代泉州港是一颗光芒四射的海港明星，唐末五代时得到初步发展，北宋时仅次于广州，南宋时与广州并驾齐驱，元代臻于极盛，超过广州，成为中国乃至"世界最大之港"（阿拉伯大旅行家伊本·拔都他语），元末明初又急遽衰落。泉州港在宋元之际异军突起的原因主要是：中国经济重心的南移和作为泉州港基本腹地的东南地区经济的空前繁荣，作为泉州港主要客商的阿拉伯人海上贸易的兴盛，偏安江南的南宋朝廷对海外贸易的重视与对泉州港的经营，蒙古大帝国的辽阔版图和内外交通的空前畅通，所有这些组成了推动泉州港崛起的强大合力。作为当时全国政治经济文化中心的江南地区要求港口北移，国外最大航线阿拉伯方向要求港口南移，位置居中的泉州港正处于方向相反的两大交通线的平衡点上而乘势崛起。始于元末的泉州地区战乱，明初实施的海禁，明中期的倭患，给泉州持续不断的打击，导致泉州港的衰落。与此同时，广州恢复了全国第一大港的地位；在福建境内，福州取代了泉州港；泉州近旁，月港和近代厦门相继兴起；近代，泉州港航道水深已不适应轮船吃水要求。这些原因，阻碍了泉州港在近代的重新兴起。

1963年大学毕业后，我被分配到河南省密县教中学，"文革"中又被下放小学三年。改革开放以后，1980年我报名参加中国社会科学院主持的招收社会科学研究人员全国统一考试。按规定，报名时需提交一篇论文和一篇译文。于是我从箱底取出这篇已经搁置了十多年的稿子，将其从九万多字压缩到三万多字上交。事后得知，河南省招生考试办公室委托郑州大学戴可来教授审阅，我这篇文章得到戴先生好评，并蒙他向河南省社会科学院推荐，随后他又同陈显泗教授一起设法调我到郑大历史系任教。1980年底，我被录取并分配到广西社会科学院。1981年，我又将这篇文章压缩到一般刊物容易接受的一万多字篇幅，投往《天津师院学报》，编者将题目改为《古代泉州港兴衰史浅探》，发表于该刊1981年第4期。随后我又将1981年压缩稿，按部分独立或合篇陆续在相关学术讨论会宣读，并在《海交史研究》及《泉州文史》

等刊物上发表。

这篇完稿于 1963 年的大学毕业论文，加上 1981 年以后续写的海交史篇目，让我同泉州和海交史结缘数十年，2013 年 10 月，我被中国海外交通史研究会聘为终身顾问。

（二）古代南海交通

古代南海可说是中国海外交通史上最重要的方向和最繁忙的海域。作者从古代泉州港启程，穿越南海和东南亚，探讨了古代南海交通中心的转移过程，依次讨论了扶南、室利佛逝（三佛齐）、马六甲的兴衰及其在古代南海交通史上的地位。

《古代南海交通中心的转移》（载泉州《海交史研究》年刊，1982 年第 4 期）。由于历史条件变化，南海交通中心也几经兴替，其中最重要的是公元 7 世纪从扶南向海峡国家的转移。从最初的诃陵和室利佛逝（三佛齐），再经满者百夷到马六甲，直到近现代的新加坡，逐步向马六甲海峡的峡口接近。因为马六甲海峡和巽他海峡（特别是前者）是连接东西方航道的咽喉，交通中心转移并固定在海峡地区，这是历史发展的必然归宿。

《扶南——古代东西方的海上桥梁》（载南宁《学术论坛》1982 年第 3 期）。古代东西方海上交通通过东南亚的三条交通线都穿越扶南境内：航经马六甲海峡或巽他海峡，跨越克拉地峡，溯湄公河和洞里萨湖而上再陆行抵西岸。其中以马六甲海峡一线最古老且最富发展潜力，但由于海峡安全未有保障以及船舶续航能力限制，横过克拉地峡一线当时起了更为重要的作用。扶南形成了东西两群港口，西部以顿逊最繁荣，东部以哥俄厄为中心。三条通道和两群港口，组成了扶南这座古代东西方的海上桥梁。

《室利佛逝（三佛齐）：中古时期南海交通的总枢纽》（载泉州《海交史研究》1986 年第 1 期）。公元 7 世纪，扶南衰亡，室利佛逝在海峡地区兴起。9 世纪中叶改称三佛齐。从 7 世纪到 13 世纪，室利佛逝继扶南之后成为东南亚最大的海上强国和南海交通中心。首先，室利佛逝是通过南海的国际航线的汇集点，是东西方航线的南海中站。其次，室利佛逝同国外，特别是同中国和印度都有直接而密切的海上联系。第三，基于以上两个原因，室利佛逝成为远贾辐辏的南海最大的国际贸易市场，并成为僧徒云集的宗教文化交流中心。

《马六甲：古代南海交通史上的辉煌落日》（载上海《国家航海》第七辑，2014 年 5 月）。古代南海交通史最后中心马六甲，兴起于 15 世纪初，16 世纪初被葡萄牙殖民者占领，存在并兴盛了一个世纪。它东通中国，西通印度、阿拉伯，近连南海诸国，极一时之盛。它的没落，不仅标志着古代南海交通史的终结，也标志着东南亚古代史的结束和近代史的开始。

（三）丝绸之路与郑和远航

中国自古通过陆海两路对外交往。2000 年始稿、2008 年定稿，先后在兰州和新疆阿拉尔塔里木大学研讨会上宣读的《丝绸之路及对其复兴的历史期待》（载《广西文史》2010 年第 1 期），阐述了丝绸之路这条沟通亚欧非、联系世界各大文明的伟大历史通道的兴衰过程和历史功绩，论述了其复兴的历史必然和现实依据。中国的崛起、沿线国家的发展以及全球化时代的到来，正重新给这条古道注入活力，它的重生和复兴已经成为历史的期待。"长期沉寂的丝绸之路正从沙海中醒来，一道新的瑰丽长虹在历史的殷切期待中飞架亚欧大陆，当为期不远。"2005 年是郑和下西洋六百周年。2002 年，我撰写《拉开海洋探索时代的壮阔序幕——郑和下西洋的世界历史意义及其与西方航海活动之比较》（载《睦邻友好的使者——郑和》，北京海潮出版社 2003 年出版）；2005 年，又撰写《从汉使南航到郑和西航——从比较看郑和下西洋在中国古代航海史中之地位》（载昆明《东南亚》2006 年第 1 期）。前文阐述郑和远航的世界历史意义，后文阐述郑和远航在中国古代航海史上的地位。尽管郑和下西洋同后来的西方航海活动各自独立进行，没有任何沟通，没有继承关系，但它们代表着相同的时代要求，反映着统一的历史规律。郑和下西洋作为 15、16 世纪海洋探索时代的第一个伟大事件，拉开了海洋探索时代的壮阔序幕。

郑和远航与西方航海活动的背景、动因、规模、行为、持久力和历史影响都不相同。就整体来说，郑和下西洋是短暂的盛举，西方航海则是持续的开始。郑和下西洋结束以后，在中国是辉煌后的沉寂，没有引起社会经济的重大变化；西方航海活动则直接导致地理大发现和对地球的整体认识，导致全球联系的建立和西欧资本主义的兴起，导致殖民时代的到来。

公元前 2 世纪汉使南航和公元 15 世纪郑和西航是中国古代海外远航前后两个标志性事件。从船只体积、船队规模、船队组织、航行技术、航行路线、始发港口、终端港口、航行时间、远航记载等方面进行纵向比较，郑和都实现了对前人的继承和超越。郑和船队将终端港口向前推移，横越印度洋直抵非洲东岸。可以说，东起中国、西到非洲的东西航路，也就是晚近常称的海上丝绸之路，其最远的极限航行，是由郑和船队首先完成的。

（四）海外华侨华人

1991 年 3 月，经中国太平洋历史学会推荐，我应邀参加由美国北太平洋研究中心主办、在美国波特兰举行的"17 世纪的北太平洋国际学术研讨会"，提交并宣读论文《明遗民东渡及其对日本文化的影响》。会后此文收入讨论会论文集（1992 年在美国出版），并见载于泉州《海交史研究》1992 年第 2 期。

明末清初，特别是明亡后三四十年间，大批明遗民远走海外，形成了历史上继宋亡之后中国人因政治原因移居海外的又一次高潮，东渡日本是这次移居潮流的重要去向。明遗民带去了中国的文化，给日本造成深远的影响。清朝初期的残酷统治是人们东渡避难的主要原因。东渡者以具有爱国思想与民族气节的知识阶层为主体，以来自东南地区者为最多，僧人又占见诸载籍者之多数。以朱舜水、隐元、陈元赟、戴笠等为杰出代表的明朝遗民，影响日本文化的众多领域并及于后世。

东南亚是海外华人移居最久、人数最多、中国文化影响最为深远的地区。在中国文化传承方面，以华文教育和华文报刊贡献最为显著。

1998 年 11 月，在菲律宾马尼拉第三届世界海外华人国际研讨会上，我宣读了《从"落叶归根"的工具到"落地生根"的媒介——东南亚华文教育功能的演变》（研讨会前夕，马尼拉华文《世界日报》1998 年 11 月 22 日发表了该文摘要。昆明《东南亚》2000 年第 2 期全文发表）。19 世纪末 20 世纪初，东南亚出现了最早的华文学校。东南亚华文教育发展分为三个时期：1950 年代以前，东南亚华侨"落叶归根"的工具；1950 至 1980 年代，艰难曲折的转变时期；1990 年代以来，东南亚华人"落地生根"的媒介，曾经备受摧残的东南亚华文教育开始了复兴的进程。尽管仍然存在着许多困难，但大势所趋，东南亚华文教育前景光明。

2001 年 4 月，在台北"中央研究院"第四届世界海外华人国际学术研讨会上，宣读《从华侨喉舌到华人桥梁——东南亚华文报刊的世纪历程》（入选研讨会论文摘要与论文集，并见载于昆明《东南亚》2004 年第 2 期，菲律宾马尼拉华文报《世界日报》2004 年 11 月全文连载）。东南亚华文报刊个别萌芽于 19 世纪前期，部分诞生于 19 世纪末期，20 世纪初开始形成群体。东南亚华文报刊从华侨喉舌演变为华人桥梁，经历了下列几个时期：

东南亚华侨的喉舌（20 世纪初至 50 年代）。革命号召：东南亚华文报刊的崛起（20 世纪初至 20 年代）；抗日的呼唤：东南亚华文报刊的繁荣（20 世纪 30 年代至 40 年代前期）；光明的追求：东南亚华文报刊的鼎盛（20 世纪 40 年代后期至 50 年代）

厄运与过渡（20 世纪 60—70 年代）。从印尼到印支：封禁华文报刊的恶浪；官办华文报刊；华文报刊的变种；政治中立与意识形态淡化。

东南亚华人的多向桥梁（20 世纪 80 年代）。通向住在国的桥梁，通向祖籍国的桥梁，沟通住在国与祖籍国的桥梁。

东南亚华文报刊同东南亚华人社会的发展趋势相一致，落地生根是其必然归宿。冬去春来，华文报刊同华文教育一样，必然与华人民族共存，信心十足地迎接光明和希望的春天。

（五）中国与东南亚的交往

东南亚是中国的近邻，是中国对外往来的首站，与中国海陆相连，自古关系密切，往来频繁。中国实行改革开放以来，以经贸往来为先导，中国同东南亚关系全面改观。

1. 中国与越南的贸易往来

《绵绵不断 山远水长——古代中越贸易的发展》（载昆明《东南亚》1991 年第 1 期）。中越经济贸易关系以公元 968 年越南脱离中国独立为界，分为两个时期五个阶段：

（1）内地与交趾贸易的开辟（秦汉）；（2）内地与交趾贸易的扩大（魏晋南北朝）；（3）内地与交趾贸易的深入（隋唐五代）；（4）古代中越贸易的空前活跃（宋元）；（5）古代中越贸易的昌盛繁荣（明清）。古代中越贸易的显著特点主要有：源远流长，基本上沿上升曲线发展，密切性与多样性，一直存在水陆两道，以生活和生产资料的交换为主，影响巨大、深远。

边境贸易在中越贸易中占有独特的重要地位。1992 年撰写《中越边境贸易史略》（载南宁《东南亚纵横》1992 年第 4 期），1994 年撰写《边境贸易：中越关系史中的常青树》（载《郑州大学学报》1995 年第 2 期）。边境贸易植根于两国边民共同的切身需要，因而具有持久而旺盛的生命力。两国历史上多次失和与战争，虽然也曾使边贸遭受挫折甚至中断，但冬已至而后凋，春未到而先萌，而且一经恢复，往往得到比过去更大的发展。

2. 中国与东盟国家经贸关系的恢复与发展

此项内容涉及 20 世纪 90 年代中期东盟扩大之前中国同东盟创始成员国新加坡、马来西亚、泰国、印尼和菲律宾（文莱没有专文述及）的经贸关系。

1987 年 6 月，我应邀参加香港岭南学院"中国与东南亚关系"国际学术讨论会，宣读《中国的现代化建设与中国同东盟国家的经贸关系》（会后入选讨论会论文集和 1988 年北京海洋出版社出版的《太平洋文集》，载南宁《学术论坛》1988 年第 3 期）。1950 年代以后，由于特殊的历史原因，中国同东盟国家的关系处于低落时期。1970 年代末期，中国实行改革开放、全面展开社会主义现代化建设以后，中国同东盟国家关系全面启动，经贸关系恢复和发展特别迅速。在当时中国同东盟国家的贸易中，新加坡占第一位，印尼第二，泰国第三，马来西亚第四，菲律宾第五；对华投资新加坡也居首位，泰国则是捷足先登者。但双方贸易额在各自外贸总额中的比例还低，投资额也小，说明还有很大的待挖潜力。随后，从 1987 年到 1988 年，陆续分别撰写阐述中国同新加坡、印尼、泰国、菲律宾等东盟国家经贸关系的篇目，相继在南宁《印度支那》（《东南亚纵横》前身）上发表。

综观中国同东盟国家的贸易，大多数都经历了从衰落到发展的转折。以中国改革开放为界，特别是在政治障碍清除、双方复交或建交以后，初期发展迅速，随后受限于双方经济发展水平，又转入或长或短的徘徊回旋。随着经济发展和渠道疏通而再度上升。东盟国家国情不同，对华经贸各有特点，如新加坡是东盟中的小国，却有条件成为其他国家特别是西方国家通往中国的门户；印尼是东南亚第一大国，资源丰富，对华贸易后来居上，最富发展潜力。

东南亚华侨华人在中国同东南亚经贸关系中起着先驱者和中介的作用。他们当中出现了很多实力雄厚的企业家和企业集团，成为对华贸易和投资的主力。

3. 东南亚：一块富有潜力的土地

20 世纪末到 21 世纪初，随着东盟扩大、中国—东盟自由贸易区建立和中国—东盟博览会每年在南宁举办，世界对东南亚了解的需要急切增加，形势发展要求学术界迎头赶上。这个时期，我陆续撰写了《东南亚：广西对外开放的战略方向》（载《广西社会科学》1997 年第 5 期）、《中国—东盟自由贸易区的建立及其影响》（载南宁《学术论坛》2002 年第 6 期）、《东南亚·东盟·中国—东盟自由贸易区——献给中国—东盟博览会的若干相关解读》（载《广西文史》2004 年第 3 期）等篇目，从区位空间、人口、资源等方面评价东南亚的发展潜力，从发展环境、经济、市场、技术能力等角度分析东南亚的发展态势，提出发展同东南亚经贸关系的建议。

二、中柬关系史与柬埔寨史

（一）中柬关系史

1981 年初，我持中国社会科学院统一颁发的社会科学研究人员录取通知书南归广西社会科学院报到。广西社会科学院考虑个人志愿，分配我到印度支那研究所（东南亚所前身）从事柬埔寨研究，从此我进入一个新的研究领域。

柬埔寨始称扶南，曾是东南亚第一大国，既是大陆国家，又是海洋国家，是当时中西交通的中站；扶南之后的真腊时期，曾创造了灿烂的吴哥文明。

我利用中国古籍中丰富的柬埔寨史料，从中柬关系史开始耕耘。1981 年至 1982 年上半年，我先后写了《中柬友好关系史上的第一次高潮——公元 6 世纪萧梁时期的中柬关系》(载南宁《印度支那研究》1981 年第 3 期)、《中柬友好关系史上的第二次高潮——唐代的中柬关系》(载《印度支那研究》1981 年第 4 期)、《中柬友好关系史上的第三次高潮——明代中柬关系述略》(载南宁《印度支那研究》1982 年第 2 期)，分别对每次高潮的成因、表现和特点进行分析。

萧梁时期，中柬关系以宗教文化交流为特色。扶南高僧相继到中国传经弘法，其中贡献最多影响最大的是拘那罗陀 (汉名真谛)。真谛是渊博的佛学家、卓越的翻译家和言传身教、诲人不倦的弘法大师，开创了摄论学派，同中国人民结下了深厚情谊。萧梁时期中柬关系形成高潮的原因是南朝时期南海交通发达，梁朝佛教全盛和梁朝前期社会相对稳定，扶南国势复兴和佛教开始盛行扶南。

唐朝形成中柬关系第二次高潮，双方关系全面增进。与唐朝国势兴盛、声威远播相适应，柬埔寨对华遣使更加频繁，政治色彩更浓。

明代形成中柬关系第三次高潮，双方遣使次数都超过前代，特别是中国对柬遣使空前增多，政治经济并重，经济内容比过去占有更加显著的地位。

这一组古代中柬关系 "三次高潮" 的初耕之作，首先得到东南亚研究老前辈、北京大学陈玉龙教授的关注和鼓励。这位未曾见过面的资深学者兼书法家特从燕园书赠两幅书法作品予我，一幅书左思《咏史》"振衣千仞冈，濯足万里流"，一幅书苏轼《念奴娇·赤壁怀古》。

1985 年撰写的《中柬关系史略》(《柬埔寨》一书第九章，广西人民出版社 1985 年出版)，将两千多年的中柬关系史划分为四个时期简略回顾：扶南时期 (1—6 世纪)，真腊时期 (7—16 世纪)，柬埔寨王国时期 (17—20 世纪)，柬埔寨独立以后 (20 世纪 50—60 年代)。其中对元朝周达观访问真腊作了重点阐述。周达观 1296 年奉命随元使出访真腊，1297 年归国，前后两年，其中在真腊住了一年半。回国后，他根据亲身经历，写了《真腊风土记》，这是柬埔寨史和中柬关系史的珍贵文献，正如玄奘《大唐西域记》对印度古代史研究的重要性一样，《真腊风土记》对柬埔寨古代史研究，具有不可估量的价值。

中柬关系经过长期沉寂之后，20世纪50年代重现生机，并迅速形成新的高潮。《中柬友好关系史的新开端——20世纪50年代中柬关系的恢复和发展》（载《印度支那》1986年第3期）分析了其背景和发展的标志性事件。这个时期的中柬关系与古代的"三次高潮"前后辉映，以丰富的内容和动人的事迹载入史册。

古代中柬往来主要靠海路，港口在双方往来中互为起点和终站，港口积淀着两国交往的历史记录和深厚友谊。1988年完成《历史上中柬交往的港口》，试图从港口侧面反映中柬两千年的友好关系史，又从中柬往来角度探寻港口的发展轨迹。中柬关系史上的中方港口主要有卢容浦口、广州、建康、泉州、明州、温州、钦州、廉州、漳州、厦门；柬方港口主要有真蒲、篱木（河仙）、金边。中柬往来港口发展的特点有：广州在中柬往来中占有最重要的地位，中国对柬港口从南而北发展，海港与河港结合，中柬往来诸港各具特色。

清朝前期柬方主要港口篱木，位于何处史无明载。作者逐层推进，先确定篱木是海港而非河港，位于暹罗湾一侧而非南海一侧，是老海港而非新海港，据此考察，发现有一个海港完全符合这三个条件，那就是河仙。史载篱木"以柴为城"，河仙原称柴末，"有城以木为之"，则是更直接的证据。作者的结论是：篱木的位置相当于后来的河仙，二者前后一脉相承，是同一座海港前后不同的名称。此文在昆明《东南亚》1988年3—4期合刊发表后，泰国《新中原报》1989年9月至12月以连载方式全文转载。

（二）柬埔寨华侨华人

1985年写成《华侨移居柬埔寨的过程及其历史原因》（又题《华侨移居柬埔寨史略》，载南宁《学术论坛》1985年第2期）。华侨移居柬埔寨始于宋代，最早见载于周达观《真腊风土记·异事》："余乡人薛氏，居番三十五年矣。"据此推算，温州薛氏公元1261—1262年来到柬埔寨。华侨大量移居柬埔寨在鸦片战争后，特别是在20世纪上半期。在移居原因中，经济原因占首要地位。柬埔寨华侨最大的侨乡是潮州，最大的出口港是汕头，最大的入口港是西贡。

柬埔寨华侨与柬埔寨人民和谐相处，并肩劳动，度过了七百年的安宁岁月，为柬埔寨经济文化发展作出了巨大贡献。20 世纪 60 年代后期，晴空渐现阴云；1975 年红色高棉占领金边，柬埔寨华侨同柬埔寨人民一起遭受空前劫难；1987 年以后才出现转机。1992 年，我写成《严冬历尽苦望春——柬埔寨华人沧桑四十年》反映了这段历史，同年 11 月在美国旧金山"落地生根"全球华人国际研讨会上宣读；随后见载于香港《华人》（1993 年第 4 期）、香港《明报月刊》（1993 年第 10 期）、台北《思与言》（第 3 卷第 3 期，1993 年 10 月）、昆明《东南亚》（1993 年第 2 期）。冬去春来，柬埔寨华人带着巨大的历史创伤走进 1990 年代，更深地扎根到柬埔寨土壤之中，与柬埔寨人民一同走向光明未来。1996 年写成《野火烧不尽，春风吹又生——战后五十年柬埔寨华人的曲折历程》，从更广的历史空间回顾柬埔寨华人的经历，同年在厦门《南洋问题研究》（1996 年第 1 期）发表，香港《华人》（1996 年 1—3 期）全文转载。

（三）柬埔寨史

柬埔寨公元前后建国，初名扶南，继名真腊，最后才称柬埔寨。扶南时期史料来自中国史籍记载，扶南晚期才出现本地碑铭而且数量极少。真腊时期特别是真腊中期吴哥王朝碑铭增多，可以理出一脉传承的王朝世系，但中国史籍的记载仍起不可或缺的作用。后来除了柬埔寨本身史料以外，增加了暹罗和越南史籍的记载，近代又有法国等西方殖民者的记载。我借助国内外史料和研究成果，1983 年写成《柬埔寨史略》（载南宁《印支研究》1983 年第 4 期），试图提供一条简略但完整的柬埔寨历史发展脉络，将柬埔寨二千年史按照下列时期和段落先后顺序进行叙述：

1. 建国以前

2. 扶南时期（1—7 世纪）：混氏王朝（1—2 世纪）、范氏王朝（3 至 4 世纪中叶）、跋摩王朝（4 世纪中叶至 7 世纪初叶）。

3. 真腊时期（7—16 世纪）：早朝真腊（7—8 世纪）、吴哥王朝（802—1432）、晚期真腊（1432—1593）。

4. 柬埔寨王国时期（1594—1863）

5. 法国保护国时期（1863—1953）

6. 独立初期（20 世纪 50 年代）

　　与柬埔寨史略的写作并行，我又对柬埔寨历史上具有重大意义的若干专题进行探讨。继 1982 年写成已见上述的《扶南——古代东西方的海上桥梁》之后，1984 年写成《扶南在古代中印关系中的地位》（载《福建论坛》1984 年第 5 期）。扶南位于中印之间，有很多繁荣的优良港口，海上交通发达，同中印双方都有密切联系，因而成为中印双方使节往来和海上贸易的中转站，并成为双方宗教文化交流的桥梁。公元 3 世纪，中国三国时代吴国使节朱应、康泰出访扶南，和印度访问扶南的使节陈宋二人在扶南宫廷见面，留下中印柬三国友谊佳话。

　　1984 年，写成《越南封建王朝对柬埔寨的侵略》（载南宁《印支研究》1984 年增刊），引用越南近代史籍《越史镜》一段表述，印证南侵是越南封建王朝的基本国策。越南封建王朝对柬埔寨的侵略，始于 17 世纪初，长达两个半世纪，经历了三个时期：17 世纪是渗透时期，通过移民垦殖的办法向下柬埔寨渗透（下柬埔寨面积约六万平方公里，相当于以湄公河三角洲为主体的湄公河下游冲积平原）；18 世纪是蚕食时期，由近而远逐块吞食下柬埔寨；19 世纪前半叶是控制时期，变柬埔寨为越南的附属国。

　　1986 年，写成《柬埔寨历史上反抗外来侵略的斗争》（载南宁《印度支那》1986 年增刊）。13 世纪以后，西邻泰国兴起，柬埔寨版图开始缩小。从 14 世纪起，柬埔寨相继受到泰国和东邻越南的侵略。19 世纪中叶以后，又先后受到法国和日本的侵略和统治。柬埔寨进行了长期的反侵略斗争。从 14 世纪到 15 世纪，首都吴哥曾先后三次被泰国攻占，又相继收复。1820 年和 1840 年，柬埔寨先后掀起两次反越起义。1864—1867 年和 1885—1887 年，又相继爆发两次反法起义。第二次世界大战期间，1942 年山玉成领导反法起义。战后，"伊沙拉克"领导反法游击战争。起伏不断的反侵略斗争，最终使柬埔寨恢复了民族和国家独立。

（四）翻译

　　为了拓宽视野，了解并借鉴国外的东南亚研究成果，与撰文同时，我又尝试进行英俄两个语种的原著中文翻译。随译随发，俄译得四篇文章，英译得五篇文章与一部著作（其中一部著作未译完）；除英译中一篇文章内容为中国与新加坡经贸关系以外，其余内容均属柬埔寨和印支国家范围。谨以部分所译为例略作介绍。

1. 俄文翻译

《安·米戈〈高棉人〉俄译本序》，苏联杰缅季也夫著，1973 年莫斯科出版。译文载南宁《印支研究》1984 年第 2 期。米戈是法国著名的旅行家和东方学家。他的《高棉人》是叙述柬埔寨历史的普及性名著。这篇俄译本序反映了苏联某些学者对柬埔寨历史的观点。例如"许多法国历史学家夸大印度和中国对柬埔寨历史特别是 2 至 9 世纪这段历史的影响"，"掩盖柬埔寨封建上层分子在镇压 19 世纪末 20 世纪初柬埔寨人民反法起义中所起的作用"。

《法国对柬埔寨保护权的确立》，著者同上，为《法国在柬埔寨和老挝的政策（1852—1907）》一书的第一章，1960 年出版于莫斯科。译文载郑州《中国东南亚研究会通讯》1985 年第 1 期。法国 17—18 世纪就有入侵包括柬埔寨在内的印度支那企图。以百多禄为代表的法国传教士起了极为重要的侵略先导者作用。法国在东方面临英国的竞争，在柬埔寨遭到暹罗的阻挠。法国通过长期的外交活动逐步缓解并排除这些障碍，终于在 1863 年迫使柬埔寨国王签订法柬保护条约，沦柬埔寨为法国的保护国。

2. 英文翻译

《柬埔寨的华人》，新西兰维伊·威尔摩特著，载新加坡大学《东南亚研究》1981 年 3 月号。译文载南宁《印支研究》1983 年第 2 期。

《扶南的"印度化"：东南亚第一个国家的经济史》，肯尼思·阿·霍尔，新加坡大学《东南亚研究》1982 年 3 月号。译文连载于（南宁）《印支研究》1984 年第 3—4 期和《印度支那》1985 年第 1—2 期。此文阐述扶南社会经济的发展过程，联系所谓"印度化"问题，着重论述海上贸易对扶南发展的深刻影响，认为关于扶南起源的神话象征着本地传统和印度文化的结合，反映了西方学者扶南研究的动态和观点。5 世纪，由于海上航线从克拉地峡向马六甲海峡转移，扶南地位降低。6 世纪中期，由于内部权力斗争，扶南日趋衰落。最后被真腊征服。

《柬埔寨史》，美国大卫·P. 钱德勒著，美国科罗拉多州博尔德城《西方评论》杂志社 1983 年出版。译文从 1987 年第 1 期起，断续连载于南宁《印度支那》及其后续者《东南亚纵横》。全书共十章，译完七章。此书1983年初版本从扶南起源一直叙述到1953年柬埔寨恢复独立；对独立以后情况只略作叙述。著者在《导言》中说："写作本书的动机之一是弥补东南亚历史编纂方面的空白。自从1914年阿代马·勒克累的《柬埔寨史》出版以后，还没有一本较详细的柬埔寨历史。"此书引用了19、20世纪的高棉档案和文件，为柬埔寨通史研究提供了更多资料和更新视角。

三、北部湾、广西与大西南

（一）北部湾经济圈构想

1988年，我又进入一个新的研究领域——北部湾、广西和大西南。这一年，香港亚太二十一学会和大陆沿海部分省（区）市的大学和社会科学院联合进行"中国沿海发展战略"课题研究，广西社会科学院是协作单位之一，我也被安排参加。具体研究题目由参加者自定。出于多年来对海洋及其相邻陆域的关注，我申报并完成了题为《从历史走向未来：北部湾经济圈构想及其依据》的篇目（全文载《亚太经济增长与中国沿海发展战略》，上海社会科学院出版社1990年出版）。文章从地理、历史、国内外形势等方面论述北部湾经济圈形成的依据，展望北部湾的未来；提出亚洲大陆桥、西南便捷出海通道、北部湾"金三角"、兴建钦州港铁山港、将防城县并入防城港并将之升级为地级市、建立广西北部湾区域统一规划和管理机构、中国沿海经济南北两翼等构想和建议。

这些构想和建议受到课题主持者、香港亚太二十一学会会长黄枝连教授的重视，受到广西沿海地区政府和有关部门的关注和运用，得到北京大学陈玉龙教授的热情评价，广西学术界李甫春、贾晔、韦胜等先生撰文评介，广西新闻界黄信先生专文报道，广西文学界龙鸣、邓咏先生将之作为长篇纪实文学《云水激荡》的组成题材，并且已经得到后来实践的检验和证明。

（二）亚洲大陆桥与大西南出海通道

沿着《北部湾经济圈构想及其依据》一文的思路，作者继续向纵深探索。1990 年撰写《从古代西南丝路到未来亚洲大陆桥》。大西南急需打开自己的西部大门，建成横贯大西南、连接北部湾和孟加拉湾、连接太平洋和印度洋的亚洲大陆桥，以便通过东西两个出口，直接走向世界。早在公元前 2 世纪，张骞就已发现西南丝路的存在。西南丝路在唐代臻于空前繁荣，唐代以后地位相对下降，近代重新萌动，抗日战争期间创出光辉业绩。展望未来的亚洲大陆桥，昆明和缅甸曼德勒将分别成为东西两个枢纽；南昆—滇缅铁路全线竣工之日，将是西南大陆桥基本建成之时。法国《半岛》杂志 1990 年 11 月发表北京大学杨保筠教授对此篇的法语翻译；国内见载于南宁《学术论坛》1991年第 1 期，并被多部文集收录。随后又写成《亚洲大陆桥构想与北部湾的繁荣》（载长沙《经济地理》1992 年第 4 期），俄罗斯莫斯科《文摘杂志》1994年第 2 期摘译介绍。

1992 年写成《为大西南开辟通向北部湾的广阔通道——建设最便捷的大西南出海铁路系统》（载《广西民族研究》1993 年第 4 期）和《为大西南开拓通向世界的北部湾大门——建设密集而强大的钦州湾区港口群》（载《广西社会科学》1992 年第 1 期），分别从铁路和港口两方面提出振兴北部湾与大西南的构想和建议。

1993 年写成《历史重新呼唤古老的滇越通道——从唐代安南通天竺道到滇越铁路的未来》（载《云南社会科学》1994 年第 2 期）。滇越通道是一条古老的出海通道，早在唐代就已闻名于世。19 世纪末法国殖民者开始策划修建滇越铁路，以成千上万修路工人的伤亡为代价，1910 年全线建成通车。历尽沧桑的滇越通道，必将在历史的呼唤中重新崛起。

1995 年写成《澜沧江—湄公河：跨越三个世纪的"东方之梦"——澜沧江—湄公河探险与开发述论》（载《云南社会科学》1996 年第 3 期）。追述了西方探险者 19 世纪的澜沧江—湄公河探险。开发湄公河的国际合作，其目标首先是实现全线通航，然后进行综合性的梯级开发，达到全面繁荣。萌发于19 世纪的澜沧江—湄公河开发之梦，进入了第三个世纪，人们正满怀信心展望它的未来。

（三）北部湾"金三角"与广西沿海地区

北海—钦州—防城港是广西北部湾区"金三角"。"金三角"加上南宁，组成广西沿海地区。1998年《重铸北部湾的历史辉煌》一文做过这样的比喻：南、北、钦、防，"犹如一支由'新星'组成的足球劲旅，南宁是其强大'后卫'，钦州是兼司攻防的强劲'前卫'，北海和防城港是刚锐的左右'前锋'。这支球队虽然有些稚嫩，但锐气方刚，勇往直前，在冲向世界的征途中，必将重铸历史辉煌，为广西、为大西南、为全中国赢得远远超过历史的荣誉！"（载南宁《东南亚纵横》1999年第1期）

2004年写成《科学构思南北钦防的壮丽蓝图——对南北钦防发展中几个关系的认识》（载南宁《东南亚纵横》2005年第6期）。通过对历史和现实的考察，提出了对南北钦防发展中五个关系的认识：

传统与现代：高扬合浦古港的历史旗帜；

共性与个性：求同存异，各显神通；

当前与长远：为通道港留下足够的深水岸线；

发展与环境：环境就是生产力；

国内与国际：以内促外，不断加强通道建设。

基于对上述五个关系的认识，广西沿海地区形成了三大发展品牌：以合浦古港和海外交通为代表的历史品牌，以西南出海通道为代表的对内品牌，以北部湾经济圈和中国—东盟自由贸易区核心区域为代表的对外品牌。处理好五个关系，高举三大品牌，南北钦防必将迎来辉煌灿烂的明天。

（四）广西发展

广西具有沿海、沿边、沿江的"三沿"优势，这是十分宝贵的区位资源。作者以历史为依托，以"三沿"为主轴，以城镇为支点，在交通、开放、生态等领域探讨广西的发展。沿海已如上述，以下再抽几个点略作介绍。

广西沿边龙州是南疆历史重镇和边防要地。1885年中法战争后，龙州对外开放，从此时起至抗日战争之前，在大约半个多世纪的时间里，龙州进入空前的鼎盛时期，其显赫声名在广西妇孺皆知。2003 年写成《让南疆历史重镇龙州重放光辉——献给龙州建置一千二百九十周年》（载南宁《东南亚纵横》2004 年第 11 期）。龙州曾是行政与边务中心，是广西最大的对越通道，是广西最早对外开放口岸和最早开始近代化进程的城市之一，还爆发过著名的龙州起义。抗日战争期间日本多次入侵破坏了龙州的繁荣，左江航运衰落和龙州与铁路失之交臂又导致最大中越通道转移和中心地位丧失，辉煌一时的龙州风光不再。文章最后探索了振兴龙州的道路。

（五）广西沿江

1999 年写成《开发魅力独具的西江风光走廊——贵港市旅游资源价值与开发浅议》（载桂林《旅游研究与实践》2002 年第 2 期）。1996 年才升为地级市的贵港市，是魅力独具的西江风光走廊，是堪与桂林、北海鼎足而立的广西旅游胜地。对拥有西山、龙潭、金田等国家级景观的桂平来说，"北回归线绿色明珠"是较能体现其整体特征的宣传定位。而贵港城区则应凸显"荷城"风采，将南山与九凌湖建为风光双璧。与此同时，建设快速交通网络，重振西江客运雄风，必将使贵港市在新世纪光芒四射。

2001 年写成《南疆重镇，历史名城——南宁市人文旅游资源评介》（载南宁《社会科学园地》2003 年第 3 期）。文中着重阐述昆仑关和武鸣陆荣廷遗迹。昆仑关是中国名关，因抗日战争期间的昆仑关战役而享誉中外。在此文中，我针对当时昆仑关现状呼吁，应立即将保护和修复昆仑关提上日程。令人深感欣慰的是，经过多年努力，昆仑关遗址早已以焕然一新的历史面貌呈现在世人面前。

2008 年写成《以特色强势推动西林崛起》（载《广西文史》2009 年第 2 期）。西林位于广西最西部，深深嵌入滇黔两省之间，离中心城市偏远，长期以来被人们戏称"省尾"。西林绾结三省，沟通海陆，是西江航运的终点和要埠。西林是汉代句町古国的核心区域，在近代又是第二次鸦片战争的发源地，是"一门三总督"岑毓英、岑春煊、岑毓宝的故里。文章分析了西林的自然和人文历史强势，"发挥强势，构建特色西林"，是西林的振兴之路。此文在《广西文史》发表时，主编刘硕良先生将题目改为《了不起的西林》，并在卷首语《十步之内，必有芳草》首段写道："在广西几十个县里，西林也许很不起眼，可是，读点历史，人们就会惊异于这个绾结三省，沟通海陆，诞生过句町古国，贡献过'一门三总督'，还是第二次鸦片战争导火线所在地的西林，实在如周中坚先生所说，十分'了不起'！"

（六）绿色导向

环境保护是发展题中应有之义，绿色发展是唯一正确的发展方向和全人类的共同追求。本着绿色理念，我比较关注包括自然生态环境和人文历史环境两方面的保护，或兼述，或专述，完成了几篇相关文章的写作。

且从写成于2011年的《改善民生与保护环境》（载《读书·调查·思考》，广西社会科学院编，2014年第1期）一文中，录下直抒胸臆的一段：

> 几十年来，我们的生活环境遭到太大的破坏。仍以我的故乡广西上林县巷贤镇大山村为例。小时候，村前小溪清澈可数水底沙粒，是小孩玩水和大人洗衣洗菜的好去处；村前大塘则是小孩甚至大人的天然游泳池，每到热天，笑语水声不断。如今，小溪成了排污沟，大塘成了垃圾和污水池，连洗手洗脚都不敢。小时候，故乡的母亲河透明如镜，游鱼成群快乐嬉戏；如今河浅水浑，鱼虾绝迹；由于挖沙，河道紊乱，旧貌不再。小时候，村边有很多荫翳数亩的老榕树和多人合抱的大松树。后山不算太高，也常见狐狸出没，父祖辈还见过老虎入村伤人。如今这些往事似乎都成了令人难以置信的天方夜谭。如果说，这些失去的某一部分，经过努力将来还可以复原的话，那么，经过亿万年大自然加工留下的地质遗产，如曾经商旅络绎的宾（阳）上（林）古道旁的风景名胜、惟妙惟肖的虎山金鸡山、宽敞恒温的高桨山岩洞，多年的炸山取石使之永恒毁灭了。随着岁月流逝，见过这些奇景的老人越来越少，不消多久恐怕连记忆也要消失。

2012年写成《北部湾的后发崛起及其绿色导向》（载南宁《东南亚纵横》2012年第10期）。在阐述北部湾后发优势和后发崛起之后，提出北部湾发展的绿色导向。造纸是重污染工业，作为造纸原料的速生桉也是生态环境的严重破坏者。多年来，国外无处藏身的造纸业巨头争先恐后大步跨进北部湾。海岸线是一个国家、一个地区最为宝贵的自然资源，多年来北部湾的海岸线也被肆意圈占。我在此篇文末呼吁：北部湾的开发方兴未艾，面貌日新月异，同时也面临生态环境破坏的威胁，我们殷切期盼，北部湾遵循绿色导向，杜绝污染，防止毁损，既不断繁荣发展，也永远天蓝海碧，沙净岸绿，让这一方净土的天生丽质地久天长！

（七）广西历史

2004 年写成《从坚固大宅到仙境州城——上林前后两唐碑比较及其昭示》（载《广西文史》2004 年第 4 期）。本文从比较角度，分析武则天时期前后两块上林唐碑的差异：从叙述对象比较，前宅后城；从文字数量比较，前简后繁；从文字风格比较，前质后文；从思想倾向比较，前儒后道，前实后虚；经历了从大宅到州城、从简略到繁密、从质朴到华丽、从现实到浪漫的变化。这些变化昭示下列历史信息：南迁世族地位巩固与提升，中原文化南传加速，壮族地区发展水平提高，岭南道教盛行，佛教未兴。这些变化为未来发展提供下列启迪：保护古迹与生态环境，营造当代仙境桃源，跨越式发展，尽快将理想变成现实。

2007 年写成《广西近代化进程中的老桂系时期》（1912—1924）（载《广西文史》2007 年第 4 期）。广西由于特殊的历史原因，近代化进程开始得比全国要晚，大致开始于 1885 年中法战争结束以后，依次经历起步（1885—1911）、发展（1912—1924）、繁荣（1925—1949）三个时期。以陆荣廷为首的老桂系处于承前启后的第二时期，在广西近代化进程中扮演如下角色：

1. 策划者：上台伊始，就制定近代实业建设计划，提出发展实业倡议，颁布促进近代化的各种规章。

2. 实行者：在修路兴学、创办各种近代实业方面创造了实绩，创了许多广西"首先""最早"和"第一"。

3. 接力者：上承清末发轫的近代化事业，继续将之推进，为随后新桂系时期广西近代化的更大发展和 30 年代的繁荣做了铺垫。

包括老桂系在内的从清末到民国的广西近代事业的开拓者，他们筚路蓝缕，功不可没，都值得后人铭记和怀念。上述二文和发表在《广西文史》上的其他篇目，使我在2010年2月有幸获得广西文史研究馆颁发的"《广西文史》作者奖"一等奖。

回首我这几十年的科研历程，似乎可作这样的形象简括：从古代泉州港启航，跨南海抵东南亚（并曾一度越东海抵东北亚扶桑），溯湄公河，穿越洞里萨湖的历史风云，再回航北部湾，进入广西与大西南，探索崇山峻岭中的西南丝道，并曾两度行进于西北大漠的丝绸之路，以海陆通道和相互往来为中心，从历史出发观察现在和展望未来。

回首人生经历，我自感遭受过太多的坎坷与磨难，幸而初衷未泯，苍天护佑，读完了五年大学，汇入了科研队伍。数十年来，不论在中小学校教学还是在科研领域耕耘，都不敢懈怠，都尽己所能向祖国和人民奉献绵薄之力。

周中坚

2017年6月8日，盛夏时节于南宁